日本の不平等

格差社会の幻想と未来

大竹文雄

日本経済新聞社

はしがき

　1980年代末には「マル金・マルビ」という言葉が流行し、90年代の終わりから「勝ち組・負け組」という言葉が流行している。橘木俊詔氏の『日本の経済格差』（岩波新書）や佐藤俊樹氏の『不平等社会日本』（中公新書）といった、日本社会における格差拡大をテーマにした本がベストセラーとなった。こうした現象はいずれも人々の不平等感の高まりを背景にしている。

　本書の目的は、日本の所得格差の推移とその原因を明らかにし、人々の所得格差や再分配政策に対する考え方を決定する要因を明らかにすること、賃金格差の変化を分析し、IT、世代サイズ、成果主義の影響を実証的に分析することである。それによって、格差社会の幻想と未来を明らかにする。

　80年代末のバブル時は、資産価格の高騰から発生した資産所得格差や、金融業と製造業の間の賃金格差が、人々に所得格差拡大を意識させた。90年代後半からは、企業における成果主義型賃金制度の導入、失業率の上昇、ホームレスの増大といった現象が、人々に格差拡大感をもたらせている。

　実際、本書で明らかにされるように、日本社会全体での所得格差は80年代以降拡大し続けたことがさまざまな統計から観察される。その意味では、人々の格差拡大感と統計的な事実は一致しているように見える。

　80年代以降、所得格差が拡大したのは、日本に固有の現象ではない。アメリカ、イギリスといったアングロサクソン諸国でも、所得格差・賃金格差の拡大が見られた。特に、アメリカにおいては、このような格差拡大の理由として、技術革新、グローバル化といった経済的要因や、労働組合の組織率低下、最低賃金の実質的低下といった制度的要因が重要視され、実際さまざまな研究が行われ、どの仮説もある程度の説明力を持っていた。技術革新、グローバル化、組織率の低下といった要因は、日本でも観察されてきた。

　92年頃、大阪大学社会経済研究所の同僚であった八田達夫教授から、理論計量経済学会（現日本経済学会）学会誌の『季刊理論経済学』に所得分配の

展望論文を書くよう依頼された。バブルで所得・資産格差が拡大し、所得格差への人々の関心が高かったことを背景にして、多くの研究が日本でも行われていた。それらの研究を整理してほしい、という趣旨の依頼であった。それまで、私は経済企画庁の研究プロジェクトで高山憲之・一橋大学教授らと所得・資産格差に関する共同研究をした経験もあって、喜んで引き受けた。

多くの研究論文を読んでまとめるだけでは展望論文にならない。なんらかの切り口、視点が必要である。日本の所得格差の拡大がどのような要因で発生したかを標準的な枠組みで整理し、残された課題を明らかにしていくという論文を書くつもりでいた。

ところが、研究を進めていくと壁にあたった。経済全体での所得不平等度には、はっきりとした上昇トレンドがあるのに、学歴間賃金格差や年齢間賃金格差、年齢内賃金・所得格差、規模間賃金格差などを分析すると、必ずしも長期的な上昇トレンドが観察されないのである。特に、アメリカで観察された学歴間賃金格差の急拡大という現象は、日本ではほとんど観察できなかった。

労働者グループ間の賃金格差や所得格差はそれほど変化していないのに、人口全体の賃金格差や所得格差は着実に不平等化している。一番重要な問題がそのまま謎として残るのであれば、展望論文にならない。膨大な数の研究論文とデータを前に悪戦苦闘した。

そこで、改めてパズルを整理し直した。グループ間の所得格差にはあまり変化がないのに、日本全体の所得格差は大きく拡大した。そうするとその原因は、グループのシェアが変化したからだとしか考えられない。日本で長期間トレンド的に生じているグループのシェアの変化は、人口の高齢化である。実際、年齢が高いほど、同じ年齢内の所得格差は大きくなる。それなら、人口高齢化が進むとその分、経済全体の不平等度は拡大していくのが自然である。

アメリカで行われた膨大な数の所得格差の研究ではまったく議論されていなかった「人口の高齢化」が、日本の所得格差の動きを理解する鍵だった。この点に注目してようやく展望論文としてまとめた研究が『季刊理論経済学』の1994年第5号に掲載された。日本において、所得や賃金の決定・分配

に人口構造が大きな影響を与えていることを自分でも改めて理解することができた。また、単身世帯、二人世帯の増加という世帯構造の変化も、世帯間所得の不平等度を高める要因になっていた。さらにその後の研究で、90年代には高齢層の間で所得・消費格差の縮小、勤労世代の間での消費格差の拡大が発生していることも明らかにした。勤労世代での消費格差の拡大は、現在の所得格差には現れない生涯所得格差の拡大を反映している可能性がある。これらの研究をもとに日本の所得格差の動きをまとめたものが本書第1章である。

人口構造と所得格差に関する研究の精緻化を齊藤誠・一橋大学教授との一連の共同研究で行った（第3章、第4章）。彼との研究では、生涯所得格差を近似することができる消費格差にも焦点をあてた。また、齊藤氏との共同研究の過程で、厚生労働省の『所得再分配調査』の「当初所得」の不平等度がなぜ急激な上昇トレンドを持っていたのかも明らかにすることができた。所得の定義が、単に他の所得統計と異なっていたのが原因であった。公的年金所得が当初所得に含まれない、というなんでもない事実が、人口高齢化の局面で極端な不平等度の上昇をもたらしていたのである。「当初所得」と「課税前所得」が同一だという思い込みが、所得格差急拡大という印象を人々に与えていたのである。いずれも、コロンブスの卵のような発見が研究成果となった。

人口高齢化が経済全体の所得不平等化をある程度説明するのであれば、所得不平等化はある種「みせかけ」のものにすぎないことになる。それではなぜ、人々は所得格差を実感し、多くの人が所得格差に関心を抱いたのだろうか。それが、次の研究テーマになった。

人々の意識と所得統計のギャップを説明するためには、意識調査を利用する必要がある。内閣府の「国民生活選好度調査」が所得格差の意識について定期的に調査をしている。しかし、経済学の枠組みに基づいた既存の意識調査はなかなか存在しない。独自にアンケート調査をするには、多額の研究資金が必要である。そんなとき、林文夫・東京大学教授を代表とする文部科学省特定領域研究「経済制度の実証分析と設計」のメンバーとなって、独自アンケートを行う研究資金を獲得できた。この研究費をもとに、当時大阪大学大学院生であった富岡淳氏とともに「くらしと社会に関する意識調査」とい

う所得格差に関するアンケート調査を行った。

　このアンケートを用いると、実際に所得格差が拡大している人、所得格差の拡大を感じている人、所得格差拡大を問題視する人は必ずしも一致していないことがわかる。所得格差が実際に拡大しているグループは若年層であり、中高年高学歴層である。所得格差の拡大を認識しているのは全体の67％であり、なかでも高学歴者、高年齢者、有職女性である。所得格差の拡大を予想しているのは、全体の75％である。なかでも大卒・大学院卒者、男性無業者、危険回避度の高い者は、それ以外の者より格差拡大予想を持っている者が多い。つまり、所得格差拡大が生じたという認識を持つ者よりも、将来の所得格差拡大予想を持つ者が多いことが、統計から把握できる所得格差の拡大以上に不平等感を持つ者が増加した原因であろう。

　所得格差拡大が問題だと思っているのは全体の70％であり、低所得者、低学歴者、女性、60歳以上、金融資産保有額の少ない者である。所得格差の拡大が多くの人々に認識される一方で、そのことに対する受け止め方はさまざまなのである。ただし、危険回避度が高い人々は、所得格差の拡大を問題だと考えている傾向が高い（第2章）。

　所得格差の拡大に対する政策的対応の一つは、税や社会保障制度を用いた所得再分配政策の強化である。われわれが行ったアンケートの結果によれば、所得再分配政策の強化に賛成するのは全体の52％であり、格差拡大を認識していたり、格差拡大は問題だと考える人の比率よりは少ない。

　それでは、所得再分配政策の強化に賛成するのは、どのような人々であろうか。単純に考えると、低所得者は賛成し、高所得者は反対するだろう。しかし、現在の所得水準だけでは、再分配政策に対する人々の態度を説明できない。その理由として、再分配政策に対する態度を決定する際に、人々は現在の所得水準のみを基準にしているのではないことがあげられる。現時点で低所得であっても将来高所得者になることを予想している人は、再分配政策の強化には反対するかもしれない。逆に、現時点で高所得であっても、将来失業などの理由で低所得になることを予想している人は、再分配政策の強化に賛成するかもしれない。危険回避的な人や利他的な考え方を持っている人は、再分配政策の強化に賛成するだろう。つまり、現在のことだけではなく、

将来のことを考えて人々は再分配政策のあり方を考えているのではないだろうか。実際、こうした要因が再分配政策に対する支持を説明できるかどうかを計量経済学的に検証すると、仮説と整合的な結果が得られたのである（第5章）。

所得格差を決定する最大の要因は、賃金格差である。日本における賃金格差はどのように変化してきたのであろうか。本書の6章以降は、賃金格差に焦点を当てている。

80年代において、米英では賃金格差が急拡大した。その理由として、(1)高学歴者に対する需要に偏向した技術革新が発生したという技術革新仮説、(2)貿易の進展によって途上国から労働集約的な財の輸入が増えたことから未熟練労働の賃金が低下したというグローバル化仮説、(3)外国人労働の増加による未熟練労働の賃金低下、(4)労働組合組織率の低下による労働者内の賃金格差拡大とブルーカラー労働者の賃金低下、の4つが主に考えられてきた。こうした考え方をもとに、日本の賃金格差の動向を展望したのが、本書の第6章である。

結論からいえば、いずれの仮説も日本の賃金格差の動きをうまく説明できていない。日本では80年代に学歴間、勤続年数間賃金格差はあまり拡大しなかったことが背景にある。80年代に日本の賃金格差はゆっくりと拡大したが、その主要因は人口の高齢化であった。

もっとも80年代後半以降の若年層における学歴間賃金格差の拡大は、需要要因を反映していたと考えられる。しかし、日本においては、企業内の賃金構造が技能形成や昇進制度を反映している側面が強いため、労働市場の需給バランスが賃金格差にすぐには反映されないことも理由になる。ただし、パート労働者と正社員労働者の間の賃金格差は、拡大を続けている。

90年代、日本でもパソコンが急速に普及した。パソコンとインターネットを中心とするIT革命によって、ITを利用できる人と利用できない人の賃金格差をもたらすというデジタル・ディバイドが発生したのではないかという指摘がなされている。実際、パソコンを使用して仕事をしている人とそうでない人の間には、10％程度の賃金格差があるというアメリカにおける実証研究も報告されている。

しかし、ITが賃金格差の原因になっているのか、賃金が高い人がITを使用しているのにすぎないのか、という本質的な問題を実証的に明らかにすることは難しい。IT利用が本当の意味で賃金格差をもたらすなんらかの能力（新しい技術や情報にすばやく対応できる能力、知識を使う能力）を単に示しているだけであるならば、誰もがITを使えるようになったところで、本質的な能力格差は変わっていないのだから、賃金格差は縮小しないはずだ。実際、ドイツの研究では鉛筆を使って仕事をしていてもパソコンと同じように賃金格差が発生することが示されている。

小原美紀・大阪大学助教授と私は、転職前後でパソコン利用と賃金率の変化を調べることで、純粋にパソコン利用が賃金に与える影響を分析した（第7章）。その結果、日本でも確かにパソコン利用は賃金を高めるが、今までの計測よりも低めであること、パソコン利用が賃金率にプラスの影響を与えるのは高学歴者に限られることを示した。

1990年代末から若年労働者の失業問題やフリーター、ニートといった問題が指摘されてきた。企業内では団塊の世代のポスト不足が問題視された。このような問題が発生するのは、日本では年齢グループごとで仕事の内容が大きく異なることを背景にしている。

もし、新入社員も数カ月で一人前の労働者になるような仕事ばかりであるとすれば、特定の年齢層や入社年のグループが他の年齢グループに比べて多くても少なくても、その年齢グループが賃金面で有利になったり不利になったりすることはない。しかし、仕事の内容や技能レベルが勤続年数とともに長期間上昇し続けるような職種が多かったり、昇進が年齢を条件になされていると、団塊の世代は賃金面で不利になる。一方、学校卒業時に就職の機会が限られていた日本の労働市場の特徴は、就職時点の労働市場の需給状態が、生涯の賃金を規定してしまう程度が高い。

実際、猪木武徳・国際日本文化研究センター教授と共同で研究した第8章の分析によれば、特に大卒においては、就職時に好景気であった世代は、生涯賃金が他の世代よりも高いことを実証的に示している。これは、好景気においては生涯賃金が高い大企業に就職する比率が高くなること、学生が自分の希望に合った会社に就職できる確率が高まることが理由である。

賃金格差の議論で無視できない論点は、90年代半ばから多くの日本企業で導入され始めた成果主義型賃金制度の影響である。年功主義的な色彩が強かった日本企業で成果主義型の賃金制度が導入され始めたことが、賃金格差拡大を人々に強く意識させた理由の一つである。

　しかし、成果主義的賃金制度への変革がうまくいったわけではない。成果主義的給与制度を批判した高橋伸夫・東京大学教授の『虚妄の成果主義』が2004年に出版されベストセラーになったことがそれを反映している。私は唐渡広志・富山大学助教授と、成果主義型賃金制度への変更によって従業員の労働意欲が上昇したのか否かを、中部地域の企業の従業員アンケートから分析した（第9章）。

　実証分析の結果、成果主義的な賃金制度に変更されただけでは人々の労働意欲は高まらないことが示される。成果主義的な賃金制度に変更した場合には、制度変更と同時に能力開発の機会を増やしたり、仕事の範囲を明確にする必要があることがはっきりした。

　仮に、そのような仕事のやり方について変更がなされずに、賃金制度だけが成果主義型に変更されると、労働意欲が低下するケースが多いことも示されている。また、この分析で明らかにされたことは、賃金引き下げあるいは賃金凍結に直面した場合には、人々は労働意欲を低下させるという事実である。デフレ状況のもとでは、賃金が凍結されただけでは、実質賃金は低下していない。それにもかかわらず、労働意欲が大きく低下することは、名目賃金の引き下げがいかに困難であるかということを示しており、デフレが実質賃金をも高めてしまう要因になることがわかる。

　人々が賃金下落を嫌うということは、逆に言えば、人々は年功的な賃金を好むということを示している。それでは、人々は年功的でない賃金をもらったほうが得になる場合でも、年功的な賃金制度を好むのだろうか。また、賃金カットを選んだほうが、解雇の可能性が低下する場合でも、賃金カットを選ばないで、賃金維持を選択するのだろうか。こうした問題について、私はアンケート調査で仮想的な質問を行って、人々の年功賃金への選好を調べた（第10章）。

　分析結果は、同じ賃金総額をもらう場合であれば、過半数の人が年功賃金

を選択することを示している。その理由について人々は、「生活水準を毎年上げていくことが楽しみ」とか「賃金が下がると労働意欲が維持できない」と答えている。どちらの理由も経済合理性だけでは説明がつかない心理的な要素が、賃金決定には重要だということを示している。

「生活水準を毎年上げていく」ためには、年功賃金制度である必要はない。はじめに多めの賃金をもらったとしても、貯金をしておいて後から使うこともできるのである。それにもかかわらず人々が年功賃金制度を選ぶのは、最初に賃金をもらいすぎると無駄遣いをしてしまって、生活水準を上げていきたいという計画が達成できないことを人々が直感的に感じていることが理由だろう。単に、賃金の支払い方が年功的かどうかだけで労働意欲が変わってくるというのは、人々は賃金額が自分に対する評価だと無意識に感じていることを表している。だからこそ、解雇の可能性が高くなっても一律の賃金カットに反対する人々が無視できないほど多いのである。狭い意味の経済合理性だけでは、賃金制度を設計することは困難であること、マクロ経済政策も人々のそのような行動特性を考慮して行う必要があることがわかる。

不平等拡大に対する政策を考えるには、まず、不平等拡大がどのような要因でもたらされているかについて正確な知識が必要である。次に、人々がどの程度の不平等を認めるかについてを明らかにする必要がある。当然、人々が認める不平等の大きさは、不平等をもたらす原因によって異なってくるであろう。その上で、不平等是正策が必要であるならば、どのような不平等是正策が効果的なのかを知る必要がある。

本書は、最初の二つについての分析を行ったが、効果的な不平等是正策については今後の課題として残されている。

本書が日本の所得格差・賃金格差の実態とその原因について、読者の理解を深め、政策的議論を高めることに役立てば、望外の幸せである。

2005年3月

大竹 文雄

謝　辞

　本書は私が過去約10年間に行ってきた所得格差、賃金格差に関する研究をまとめたものである。猪木武徳、唐渡広志、小原美紀、齊藤誠、富岡淳の各氏は共同研究の成果を本書に掲載することをご快諾頂いた。特に、畏友・齊藤誠氏との共同研究では、所得・消費格差についての動学的な分析の重要性を学んだ。

　八田達夫教授には、所得格差の研究を本格的に行うきっかけを作って頂き、研究に多くの有益なコメントを頂いた。高山憲之教授と経済企画庁経済研究所で所得格差の共同研究をさせて頂いたことが、本書の研究の出発点になっている。故・石川経夫教授からは、第1章のもとになった『季刊理論経済学』の展望論文の草稿に丁寧なコメントを頂いた。玄田有史助教授は、本書のもとになった論文の多くに有益なコメントを下さった。

　西村周三教授には、京都大学経済学部のゼミで経済学の面白さを教えて頂いた。本間正明教授には、大阪大学大学院で経済学研究のイロハを丁寧に指導して頂いた。吉川洋教授には、共同研究を通して経済学の研究のあり方を教えて頂いた。猪木武徳教授には、労働経済学の世界を教えて頂いた。阪大社会経済研究所の同僚からは、数々の有益なコメントを頂いた。

　本書で用いた『全国消費実態調査』、『国民生活基礎調査』、『所得再分配調査』、『賃金構造基本統計調査』の特別集計は、連合総研、厚生労働省、および財務省主税局からの委託研究で行ったものである。

　第8章で用いたデータは、中部産政研のプロジェクトで行ったアンケート調査を用いている。このプロジェクトの際に、高橋潔教授、願興寺ひろし氏、上中健人氏にお世話になった。

　本書の基礎となった研究を、日本経済学会、上智大学経済学部、東京大学社会科学研究所、一橋大学経済研究所、財務省、社会保障人口問題研究所、内閣府、関西労働研究会、統計研究会、日本経済研究センターなどで報告し

た際には、参加者の方から多くの有益なコメントを頂いた。

　本研究は、文部科学省科学研究費助成金（特定領域研究(B)(2)12124207、基盤研究(C)(2)14530109)、大阪大学21世紀COE、内閣府、サントリー文化財団、日本経済研究奨励財団から研究助成を受けた。

　研究室の小林和美さんと村島吉世子さんは、研究を全般にわたって助成して頂いた。村島さんは、本書の原稿を整理して下さった上、本書の最初の読者として数多くのコメントを下さった。彼女のコメントは本書を読みやすいものにする上で非常に有益であった。

　所得格差に関する本をまとめるという構想から10年近く経ってしまった。時間が経過したため、私の研究の進捗にともなって、本書の内容は当初予定していたものとはいい方向で大きく異なったものになった。その間、日本経済新聞社出版局編集部の増山修氏には辛抱強く執筆を待って頂いたことにお礼申し上げたい。

　最後に私事にわたるが、研究生活をいつも支えてくれた妻の直子と二人の子供たち雄河・遼河、そして両親に感謝の意を捧げる。

著　者

目　次

第1章　所得格差は拡大したのか …………………… 1

1. 日本は不平等化が進んでいるのか —— 2
2. 所得格差は拡大したのか —— 3
3. 日本はアメリカよりも不平等か —— 8
4. 生活保護世帯は増えているのか —— 9
5. 世帯構造の変化による見せかけの不平等 —— 11
6. 女性の社会進出が不平等をもたらす？ —— 13
7. 生涯所得の格差を測る —— 16
8. 不平等度上昇は人口高齢化によって引き起こされたのか —— 20

　　所得獲得のタイミングが不平等度を変える／年齢が高いほど同一年齢内の所得格差は大きい／不平等度の変化の要因を探る

9. 資産格差は拡大したのか —— 29

　　資産格差の推移／金融資産格差は拡大した／資産格差は相続が原因か

第2章　誰が所得格差拡大を感じているのか ………… 37

1. 高まる不平等感 —— 38
2. 所得格差に関する意識調査 —— 41
3. 所得格差に関する人々の認識の決定要因 —— 43
4. 回帰分析の推定結果 —— 49

　　過去5年間の所得格差拡大を誰が認識しているのか／今後5年間の所得格差拡大を予想しているのは誰か／所得格差拡大を問題だと考えるのは誰か

5. 解釈と今後の課題 —— 53

第3章　人口高齢化と消費の不平等 ………………… 61

1. 消費で不平等を測る —— 62
2. 消費の不平等度を世代効果と年齢効果に分解する —— 64
3. 世代効果と年齢効果の計測 —— 67
   データ／世代効果と年齢効果の推計結果
4. 国際比較：アメリカ、イギリス、台湾、そして日本 —— 74
5. 人口高齢化の不平等度への影響 —— 78
   1980年代の消費不平等度の上昇の半分は高齢化の影響／高度成長期は世代効果が不平等度を引き下げた
6. 結果の解釈 —— 83

補論　推定モデルの導出 —— 86

第4章　所得不平等化と再分配効果 ………………… 89

1. 所得の不平等化を引き起こす要因 —— 90
2. データと分析的フレームワーク —— 91
   『所得再分配調査』について／分析的フレームワークについて
3. 分析結果 —— 97
   1980年代の不平等化の20％～40％は人口高齢化効果／再分配効果は年齢内ではなく年齢間の重要性が増した
4. 政策的なインプリケーション —— 104

第5章　誰が所得再分配政策を支持するのか？ ………… 107

1. 所得再分配に対する意識 —— 108
2. 所得再分配政策に対する支持・不支持の決定要因 —— 110
   (1)所得水準／(2)予想将来所得と階層間移動性／(3)所得不平等度と所得不確実性／(4)機会の平等についての認識／(5)所得、消費、階層移動の履歴および失業経験／(6)リスク回避度／(7)年齢／(8)失業の可能性／(9)利他主義／(10)外部性／(11)政治的要因、行動的要因

3 推定モデルとデータ —— 114
　　モデルと推定方法／データと記述統計
4 推定結果 —— 120
　　基本モデル／リスク態度／失業／年齢と失業／消費・所得水準の変化／所得階層間の流動性／所得階層別推定／格差の認識／失業の理由、利他主義／機会の平等と階層上昇性
5 結果とインプリケーション —— 133
変数の説明 —— 134

第6章　賃金格差は拡大したのか　………………………… 139

1 先進諸国の賃金格差 —— 140
　　格差拡がる英米／デジタル・デバイドは本当に起きたのか／大陸ヨーロッパと日本
2 グループ間賃金格差は拡大したのか —— 145
　　若年層で拡大する学歴間賃金格差／縮小する年齢（勤続年数）間賃金格差／縮小した男女間賃金格差／グループ間賃金格差の変動はなぜ生じたのか
3 グループ内賃金格差は拡大したのか —— 151
　　産業間賃金格差／企業規模間賃金格差／産業間・規模間格差はなぜ発生するのか／労働者構成と賃金格差／企業間で賃金格差は拡大しているのか／企業内賃金格差
4 なぜ格差拡大を実感するのか —— 158
　　大卒中高年での賃金格差は拡大／パートタイム・フルタイム格差
5 1990年代の年間賃金格差 —— 163
　　年間賃金の賃金格差は拡大したのか／同じ属性を持った労働者における年間賃金格差／1990年代における男性の実質賃金は全階層で低下
6 賃金格差拡大の幻想と未来 —— 173

第7章　ＩＴは賃金格差を拡大するか ……………………… 175

1　ＩＴが労働市場に与える影響 —— 176
2　ＩＴと賃金格差 —— 177
3　ＩＴは職業紹介をどう変えるか —— 182
4　コンピューター使用は賃金を高めるか —— 184
　　推定モデル／データ／推定結果／学歴とコンピューター・プレミアム／コンピューター・トレーニングの効果／結果の解釈
5　技術変化への対応力の有無が格差を生む —— 205

第8章　労働市場における世代効果 …………………………… 209

1　世代効果 —— 210
2　世代の違いが賃金に与える影響 —— 211
　　(1)世代のトレンド的な質の変化／(2)世代のサイズが賃金に与える影響／(3)世代による学卒就職時点での採用動向が賃金に与える影響／(4)賃金以外の世代効果
3　推定方法とデータ —— 216
　　データ／世代効果の推定／世代効果の要因分析
4　推定結果 —— 220
　　(1)世代効果の時系列的推移／(2)世代サイズと採用動向が世代効果に与える影響／(3)賃金プロファイルの傾きと世代効果
5　就職時点の景気が生涯賃金を左右する —— 230

第9章　成果主義的賃金制度と労働意欲 ……………………… 233

1　成果主義的な賃金制度 —— 234
2　モ　デ　ル —— 236
　　成果主義的賃金制度のもとでの労働者の労働意欲決定

3　データと変数の作成 —— 238
　　　　「職場に関するアンケート」データ／労働意欲をどうやって測るか
　　4　順序プロビット・モデルによる推定 —— 243
　　　　推定モデル／全サンプルおよび賃金制度導入の有無別推定／ホワイトカラーの上位・中下位別推定／職種別・職位別・年齢階層別・企業規模別分析
　　5　成果主義的賃金制度に対する労働者の認識 —— 257
　　　　成果主義的賃金制度の認識の決定要因／賃金制度、人事制度についての労働者の認識の違いと労働意欲
　　6　成果主義的賃金制度を機能させるための条件 —— 263

第10章　年功賃金の選好とワークシェアリング …………… 265
　　1　名目賃金の下方硬直性 —— 266
　　2　年功賃金の経済学的説明 —— 268
　　　　人的資本仮説・供託金仮説・生計費仮説／年功賃金の行動経済学的説明／シカゴ科学産業博物館見学者へのアンケート
　　3　賃金カットか人員整理か —— 272
　　　　一律賃金カットのメリット／一律賃金カットのデメリット
　　4　アンケートの結果 —— 275
　　　　賃金プロファイルの選択／危険回避度／賃金カット
　　5　年功賃金を選好するのは誰か —— 281
　　6　賃金カットに賛成するのは誰か —— 283
　　7　心理学的要因が名目賃金の下方硬直性をもたらす —— 286

参　考　文　献 —— 288
初　出　一　覧 —— 300
事　項　索　引 —— 301
人　名　索　引 —— 304

装丁・渡辺 弘之

第1章　所得格差は拡大したのか

　日本は平等社会から格差社会に移行したのではないか。この考え方が現在の通念だろう。実際、日本の世帯間所得格差は1980年代半ば以降上昇を続けてきた。本章では、この所得格差拡大の要因を究明する。その結果、近年観察された経済全体の所得格差拡大は、日本が格差社会に移行したことを示すものではないことが明らかになる。日本の所得格差が高まったように見えた本当の理由は、日本の人口高齢化と単身世帯・二人世帯の増加にある。こうした世帯構造の変化は、見かけ上の世帯間所得格差の拡大をもたらすのである。年齢内所得格差は、高齢者ほど大きい。所得格差がもともと大きい高齢者の比率が高まったため経済全体の所得格差が拡大したのである。80年代における所得格差拡大の多くは、このような見せかけの不平等化であった。一方、生涯所得の格差を一時点の所得よりも正しく反映するのは、消費格差である。全世帯でみると消費格差と所得格差の動きは似ている。ただし、90年代後半以降、50歳未満層において消費格差の拡大が観察されている。若年層で消費格差の拡大が進んでいる原因として、若年層で失業ショックのような長期の所得ショックにさらされるようになったことをはじめとして、人々が将来日本に格差社会が到来することを予期している可能性を示している。

1　日本は不平等化が進んでいるのか

　中流層崩壊論や不平等化論が世間の関心を集めている。橘木俊詔氏の『日本の経済格差』（岩波新書）や佐藤俊樹氏の『不平等社会日本』（中公新書）がベストセラーとなったことは、一般の人々の間で格差拡大・階層の固定化について、ある程度の共通認識がすでに存在していることを反映しているのかもしれない。ところが、不平等化が進行しているのではないか、という論拠には様々なものがある。

　第一に、経済全体として所得格差が拡大してきたという統計的な事実がある。

　第二に、失業率が上昇したこと、そして失業層は貧困であるという考え方がある。

　第三に、企業の中で成果主義的な賃金制度が1990年代後半から導入され、同期入社の社員の間での賃金格差が拡大してきたことが、世間一般における格差の拡大につながっているという考え方がある。

　第四に、企業間の賃金格差の拡大が目立つようになったことが、人々の意識に反映しているという考え方がある。

　第五に、90年代の終わりにネットバブルがあり、世の中が不況の中で、ネットバブルで利益を得た人がいたことが所得格差拡大感をもたらした可能性がある。

　第六に、生活保護受給者が増加しているのではないかといわれている。

　第七に、世代を超えた階層間の固定化が進んできたのではないかという議論もある。

　第八に、デジタルデバイドとして、コンピュータを使える人と使えない人の間の所得格差が大きな問題であるという指摘もある。

　本章では、所得格差の拡大は本当にあったのか、あったとすれば、どのようなタイプの所得格差の拡大であったのか、という点について、現在得られるデータをもとに議論する。その際、データによって所得の定義や調査対象が異なっていることに注意を払う。実際、所得の定義が異なったデータを比

図1−1　ジニ係数

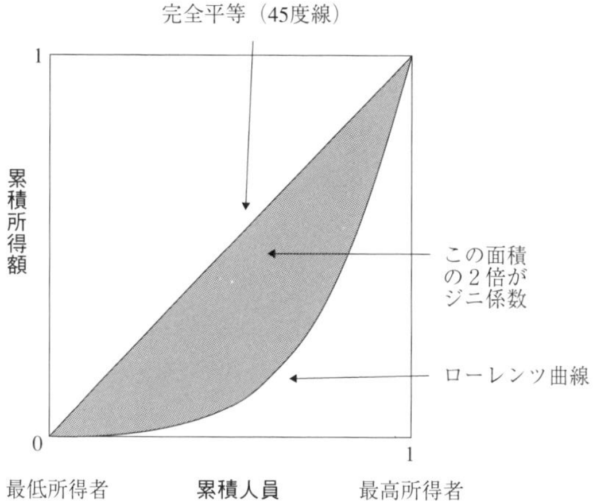

完全平等（45度線）
累積所得額
この面積の2倍がジニ係数
ローレンツ曲線
最低所得者　累積人員　最高所得者

較することで、誤った結論が導かれることも多い。

2　所得格差は拡大したのか

　全体としての所得格差の拡大がみられるかどうかについて、統計的に検証しよう。所得格差の指標としてしばしば用いられる指標にジニ係数がある。ジニ係数とは、累積人員、累積所得を1で基準化して描かれたローレンツ曲線と、その対角線に囲まれた面積の2倍の値で、0に近づくほど平等、1に近づくほど不平等となる。ここで、ローレンツ曲線とは所得の順位と累積所得の関係を示すグラフであり、図1−1に示されている。

　まず、比較的長期間のデータから日本の所得格差の推移を検討しよう。『家計調査』（総務省）の五分位階級別のデータから課税前年間所得のジニ係数を計算し、グラフに描いたものが図1−2である。ただし、『家計調査』は2人以上の普通世帯が対象となっているため、単身世帯が除かれていることに注意すべきである。

　図1−2をみると、ジニ係数の動きは1960年代に急激に平等化が進んだ後、70年代はゆっくりとした不平等化があり、オイルショック時に一時的にジャ

図1－2　所得不平等度の推移

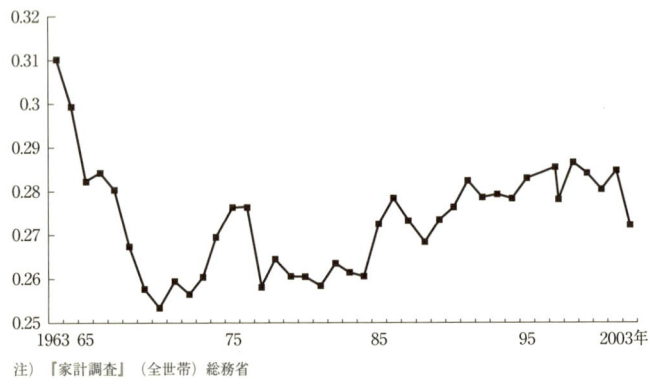

注）『家計調査』（全世帯）総務省

ンプする。そして、80年代の半ばに上昇スピードが高まった後、90年代にはそのペースは弱まったが、緩やかに上昇を続けた。そして、90年代末以降は不平等度はほぼ一定で推移してきた。2003年に不平等度の低下が観察されるが、これは一時的な動きか、長期的な動きかは、本書の執筆時点では判断できない。この中で、日本の世帯所得分配が、高度成長期を通じて平等化する傾向にあったことはよく知られている[1]。

　図1－3は『国民生活基礎調査』（厚生労働省）から著者が特別集計を行って算出したジニ係数である。1986年から98年までの3年ごとのデータである。先ほどの家計調査との違いは、『国民生活基礎調査』では単身世帯も含まれていること、『家計調査』よりもサンプル数がはるかに多いことである。

　また、『家計調査』の場合は、調査対象となった世帯は家計簿をつける必要があり、調査を拒否する可能性がある。そのため、機会費用の高い高所得の人や家計簿をつける余裕のない低所得の人のサンプルが落ちる可能性がある。しかし、家計簿をつける必要のない『国民生活基礎調査』の場合は、より低所得や高所得の世帯の回収率が高いと考えられる。

1）日本の所得分配については、1980年までの包括的な分析として石崎（1983）および Mizoguchi and Takayama（1984）がある。1980年代の日本の世帯所得の動向を要領よく解説しているものとして、経済企画庁（1998）、Tachibanaki（1996a）、Tachibanaki and Yagi（1997）、橘木・八木（1994）、吉田（1993）がある。

図1−3 『国民生活基礎調査』による不平等度ジニ係数

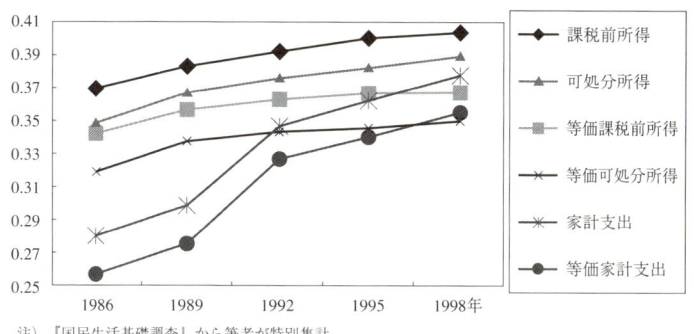

注)『国民生活基礎調査』から筆者が特別集計

　一方、家計簿をつけないで、消費支出の額を記入させるため、その分だけ『国民生活基礎調査』の消費支出のデータには、誤差が含まれることになる。図1−3において、課税前所得のジニ係数は86年の約0.37から、98年の約0.4まで単調に上がってきている。

　次に可処分所得のジニ係数を分析しよう。可処分所得は、課税前所得から税金と社会保険料を引いたものであり、課税前所得のジニ係数の推移と同じように約0.35から約0.39まで上がってきている。

　世帯所得の不平等度の変化には、世帯人員数の分布が変化した影響も含まれてしまう。世帯人員数の変化の影響を考慮するため、等価所得の概念を用いて分析しよう。世帯所得を世帯人員の平方根で除し、家計における規模の利益を考慮したものが等価所得と呼ばれる。

　等価課税前所得の不平等度の動きを図1−3でみると、95年から98年にかけては、ほとんど上がっていない。等価可処分所得の不平等度についても、86年から89年にかけての上がり方に比べて、その後の上昇は緩やかになってきている。つまり、世帯人数の変化を考慮すると不平等度の上昇のペースは遅くなる。これは近年の、単身世帯の増加という世帯構造の変化が、見かけ上の不平等度を増していたという側面があったことを示している。

　図1−3で特徴的なのは、家計支出（6月の1カ月間）に関する不平等度の推移である。80年代から90年代にかけて急激に上がってきている。所得の

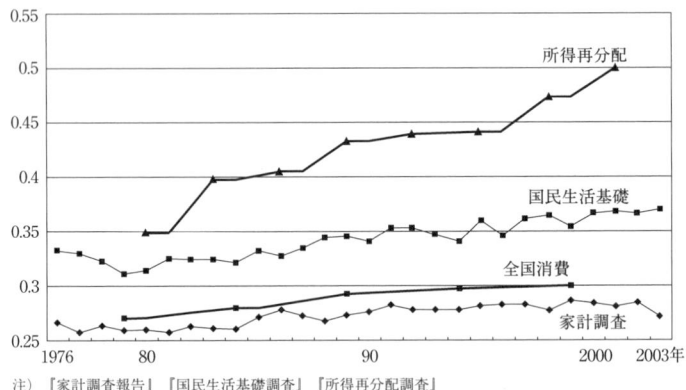

図1－4　世帯所得のジニ係数の推移

注）『家計調査報告』『国民生活基礎調査』『所得再分配調査』
　　『全国消費実態調査』の公表集計表のジニ係数あるいは公表統計から筆者が計算

不平等度よりもはるかに急激に消費の不平等度が高まってきている。ただし、1989年から92年にかけて家計支出の不平等度がジャンプしているようにみえるが、この理由については統計上なんらかの不連続性がある可能性もある。しかし、それでも92年以降の家計支出の不平等度の上昇トレンドは、所得の不平等度の上昇トレンドよりも急である。この点については、後でもう一度議論したい。

『国民生活基礎調査』と『家計調査』の不平等度について検討した。日本でしばしば用いられる不平等度の算出のもとになる調査に『所得再分配調査』（厚生労働省）がある。これは国民生活基礎調査対象世帯の一部の世帯について所得状況をより詳しく調査したデータである。実際、近年の日本の所得格差の大きさを示す場合に、『所得再分配調査』における当初所得という概念の所得の不平等度がしばしば用いられている。

図1－4および表1－1に、様々な統計から算出したジニ係数とともに、『所得再分配調査』から算出された「当初所得」のジニ係数の推移をプロットした。『所得再分配調査』ジニ係数の動きには、他の統計から算出されたジニ係数と比べると二つの特徴がある。第一に、ジニ係数の水準が非常に高い。実際、2001年時点で、「当初所得」のジニ係数は0.498に達している。第二に、ジニ係数の上昇スピードが非常に高い。ただし、次節で示すように

第1章 所得格差は拡大したのか 7

表1-1 世帯所得不平等度の推移

年	家計調査（五分位階級データより著者が算出）	家計調査（松浦(1993a)個票）	家計調査（五分位階級データより著者が算出）	国民生活基礎調査（吉田(1993)十分位データ）	国民生活基礎調査（四分位データより著者が算出）	所得再分配調査（厚生省）（個票）当初所得	全国消費実態調査（十分位データ）	全国消費実態調査
	全世帯	全世帯	勤労者世帯	全世帯	全世帯	全世帯	全世帯	年間収入
	ジニ	ジニ	ジニ	ジニ	ジニ	ジニ	ジニ	四分位分散
1962				0.376				
1963	0.31		0.26	0.361				
1964	0.299		0.248	0.353				
1965	0.282		0.24	0.344				
1966	0.284		0.244	—				
1967	0.28		0.238	0.352				
1968	0.267		0.227	0.349				
1969	0.257		0.219	0.354				0.297
1970	0.253		0.218	0.355				
1971	0.259		0.22	0.352				
1972	0.256		0.223	0.357				
1973	0.26		0.224	0.35				
1974	0.269		0.241	0.344				0.312
1975	0.276		0.249	0.353				
1976	0.267		0.229	0.36	0.333			
1977	0.258		0.223	0.342	0.331			
1978	0.264		0.223	0.354	0.323			
1979	0.26		0.22	0.336	0.312		0.271	0.289
1980	0.26		0.219	0.337	0.315	0.349		
1981	0.258		0.222	0.352	0.324			
1982	0.263		0.222	0.351	0.324			
1983	0.261		0.222	0.351	0.325	0.398		
1984	0.26		0.222	0.35	0.322		0.28	0.314
1985	0.272		0.227	0.359	0.333			
1986	0.278	0.273	0.231	0.356	0.328	0.405		
1987	0.273	0.275	0.23	0.359	0.334			
1988	0.268	0.267	0.229	0.375	0.345			
1989	0.273	0.268	0.225		0.346	0.433	0.293	0.328
1990	0.276		0.227		0.342			
1991	0.282		0.23		0.353			
1992	0.278		0.227		0.353	0.439		
1993	0.278		0.224		0.348			
1994	0.278		0.224		0.341		0.297	0.338
1995	0.281		0.229		0.36	0.441		
1996	0.283		0.226		0.346			
1997	0.284		0.229		0.362			
1998	0.278		0.231		0.364	0.472		
1999	0.286		0.234		0.354		0.301	
2000	0.284		0.234		0.366			
2001	0.280		0.234		0.368	0.498		
2002	0.284		0.239		0.366			
2003	0.272		0.231		0.369			

「当初所得」の定義は特殊であるため、「当初所得」のジニ係数で所得の不平等度を議論することには問題がある。

3 日本はアメリカよりも不平等か

橘木（1998）は、「1980年代後半や1990年代前半でみると、わが国は先進諸国の中でも最高の不平等度である。資本主義国の中で最も貧富の差が大きいイメージでとらえられているアメリカの所得分配不平等度よりも当初所得でみてわが国のジニ係数のほうが高いという事実は、にわかに信じ難いほどの不平等度である」と指摘している。確かにショッキングな指摘である。実際、橘木氏が用いている『所得再分配調査』では、1989年において課税前所得の日本のジニ係数は0.43であり、アメリカのそれは0.40である。

しかし、この国際比較は正しくない[2]。橘木氏は、日本については厚生省の『所得再分配調査』という統計を用いている。この統計の「当初所得」という概念を「課税前所得」として、アメリカと比較している。しかし、『所得再分配調査』のジニ係数は、他の所得統計のジニ係数と大きく異なる。

『所得再分配調査』と『国民生活基礎調査』、『家計調査』、『全国消費実態調査』など、ジニ係数の差はどこから生じるのであろうか。「所得」の定義が大きく異なっていることが最大の原因である。『所得再分配調査』の「当初所得」には公的年金の所得を含まないが、一方で退職金を含んでいる。仮に、不況期に退職金をもらって希望退職した人たちが増えたとすると、この統計では豊かな人が増えることになる。高齢化が進んで公的年金だけで生活していくという人が増えてくると、「当初所得」でみると所得がない人が増えてくるということになる。これに対し、日本の『家計調査』やアメリカのCPS（Current Population Survey）という所得調査では、公的年金を所得にカウントしているので、所得ゼロということにはならない。年金受給者が増加すると、このバイアスは、より大きくなる。

---

[2] 橘木（2000）は、本稿のもとになった大竹（「所得格差を考える」『日本経済新聞・やさしい経済学』2000年2月29日より6回掲載）におけるこの指摘に対し、「私の不注意は率直に反省する」と認めている。

表1−2　所得再分配調査のジニ係数

所得概念	1980年	1992年
「当初所得」	0.3349	0.4199
修正当初所得	0.3217	0.3642
「再分配所得」	0.3151	0.3690
修正再分配所得	0.3023	0.3402

注）大竹・齊藤（1999)、対象年齢　25歳～75歳

　不平等度で生活レベルの格差を計測しようとするのであれば、「当初所得」による不平等度は、有益な情報を伝えてくれない。『所得再分配調査』であっても、「当初所得」ではなく、通常の所得の概念で不平等度を計算すれば、不平等度の水準は低下する。

　表1−2には、『所得再分配調査』の所得概念を『家計調査』の所得概念に近づけた場合に、ジニ係数がどのように変化するかを示した。調整後、ジニ係数の水準が大きく低下することがわかる。しかし、それでも、所得の不平等度に上昇傾向があることは否定できない。所得の定義の国際的統一は困難であるが、ある程度比較可能な統計のもとでは、日本の不平等度は、先進国の中で中ぐらいである[3]。

4　生活保護世帯は増えているのか

　生活保護世帯が増えているという議論について検討しよう。図1−5に、総世帯数に占める生活保護世帯の比率を示した。生活保護世帯比率は、長期的には低下傾向にあるが、1990年代の半ば以降生活保護世帯比率には上昇傾向がみられる。

　しかし、この多くは高齢者世帯での保護率の上昇に起因している。被保護世帯に占める高齢者世帯は、人口高齢化で増加している上、90年代半ば以降、高齢者世帯の中での生活保護率も上昇しているのである[4]。したがって、生

---

[3] 経済企画庁経済研究所編『日本の所得格差―国際比較の視点から』大蔵省印刷局、1998年。経済企画庁国民生活局編『新国民生活指標PLI』大蔵省印刷局、1999年。
[4] 玉田・大竹（2004）を参照。

図1－5　生活保護世帯比率

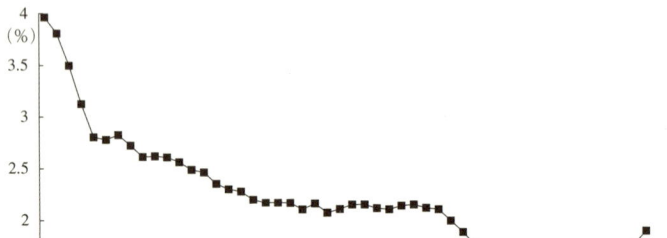

注)　福祉行政報告例（昭和45年以前は被保護者全国一斉調査（個別））
出所)　生活保護の動向編集委員会編集「生活保護の動向」平成15年版
　　　社会保障人口問題研究所ホームページよりダウンロード

図1－6　貧困率（中位所得の半額以下の所得の世帯比率）
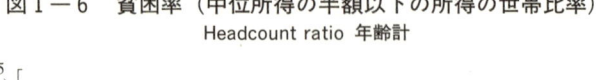
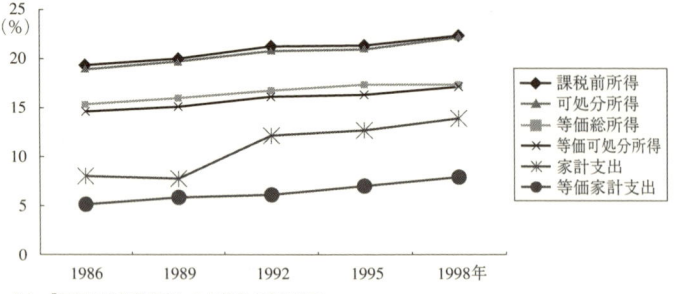

注)　『国民生活基礎調査』から筆者が特別集計

活保護世帯比率が増えてきているということは正しいが、すべての年齢層で増えているわけではない。また、80年代半ばまでの生活保護世帯比率と同じ水準にまで戻ってきたのであって、歴史的に高い水準にあるわけではない。

　ただし、1980年以前の貧困世帯比率に比べて90年以降の実際の貧困世帯比率が低下したというのではなく、生活保護制度でカバーされた貧困世帯比率が減ったという可能性は排除できない。

　貧困世帯比率そのものの変化を分析するために、貧困率の動きを検討しよう。図1－6は、『国民生活基礎調査』から算出した貧困率の推移を示した

図1－7　世帯人員数比率の推移

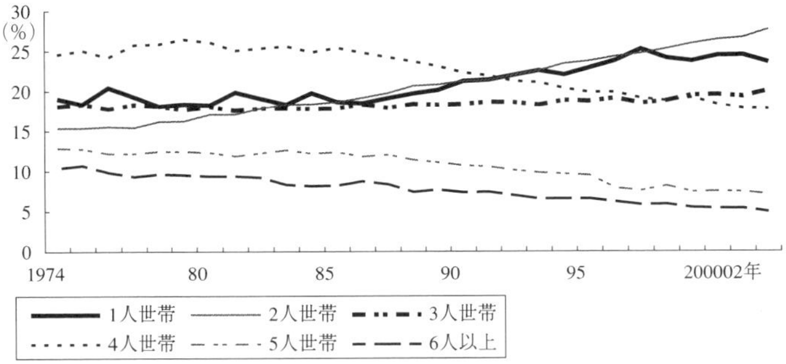

注）『国民生活基礎調査』（厚生労働省）

ものである。貧困率の定義は複数あるが、ここでは中位所得の半額以下の所得の世帯が占める比率（Headcount Ratio）を用いている。図1－3のジニ係数と似た動きを示しており、所得水準が低い世帯の比率は確実に増加している。

5　世帯構造の変化による見せかけの不平等

　日本における世帯規模の変化は近年著しい。図1－7に示したように、1980年代には、4人世帯が最も普通の世帯であった。しかし、90年代では2人世帯が最も多く、次に単身世帯が多くなっている。すでに、4人世帯は標準世帯とはいえなくなっている。

　世帯規模が変化すると、世帯所得の不平等度と人々の生活水準の格差の間に乖離が生じてくる。世帯間の所得格差を考える際の難しさである。ここには二つの論点がある。第一は、世帯形成のあり方が大きく変化している場合に、世帯間所得格差は実態とは異なる方向に計測される可能性があることである。第二は、女性の働き方が変わったことの影響である。

　まず、世帯形成のあり方の変化について説明しよう。世帯形成には三世代同居という形態のみがあったと仮定しよう。75歳で年収300万円の親、50歳で年収1000万円の子、20歳で年収400万円の孫がいるとする。日本の世帯が

すべてこの世帯構成と同じであれば、年収1700万円の世帯だけで、所得格差は存在しない。

今、年金が引き上げられ、75歳の親の年収が400万円になったり、介護保険も充実したため、親が単身で生活することを選んだとしよう。すると、日本には、所得が400万円の老人世帯と年収1400万円の親子世帯が発生し、それぞれの世帯数は同数になる。所得階層は二極化し、所得格差が拡大する。

さらに、若者の雇用条件が好転し、20歳の子供の年収が500万円になり、単身生活を始めたとする。このときは、1000万円の世帯、500万円の若者単身世帯、400万円の老人単身世帯の三つに分かれ、500万円以下の低所得世帯が急増し、よりいっそう所得格差が拡大したようにも解釈できる。あるいは、若者の雇用状況が一定であっても、50歳の年収が100万円増加したことで、仕送りができるようになり、子供が単身で東京生活を始めるかもしれない。実際、白波瀬（2002）は、日本の高齢者の所得格差はその世帯の形態によって異なることを示している。

世帯所得格差の拡大要因と考えられるものに、高齢者の中での同居比率の低下があげられる[5]。『国民生活基礎調査』によれば、60歳以上のもののうち、単独か夫婦のみの世帯のものの比率は1980年で29.9%であったが、1992年では40.4%に増加している。高齢者のみの世帯の増加は、勤労所得がない世帯の増加を意味するため、見かけ上の世帯所得分布の不平等化をもたらす。

高齢者の独立世帯の増加理由としては、高齢者の公的年金水準の上昇等の所得増加が一つの要因であり、高齢者独立世帯の増加が必ずしも所得分布の不平等化をもたらすとは限らない。しかし、高齢者世帯の所得が、平均的に非高齢者世帯の所得よりも低い場合には、所得分配の不平等度の拡大要因となると考えられる。したがって、日本の世帯所得分布を考慮する際に、高齢者の独立世帯比率の変動を考慮する必要がある[6]。

このように、世帯形成が所得の状況に応じて変化しやすい社会になってくると、それぞれの個人レベルでみると豊かになっているにもかかわらず、世

---

[5] 世帯規模の変化と不平等度の関係については、高山憲之教授にご指摘頂いた。
[6] 日本の高齢者の同居決定を分析した論文として、安藤ほか（1986）、Dekle（1989）、Hayashi（1995）、Ohtake（1991）、八代（1993）がある。

帯で測った所得では低所得世帯が増加しているとみえる場合がある。バブルの頃には、東京の私学の競争率が軒並み上昇した。これは、団塊ジュニアが受験期を迎えたというだけでなく、日本全体で所得が高まった結果、地方から子供に仕送りをすることが経済的に可能になり、東京の私学を受験させる親が増えたことを背景にしていた。

　逆に、最近では「パラサイト・シングル」と呼ばれる「親と同居し結婚しない若者」が増えている。親の生活水準が高いからパラサイト（寄生）しているという面もある。同時に、若者の雇用条件が悪く、単身生活ができないから同居を選ばざるを得ないという側面も大きい。このように、経済状況の変化や社会保障のあり方は、世帯形成のあり方に大きな影響を与える。世帯間所得不平等度は、そのような世帯形成のあり方に大きく影響を受ける。

　世帯構造が、不平等度に与える影響をコントロールするためには、世帯の規模経済を考慮したり、子供の生活費が成人の生活費のどの程度になるかという影響を考慮する必要がある。こうした研究は、等価尺度の研究として蓄積されている。Slesnick（2001）は、様々な等価尺度によって不平等度や貧困率がどのように変化するかを分析し、等価尺度によってそれらが大きな影響を受けることを示している。

　しかしながら、最も広く用いられている手法は、世帯規模だけをコントロールする方法であり、所得や消費を世帯人員の平方根で除するというものである。この手法は、子供と成人、老人を区別していないという問題点はあるが、簡便に行える上、より複雑な等価尺度の結果と近いものになるということから使用されている。本書でも、世帯人員の平方根による等価尺度を用いることにする。

6　女性の社会進出が不平等をもたらす？

　もうひとつの変化は、女性の働き方の変化が世帯間所得格差に与える影響である。有配偶女性の働き方が、男性世帯主の補助的な働き方である場合には、高所得男性の配偶者ほど少ない所得を得ている。そうすると、世帯レベルでみた所得格差のほうが、男性内の所得格差より小さくなる。しかし、女

性の働き方が変わり、男性と同じように働く女性が増加していくと、世帯間所得格差と個人間所得格差の大小関係は変化していく。仮に、高所得男性は高所得女性と、低所得男性は低所得女性と結婚し、女性は結婚後も働き続ける社会になったとすれば、個人間所得格差よりも世帯間所得格差のほうが大きくなっていく。

Burtress (1999) は、アメリカの世帯所得格差の拡大の要因の一つに家族形態の変化があることを明らかにしている。すなわち、夫婦の間の所得の相関が強まったこと、低所得の単身者が増加したこと、の二つで1979年から96年にかけての世帯所得不平等度拡大の4割程度を説明できるというのである。

かつて高所得の男性の配偶者は、専業主婦か低所得のパートタイム労働者であった。実際、ダグラス＝有沢法則として知られる有配偶女性の労働力率に関する経験則は、夫の所得が高いと妻の有業率が低いというものであった。ところが、アメリカでは、フルタイムで働く有配偶者女性の比率が急上昇したばかりでなく、高学歴・高所得カップルが増加した。以前なら、高所得男性の配偶者の所得は低く、低所得男性の配偶者は有業者として所得を得ていたので、世帯間の所得格差は、個人レベルでみるよりも平等化されていた。しかし、高所得男性の配偶者も高所得女性となる比率が高まった結果、世帯レベルでみた所得格差のほうが個人間の所得格差より大きくなる傾向が表れはじめたのである。

日本でも、高学歴女性がフルタイムで高所得を得ながら高学歴男性と結婚する比率が高まっているのであれば、同じことがいえる。図1−8には、夫の所得階層別の妻の有業率を示した。80年代は、低所得男性の配偶者ほど有業率が高いというダグラス＝有沢法則が明確に成り立っている。しかし、90年代に入るとその関係は弱くなり、97年においては、夫の所得と妻の有業率の間には負の相関関係は観察されなくなっている。

そのうえ、高所得の妻の比率は、高所得男性のほうが高く、その相関は近年高まっている。図には示していないが『就業構造基本統計調査』によれば、1997年において夫の年収が400万円台の妻で500万円以上の年収があるものは約2％にすぎないが、夫の年収が700万円以上ある妻で500万円以上の年収があるものは、約8％に達する。87年においては、夫の年収が700万円以上で

図1−8　夫の所得階層別妻の有業率

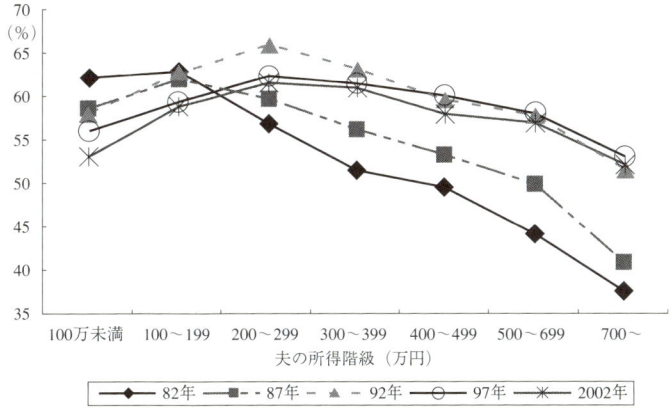

注)『就業構造基本統計調査』総務省

妻の所得が500万円以上であったものの比率は約4％にすぎなかった。

　高所得男性の配偶者は専業主婦になるという世帯形態は、世帯所得の平準化をもたらしていた。しかし、高所得男性と高所得女性の夫婦が増加したことは、世帯レベルでみた所得の不平等度を高める効果を持っている[7]。

　以上のように、世帯間所得格差と個人間所得格差の動きには、乖離が生じる可能性が高い。加えて、個人所得の中でも大きなシェアを占める賃金所得の格差と、世帯間所得格差の乖離も生じる可能性がある。賃金格差は、賃金所得を得ているものの中での比較になるため、無業者や失業者との格差は比較の対象にならない。さらに、世帯所得の中には財産所得も含まれるため、賃金格差と世帯所得の動きには違いが出てくる。失業率が高い社会や人口が高齢化し無職世帯が増えてくると、個人間の賃金格差と世帯間の所得格差の動きの差は大きくなってくる[8]。

---

[7] ダグラス＝有沢法則については、川口 (2002) を参照。小原 (2001) は、夫の所得と妻の所得の間の負の相関が弱まっていることを示している。妻の就業と家計所得については高山・有田 (1992b) を参照。
[8] 1990年代の正社員内の賃金格差の動きについては、本書第6章で議論する。

7　生涯所得の格差を測る

一時点の所得分布の分析だけでは、人口構成の変化、生涯の賃金収入のパターンの変動、税制・年金制度の変更といった所得分布の変化を分析することは十分にはできない。したがって、生涯所得でみた真の所得の分配がどのように変化しているのかを分析する必要がある。一つの方法は、賃金所得の年齢内の分布を計測することであるが、遺産を含めた生涯所得を直接計測することもできる。また、ライフサイクル仮説をもとに、消費の分布を計測することで、生涯所得の分布を代理させることも可能である。前者の試みが高山・有田（1992a）であり、後者の試みがFukushige（1989, 1993）である。

高山・有田（1992a）は賃金プロファイルを個人属性別に推定することで、生涯賃金と生涯税額、生涯社会保険料（給付）額を算出し、1984年時点における生涯所得の分布を計測している。世帯当たりの正味資産のジニ係数は0.519、人的資産のジニ係数は0.301、正味資産と人的資産の合計のジニ係数は0.269であると計測されている。人的資産と非人的資産の間に代替性があるために、全体でみたジニ係数は個別のものよりも低下している。

Fukushige（1989）は、生涯所得を直接推定するのではなく、恒常所得仮説と組み合わせることによって、消費の分布により生涯所得の不平等度が計測可能になる指標を提唱している。それに基づく生涯所得分布の国際比較（Fukushige（1996a））、および生涯所得分布に影響をもたらすものの要因を明らかにしている（Fukushige（1996b））。

生涯所得の不平等度を考える上で、消費の不平等度の動きと所得の不平等度の動きの差は注目に値する。所得の不平等度は、その時点の所得だけの格差を示している。しかし、現在時点の所得の格差が小さくても、将来の所得の格差が大きいのであれば、その社会は本当に平等な社会であるとはいえない。逆に、仮に一時点の所得の不平等度が高くても、所得階層間の移動率が非常に高い場合、つまり、ある時点で低所得であった人が次の時点で高所得になるということが頻繁にある場合には、一時点でみた所得格差が大きくても、生涯の所得格差は小さくなる可能性がある。

Flinn（2002）は、クロスセクションの賃金格差はイタリアのほうがアメリカよりもはるかに小さいにもかかわらず、生涯賃金の格差は両国でほぼ同じであることを示している。転職が比較的容易なアメリカにおいては、現在の賃金水準が低くても、転職によってよりよい条件の仕事に将来就く可能性があり、生涯賃金でみた賃金格差は、一時点での賃金格差に比べると小さくなる。これに対し、転職が困難であったり、将来の賃金上昇の可能性が小さい社会においては、現在の賃金格差が永続的に続くことになるため、現在の賃金格差はそのまま生涯賃金の格差となってしまうのである。

　人々は様々な所得のショックに直面している。勤務先の企業の業績が悪化し、解雇や大幅な賃金カットといったマイナスの賃金ショックに直面した場合を考えよう。労働者の技能が一般的であり、転職コストが低い社会であれば、労働者は一度失業するかもしれないが、もとの賃金水準と同じ仕事に容易に転職することができる。一方、解雇のリスクは非常に小さいが、賃金の高い仕事に就くか否かが学校卒業後の最初の就職で決まり、転職によって、より有利な賃金の職に移ることが困難な社会も考えることができる。

　前者の社会では、失業者も多い代わりに高い所得を得ている人もいる。そうすると、所得（賃金）の不平等度は、後者の社会よりも高くなる。しかし、失業による所得ショックは、失業期間が短ければ一時的なものにとどまるため、失業者はそのときの所得は低いかもしれないが、生涯所得の低下はそれほど大きくない。つまり、アメリカにおける就業状態の頻繁な変化がクロスセクションの大きな賃金格差と比較的公平な生涯賃金分布をもたらしているのである。

　クロスセクションでの賃金格差と生涯賃金格差の乖離をもたらす可能性として、年齢・賃金プロファイルが急な社会で年齢間賃金格差が大きいケースも考えられる。若年者と高齢者の間の賃金格差が大きいと一時点での不平等度は高くなる。しかし、すべての人が年齢とともに高所得者になるのであれば、生涯所得での不平等度は必ずしも高くならない。

　日本の場合は、アメリカタイプとイタリアタイプの、どちらにより近いであろうか。筆者はどちらかといえば、イタリアにより近いと考えている。たとえば、日本の場合、就職の機会は新規学卒の時点にかなり限られている[9]。

好景気のときに就職した学生は生涯賃金も高く、離職率も低い。

　所得の不平等度は、所得の一時的変動の影響を受けるという問題点があることを指摘した。そのため、最近では、消費の不平等を分析する研究が進んでいる[10]。Fukushige (1989) が最初に定式化したように、恒常所得仮説に基づけば、消費不平等度は恒常的な所得ショックのみの変動を反映した不平等尺度として機能する。

　アメリカでは、過去30年間、所得格差、賃金格差が拡大してきたことはよく知られている。しかし、所得格差の拡大に比べて、消費格差はそれほど拡大していないことが Cutler and Katz (1991, 1992)、Slesnick (1993, 2001) および Krueger and Perri (2002) などの最近の研究で明らかにされてきた。Krueger and Perri (2002) は、所得ショックの拡大が信用市場の発展をもたらし、家計が家計固有の所得ショックに信用市場を通じて対処できるようになったことが、消費不平等度が一定水準にとどまっている理由であることを理論的に示している。Blundell and Preston (1998) は、イギリスにおいても消費不平等度の上昇スピードが所得不平等度の上昇スピードより遅いことから、1980年代のイギリスにおいて所得における一時的ショックの変動が大きくなっていることを示している。

　それでは、日本における消費の不平等度の推移は所得の不平等度の推移と比べてどのような特徴を持っているであろうか。図1－9には、『全国消費実態調査』の特別集計による「年間所得」と「1カ月あたり消費支出額」の不平等度（対数分散[11]）の推移を示した[12]。図1－9は年間所得の不平等度よりも消費の不平等度が小さいことを示している。この結果は、年間所得の

---

9) 世代効果については大竹・猪木 (1997)（本書第8章）、玄田 (1997)、岡村 (2000)、太田 (1999) を参照。
10) Fukushige (1989), Cutler and Katz (1991), Deaton and Paxson (1994a), Blundell and Preston (1998), Ohtake and Saito (1998), Attanasio and Jappelli (2001), Attanasio et al. (2002) など。
11) 対数分散は、不平等度の指標としてしばしば用いられる。この指標の利点として、不平等度を年齢要因や年齢内要因に分解することが可能な点があげられる。
12) 年間所得も消費支出額も世帯人員数の影響を除去するために、世帯人員数の平方根で除した「等価所得」、「等価消費額」を用いている。また、異常値が多い世帯主が25歳未満の世帯を除いて計測を行った。

図1−9 対数所得分散と対数消費分散の推移
世帯主25歳以上普通世帯

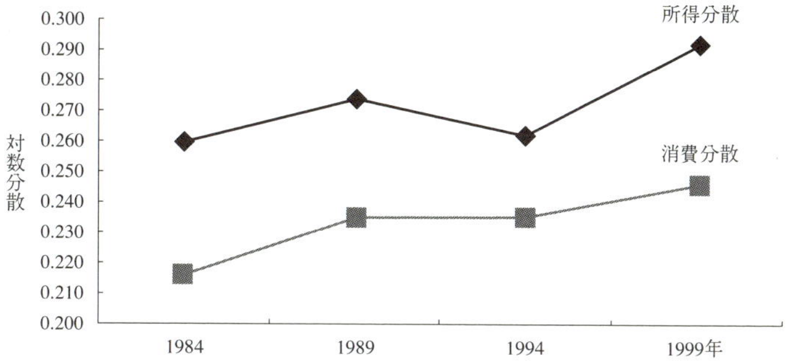

注）『全国消費実態調査』（総務省）より筆者が特別集計（大竹(2003)）

中には一時的な所得ショックが含まれているという仮説と整合的である[13]。しかし、所得不平等度の上昇よりも消費不平等度の上昇がはるかに小さいという、アメリカでみられたような現象は観察されない。図1−3に示した『国民生活基礎調査』の場合には、むしろ消費支出の不平等度拡大スピードのほうが所得格差の拡大スピードを上回っていた。

少なくとも日本では、所得の不平等度の上昇度に比べて、消費の不平等度の上昇度が小さいというアメリカで観察された事実は観察できない。この理由について、いくつかの可能性を指摘できる。第一に、一時的な所得ショックの増大が日本の所得不平等度を高めたわけではない。むしろ、所得の格差と同じ程度か、それ以上に生涯所得格差の拡大が進むことを人々が予想していると解釈できる。第二に、真の不平等度が高まっているのではなく、年齢構成や世帯構成が変化したために生じた見せかけの可能性もある。第三に、消費の不平等度の拡大が小さくなかった理由として、税制改革の影響が考えられる。90年代に進んだ所得税制の累進度の低下が、可処分所得の格差拡大をもたらして、消費不平等度の拡大を招いたことが、他の消費不平等度縮小要因（金融市場の発達等）の効果を打ち消した可能性もある（本書第9章参

---

13) 税金や社会保険料を差し引いた可処分所得の不平等度の水準は、年間所得の不平等度の水準よりも低くなるはずであり、消費の不平等度の水準が所得不平等度の水準より低いのは、税・社会保険料の影響もある。

照)。第四に、家族規模の縮小による家族を通じた暗黙の保険機能の低下と金融市場の発達の効果が相殺した可能性もある。

8 不平等度上昇は人口高齢化によって引き起こされたのか

所得獲得のタイミングが不平等度を変える

所得不平等度の大きさは、単に所得の支払い形態が異なるだけでも大きく変化してしまう。そのことを簡単な仮設例を使って説明しよう。

いま、所得格差を年間の賃金で測っていたとしよう。仮に、すべての日本人の所得が1000万円であったとする。ある年から給与の受け取り方が変わって、日本人の半数は、西暦の奇数年にだけ2000万円の給与を受け取り、偶数年は給与はゼロであるというような2年契約制をとり、残り半分の日本人が偶数年に2000万円を受け取り、奇数年はゼロであるという給与の支払い契約をしたとする。

この場合、2年を平均した所得は、以前と同じ1000万円である。単年度でみれば、2000万円の所得とゼロの所得の人が発生するという不平等社会へ移行したようにみえてしまう。しかし、中身は単に給与の支払い形態が変化しただけであるから、格差拡大でもなんでもない。現実に、ストックオプションによる給与支払いや、退職金前払い制度の導入は、このような変化をもたらすものである。この場合に格差を是正するような社会保障制度の拡充や税制の改正を行うことは、かえって人々の行動に歪みをもたらしてしまって、マイナスの効果のほうが大きい。

この例は、極端にみえるかもしれない。しかし、人口の高齢化の影響は本質的には給与の支払い形態の変化の効果と同じである。単純化のために、寿命が50歳で十分に働ける間だけ生きている世界から、寿命が80歳になり引退後20年間は貯蓄を取り崩して生きて行かなければならない世界になったとしよう。人生50年のときはきわめて平等度が高い。寿命が80歳になると、引退後所得がない人が出てきて、不平等度が増すようにみえる。

しかし、それは所得格差の測り方が悪いだけである。引退した人たちは、最初から人生が80年になったことを知っているので、きちんと貯蓄して引退

期の生活に備えている。別に勤労所得がなくても、貧困者が増えたわけではない。人口構成が大幅に変わる際に、その年だけの所得をもとに不平等の程度を測っていると、大きな間違いを犯すことになる。先ほどの給与の支払い形態の場合と同じように、生涯所得の水準が個人間で異なってきたかどうかを測る必要がある。より直接的な方法は、消費の水準を測って、生活水準に格差が拡大しているか否かを測ることである。

年齢が高いほど同一年齢内の所得格差は大きい

1980年代を通じて日本の人口の高齢化は着実に進展してきた。この点は、図1－10に示したように、世帯主の年齢分布の変化でも明確に観察できる。年齢間格差および同一年齢グループ内の所得分配が同一であっても、人口構成の変化により、所得分配が悪化したようにみえる可能性がある。第一に、同一年齢内の所得格差は、年齢が高くなるに従って大きくなる。人口高齢化により、所得格差の大きいグループが相対的に多くなるために、経済全体の所得不平等度が拡大する可能性がある。第二に、日本のように年齢（勤続年数）間の賃金格差が比較的大きい国では、人口構成の変化が経済全体の所得格差にも影響を与える。

『全国消費実態調査』の年齢別のジニ係数を表したグラフが図1－11である。これは1979年から99年までの2人以上の世帯に関するジニ係数である。特徴は二つある。第一に、どの年についても若年層よりも高齢層の間での年齢内所得格差は大きい。第二に、79年から94年までの年齢別ジニ係数のグラフは、ほとんど重なっており、非常に安定的である。99年のみ少し異なっており、それ以前に比べて若年層でのジニ係数が高まり、50代後半以降での年齢内ジニ係数は低下した。

大竹（1994）は、『全国消費実態調査』の年齢内所得不平等度が1980年代においてほとんど一定であったこと、年齢内所得不平等度が年齢とともに上昇していくこと、年齢構成が高齢化していることの三つの理由から、80年代に観察された所得不平等度の上昇が、人口の高齢化によって引き起こされた可能性が高いことを指摘した。大竹・齊藤（1996）および Ohtake and Saito（1998）は、『全国消費実態調査』をもとに80年代の消費の不平等度の

図1—10　世帯主年齢分布

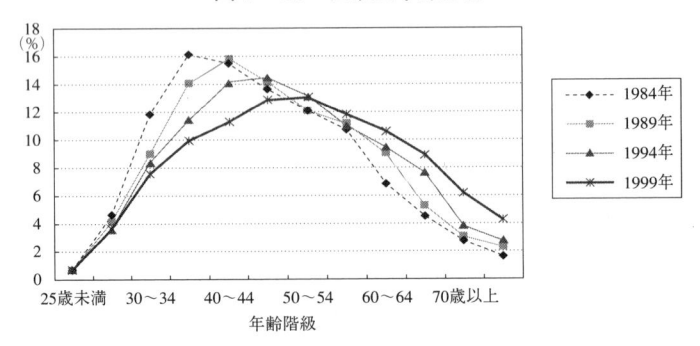

注）『全国消費実態調査』（総務省）

図1—11　年齢別ジニ係数

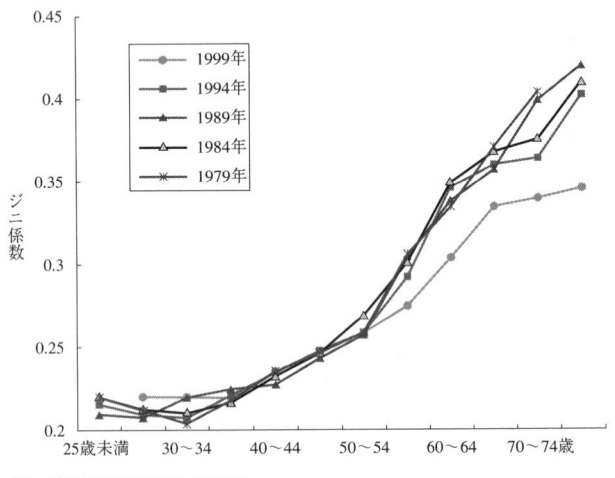

注）『全国消費実態調査』（総務省）

上昇の約50％が人口高齢化で説明できることを明らかにしている。同時に、大竹・齊藤（1996）は、高度成長期における消費の平等化は年齢構成の変化では説明できないことも示している。

　人口高齢化によって発生する社会全体の不平等度の高まりは、真の不平等化とはいえない。たとえば、所得が同じ2人が同じ宝くじを買ったとして、

抽選前後を比べると所得格差は抽選後のほうが高い。抽選が行われる前に、宝くじに当たった人がいないから所得格差のない社会だというのはナンセンスである。人口の高齢化の進行は、人生における宝くじ部分の抽選結果が出てしまった人が多くなることを意味する。

かつて日本が平等社会にみえたのは、単に若年層が多かったという見かけの理由にすぎなかったともいえる。現在不平等になりつつあるようにみえるのは、年をとれば所得に格差がつくという日本の元来の不平等が表に出てきているにすぎない。

ただし、人口高齢化の影響は、用いるデータや期間によって異なっている。大竹・齊藤（1999）は、『所得再分配調査』を用いて、所得不平等度の上昇の人口高齢化効果を計測している。彼らの結果は、1980年から92年にかけての所得不平等度の上昇の24％が人口高齢化効果であるとしており、『全国消費実態調査』を用いた大竹・齊藤（1996）よりも小さな人口高齢化効果を示している。

岩本（2000）は、『国民生活基礎調査』をもとに、1989年から95年にかけての人口高齢化による不平等度上昇効果は、全体の19％であるとして、年齢階層内の効果のほうが大きいことを示した。一方、『平成14年　所得再分配調査報告書』では、1999年調査と2002年調査の間で、「当初所得」のジニ係数が0.472から0.498にかけて上昇したうち、64％が人口の高齢化の影響であり、25％が世帯の小規模化によるという試算を示している。

図1—12に年齢階層別所得不平等度の推移を、図1—13に年齢階層別消費不平等度の推移を示した。若年層よりも高齢層の年齢階層別不平等度が高いことがわかる。また、所得の不平等度も消費の不平等度もすべての年齢層で上昇しているとはいえない。所得の年齢別不平等度は、60歳以上で平等化傾向があり、それ以下の年齢層では、ほぼ横ばいになっている。所得の不平等度をみる限り、特に年齢別不平等度が拡大したグループはない。

一方、年齢階層別消費不平等度は、50歳未満のグループでは上昇傾向にあり、55歳以上のグループでは低下傾向にある。若年層における消費不平等度の拡大は、現在の所得不平等度に現れない将来所得の格差拡大を反映したものである可能性がある。具体的には遺産相続を通じた将来所得の格差拡大、

図1-12　年齢階層別所得不平等度の推移
全国消費実態調査（等価所得）

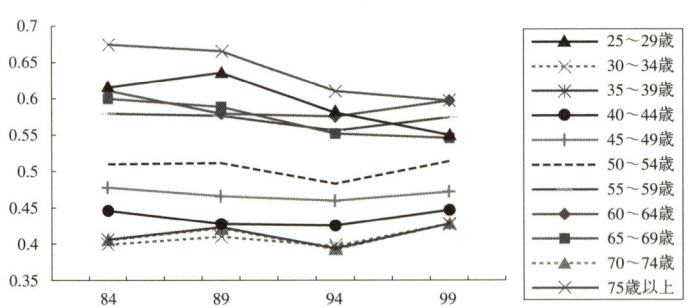

注）『全国消費実態調査』（総務省）より筆者が特別集計（大竹(2003)）

図1-13　年齢階層別消費不平等度の推移
全国消費実態調査（等価消費）の対数分散

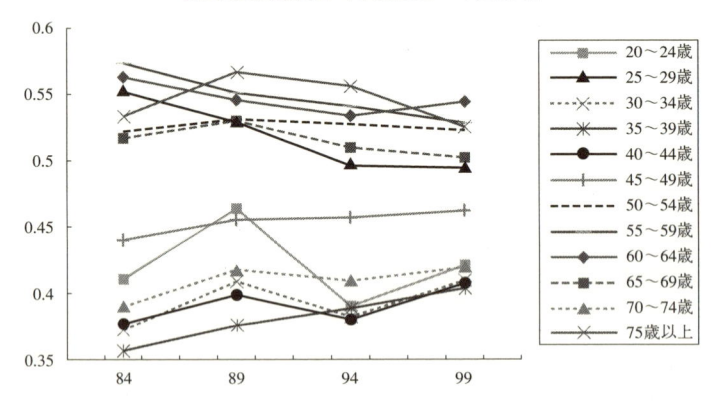

注）『全国消費実態調査』（総務省）より筆者が特別集計（大竹(2003)）

成果主義的賃金制度導入による将来賃金の格差拡大、そして若年失業の影響である。

　低成長・少子化社会では遺産相続が生涯所得格差に大きな影響を与えてくる。経済成長率が低いと子供の稼得所得の相続資産額に対する比率は小さくなる。子供が少なくなると、1人当たりの相続資産額は大きくなる。二つの要因とも遺産の大小による生涯所得の格差を拡大することになる。

　若年層の失業率の拡大も大きな影響を与えている可能性がある。失業の所

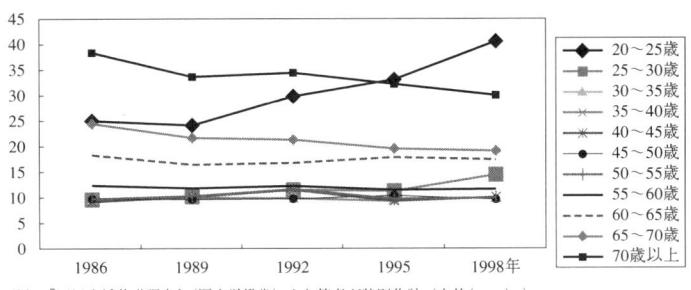

図1―14 年齢階層別貧困率（等価可処分所得のHeadcount rate）

注）『国民生活基礎調査』（厚生労働省）より筆者が特別集計（大竹(2003)）

得ショックが永続的であれば、若年層での失業率上昇は、そのまま生涯所得格差を拡大することを意味するのである。図1―14「年齢階層別貧困率」は『国民生活基礎調査』から世帯主年齢別の世帯人員調整済み貧困率を算出したものである。90年代を通じて20代前半層の貧困率は上昇しており、90年代の後半には、20代後半層にも観察されはじめている。

不平等度の変化の要因を探る
① 不平等度の分解方法

不平等度の変化は人口高齢化でどの程度説明できるだろうか。この項では不平等度の指標として対数分散を用いて分析する。対数分散による不平等度指標は、人口構成の変化による変化とそれ以外の変化に簡単に分解できるという特徴を持っている。ここでは、対数分散の分解によって、人口高齢化が所得・消費の不平等度に与えた影響を明らかにする。具体的には、『全国消費実態調査』の年間所得、消費支出、食費について5歳刻みの世帯主年齢階層別データから次のような統計量を求めて要因分析を行う。

1. 年齢階層別人口比率： $S_t = \{s_{tj}\}_{j=25}^{75}$

2. 年齢階層内対数所得分散： $\sigma_t = \{\sigma_{tj}\}_{j=25}^{75}$

3. 年齢階層内対数所得平均： $Y_t = \{Y_{tj}\}_{j=25}^{75}$

ここで t は年次を、j は世帯主年齢をそれぞれ意味している。年齢階層は25歳以上の5歳階層データであり、最高年齢階層は75歳以上である。

Ohtake and Saito (1998) が示したように、上の統計量を用いて t 年次におけるサンプル全体の所得不平等度を対数分散 Var ln y_{it} で計測すると、経済全体の不平等度は(1)式のように分解することができる。ただし、y_{it} は t 年における第 i 世帯の所得を示している。

$$\text{Var ln } y_{it} = V(s_t, \sigma_t, Y_t) = \sum_{j=25}^{75} s_{tj}\sigma_{tj}^2 + \sigma_{bt}^2 \quad (1)$$

ここで、

$$\sigma_{bt}^2 = \sum_{j=25}^{75} s_{tj} Y_{tj}^2 - \left(\sum_{j=25}^{75} s_{tj} Y_{tj}\right)^2$$

上の(1)式は、サンプル全体の不平等度を右辺第1項と右辺第2項に分解できることを示している。具体的には、右辺第1項は年齢階層内の不平等度が高まって全体の不平等度が上昇する効果を指している。一方、右辺第2項は年齢階層間の格差が拡がって全体の不平等度が高まる効果を意味している。

対数分散の分解を活用して1984年と1999年の間で、年齢別人口効果、年齢階層内効果、年齢階層間効果の三つの要因を、以下のように特定していこう。

$$\text{年齢別人口効果} = V(s_{1999}, \sigma_{1984}, Y_{1984}) \quad (2)$$

$$\text{年齢階層内効果} = V(s_{1984}, \sigma_{1999}, Y_{1984}) \quad (3)$$

$$\text{年齢階層間効果} = V(s_{1984}, \sigma_{1984}, Y_{1999}) \quad (4)$$

同様に、1984年と1989年、1994年との間についても分解が可能である。同じ分解を、対数所得の分散に加えて、対数消費分散、対数食費分散についても行う。

② 所得不平等度における人口高齢化効果

図1-15に対数等価所得分散の推移を示した。ここで、等価所得とは、世帯人員の違いによる生活水準の差を考慮するため、所得水準を世帯人員の平

図1—15 対数等価所得分散の推移
世帯主25歳以上普通世帯

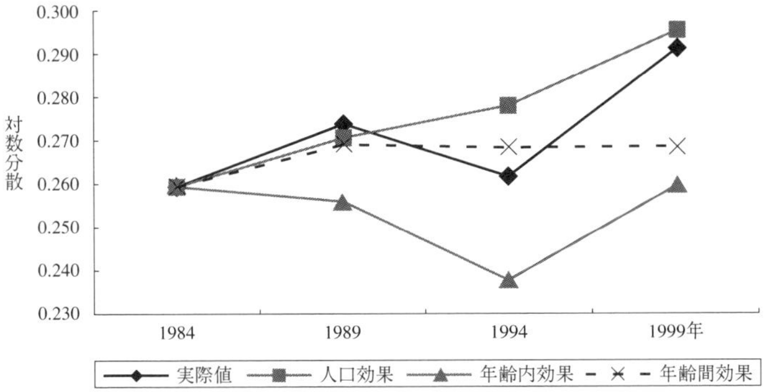

注)『全国消費実態調査』(総務省)より筆者がが特別集計(大竹(2003))

方根で除したものをいう。この手法は、OECDをはじめとして標準的に用いられているものである。

図1—15をみると、1984年時点に年齢内不平等度を固定した場合、人口高齢化効果によって1984年から99年にかけての所得不平等度の実際の変化のほとんどが説明できることがわかる。年齢内の所得格差の変化は実際の所得格差の拡大にあまり影響していない。むしろ、年齢内の効果は1994年において不平等度を縮小する方向で影響を与えていた。この部分は、主に高齢者世帯内における所得格差縮小効果が影響していると考えられる。

③ 消費不平等度における人口高齢化効果

図1—16の消費不平等度の推移をみると、やはり人口高齢化効果で消費分散の拡大のほとんどが説明できることがわかる。一方で、所得不平等度とは異なり、年齢内不平等度の拡大や年齢間不平等度の拡大も実際の不平等度の拡大に影響している。

④ 食費不平等度の人口高齢化効果

食費の不平等度の分解を行ったものを図1—17に示した。食費の不平等度の変化は、短期的な要因と長期的な要因の双方の動きに影響を受けているこ

図1―16　対数等価消費分散の推移
世帯主25歳以上普通世帯

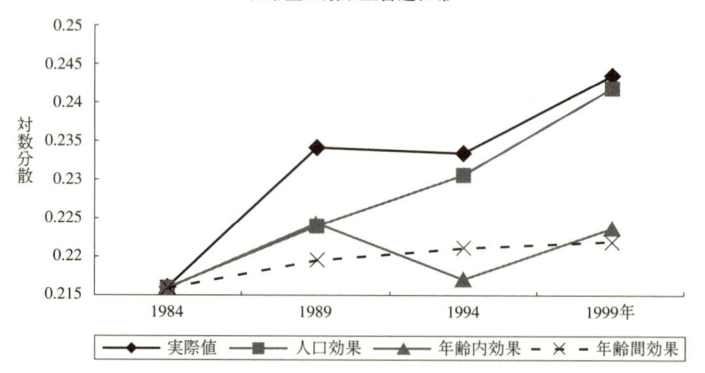

注）『全国消費実態調査』（総務省）より筆者が特別集計（大竹（2003））

図1―17　対数等価食費分散の推移
世帯主25歳以上普通世帯

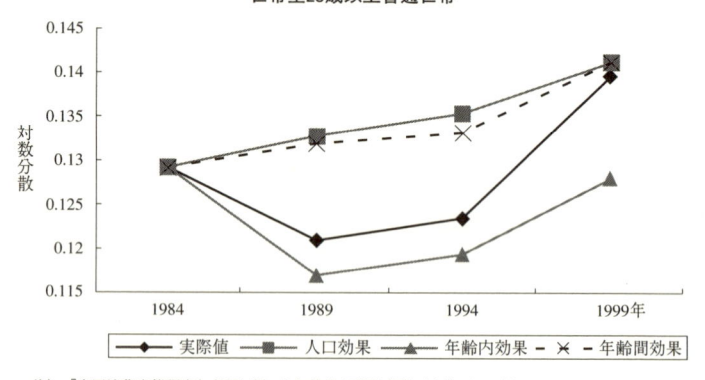

注）『全国消費実態調査』（総務省）より筆者が特別集計（大竹（2003））

とがわかる。長期的には、人口高齢化効果と年齢間食費格差効果が食費不平等度拡大に影響している。しかし、1980年代の末に生じた年齢内食費格差縮小効果が大きかったため、実際の食費の不平等度は80年代末から90年代前半にかけて一時的に低下した。

9　資産格差は拡大したのか

資産格差の推移

　1980年以前においては、統計データが整備されていなかったため、日本の家計の最も大きな資産項目である土地保有についての研究例が少なかった。実物資産の保有分布については、経済企画庁（1975）が家計調査の個票データの固定資産税支払い額のデータから土地の保有額を推計したものがただ一つの例外であった。しかし、バブルで資産格差が注目された1990年代に資産分布についての研究がいくつか行われた。ここでは、それらの研究を紹介しよう。

　土地資産を含んだ資産保有の不平等度（ジニ係数）の推移を表1―3にまとめた。高山・有田（1992a）は、1979年と84年の『全国消費実態調査』の個票データと地価公示データを利用することで、土地保有額の分布を計測している。『全国消費実態調査』の1989年調査の報告書である総務庁（1992）では、高山・有田（1992a）の方法を用いて、住宅資産分布を計測している。高山・有田（1994）は、1989年と84年の『全国消費実態調査』をもとに、資産分布の推移についてまとめている。松浦（1993a）は『家計調査』と『貯蓄動向調査』を用いて、下野（1991）は『「貯蓄行動と貯蓄意識」に関する調査』のデータを用いて資産分布を求めている。

　表1―3をみると、1984年から1989年にかけて、土地を中心とするキャピタルゲインが、資産保有の大きな世帯を中心に発生し、正味資産の分布が急速に不平等化したことがわかる。また、2期間で土地保有の平均額が大きく増加したにもかかわらず、中央値はあまり変動していないため、資産保有額の大きな世帯を中心にキャピタルゲインが発生したことが示されている。

　年齢階層別の資産分布の推移が、表1―4にまとめられている。所得分布と異なり、資産分布は若年世帯と高齢世帯で高くなっており、50歳代から60歳代前半層で最も資産格差が小さくなっている。また、1980年代を通じて年齢内資産格差も拡大したことが理解できる。

　資産格差が若年層で高くなっていることは、現在所得の格差では説明でき

表1—3　資産保有の不平等度（ジニ係数）の推移

年	高山・有田 (1992a)	高山・有田 (1994)	松浦 (1993a)	下野 (1991)
1979	0.515			
1981				0.553
1984	0.526	0.519		
1986			0.645	
1987	0.597		0.681	
1988			0.662	
1989		0.639	0.686	

注）　高山・有田（1992a）は、『全国消費実態調査』による推計で、農家世帯を除く2人以上の普通世帯を対象としており、資産の中に土地・住宅・耐久消費財・金融資産を含む。ただし、1987年の推定は、84年のデータに株式・土地のキャピタルゲインを別途推定して加えたものである。高山・有田（1994）は、『全国消費実態調査』に基づく推定であり、農家世帯を含んだ2人以上の普通世帯を対象としている。松浦（1993a）は、『家計調査』・『貯蓄動向調査』を結合させて推定したものであり、農家世帯を除く2人以上の普通世帯を対象としている。資産項目は、金融資産と土地資産であり、耐久消費財は含まれていない。下野（1991）は、『「貯蓄行動と貯蓄意識」に関する調査』に基づくもので、土地資産の評価額は自己申告に基づいている。耐久消費財は含まれていない。

表1—4　年齢階層別資産分布（不平等度）の推移

年齢階層 \ 年	高山 (1992) 1984	高山・有田 (1994) 1989	松浦 (1993a,b) 1986	1987	1988	1989
24歳以下	0.67	0.721				
25—29歳	0.585	0.728	0.696	0.664	0.653	0.78
30—34歳	0.552	0.698				
35—39歳	0.518	0.621				
40—44歳	0.473	0.596				
45—49歳	0.465	0.586	0.618	0.691	0.596	0.645
50—54歳	0.453	0.581				
55—59歳	0.48	0.617				
60—64歳	0.453	0.58				
65—69歳	0.472	0.631				
70—74歳	0.452	0.647				
75歳以上	0.473	0.645				
65歳以上			0.613	0.66	0.622	0.693

注）　高山（1992）、高山・有田（1994）は『全国消費実態調査』より推計、農家世帯を含む2人以上の普通世帯、松浦（1993a,b）は、『家計調査』・『貯蓄動向調査』より推計、農家世帯を除く2人以上の普通世帯。

ない。むしろ、相続による資産格差が重要な要因になっていることを示している。この点は後で詳しく議論する。

　三大都市圏を中心とする地価上昇は、特に地域間の資産格差を拡大させた。高山（1992）によれば、土地保有者のみの世帯間土地保有格差のうち、都道府県間の格差で説明できる比率は、1984年で19％であったものが87年で24％に上昇している。その後、バブル崩壊によって土地保有者間の資産格差は縮小した。しかし、バブル期にキャピタルゲインを実現した人とそうでない人との間に資産格差を発生させたと考えられる。それが、次に取り上げる金融資産格差の推移に反映されている。

金融資産格差は拡大した
　『全国消費実態調査』を用いて、金融資産保有額の対数分散の推移を、人口高齢化で説明できるかを、所得・消費の対数分散の分解で用いたものと同じ分散分解の手法で明らかにしてみよう。ただし、不平等度の指標に対数分散を用いるため、金融資産を保有していない世帯はサンプルから除かれる。したがって、ここでは金融資産保有者のなかでの金融資産保有額の不平等度の要因分解を行う。

　図1－18に、金融資産保有額の対数分散の分解を示した。本章8節で、所得も消費も不平等度の長期的変化は、人口高齢化が大きな影響を与えていることを示した。しかし、金融資産の不平等度については、まったく異なることがこの図で示されている。金融資産の不平等度上昇のほとんどは、年齢階層内不平等度の上昇が原因であることがわかる。

　どの年齢階層内の格差拡大が原因なのかを明らかにするために、図1－19に年齢階層内金融資産不平等度の推移を示した。図1－19からわかるように、50歳未満のグループで年齢階層内の金融資産不平等度が拡大しており、特に40歳未満でその影響が大きい。バブル崩壊以前と以降で大きく異なることから、バブル以降資産格差が拡大したことを反映している可能性が高い。

　特に、若年層の間での格差が高くなっているのは、遺産相続が大きな影響を与えていることを示している可能性がある。仮に、金融資産の蓄積が、自らの貯蓄によってのみ行われているのであれば、勤労初期における資産の蓄

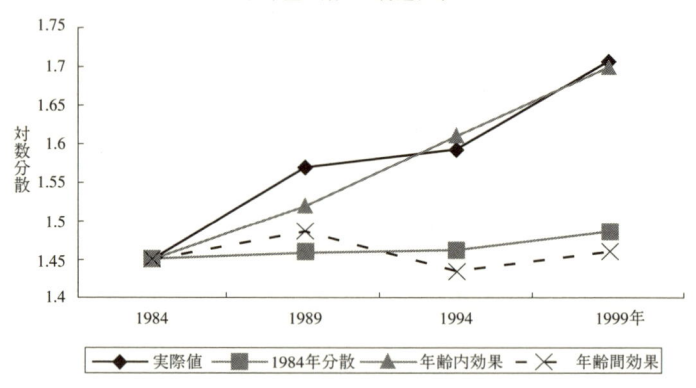

図1—18 対数等価金融資産分散の推移
世帯主25歳以上普通世帯

凡例: 実際値／1984年分散／年齢内効果／年齢間効果

図1—19 金融資産年齢内不平等度の推移

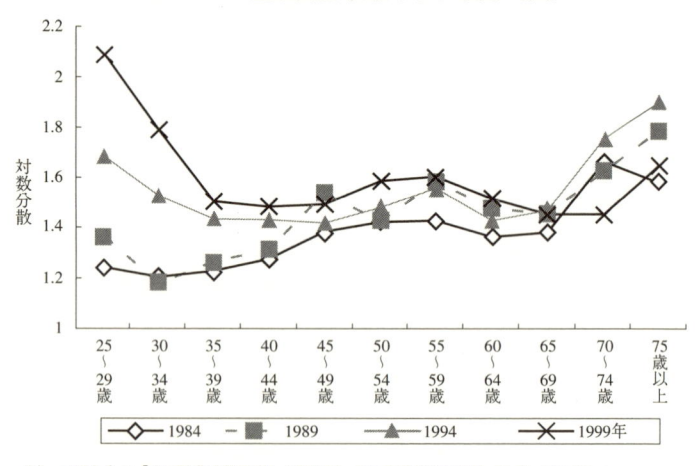

凡例: 1984／1989／1994／1999年

注）二図ともに『全国消費実態調査』（総務省）より筆者が特別集計（大竹（2003））

積と資産格差は小さいはずである。その場合には、若年期における多額の資産の多くは、親からの遺産など、世代間の移転によって発生していると考えることができる。

親からの遺産が、保有する資産に占める割合が高くなれば、年齢階層別の資産格差はU字型になる可能性が高い。単純化のために、全員がいずれ同じ額の資産を親から相続するとしよう。ただし、親の死亡時期が異なるため、

人によって相続を受ける年齢が異なるとする。一方、自らの勤労所得から蓄積した資産の格差は、若年期は少なくて、年齢が高まるに従って拡大すると考えられる。すると、若年期には、比較的少数の人しか遺産相続を受けていないため、若年者の間での資産格差は大きい。しかし、年齢が高まるにつれて、遺産相続を受ける比率は高まっていくため、相続資産による資産格差は年齢が上昇するにつれて低下する。他方、自らの所得による資産の格差は、年齢の上昇に従って拡大していく。この両者の効果によって、遺産受取額が家計資産の中で大きな比率を占める場合には、年齢別資産格差はU字形を描くと考えられる。

資産格差は相続が原因か

人々の資産が、それぞれの世代の中での所得から生み出されているのであれば、所得格差や資産格差の拡大は、世代を超えて拡大していくわけではない。しかし、資産の多くが世代間移転によってもたらされているのであれば、所得格差や資産格差の拡大は次の世代にも引き継がれていくことになる。それでは、資産に占める世代間移転の大きさはどの程度なのであろうか。

若年層で資産格差が高いという年齢内資産格差の統計（前出表1－4）から明らかなように、資産格差を説明する上で、世代間所得移転は大きな要因を占めると考えられる。だが、資産蓄積に占める遺産の大きさについては、データの制約と理論的な問題の双方から、確定的な結果が出ていない。

データの制約については、資産のデータそのものが限られている上、相続についての調査が少ないことによる。理論的な問題とは、相続によって得た資産から発生した収益を、相続資産に帰属させるのか、それを運用したものに帰属させるのかについて、理論的な決着がついていないことによる。

さらに、収益率に何を採用するかでも結果が大きく異なってくる。Hayashi（1986）、Campbell（1997）、Dekle（1989）は、所得から消費額を差し引いたものを累積することでライフサイクル貯蓄を求め、それを現在の保有資産額から差し引くことで遺産額を推定している。その結果、正味資産に占める遺産による資産の比率は、Hayashi（1986）では9.6％、Cambell（1997）ではほぼゼロ、Dekle（1989）では3％～27％となっており、遺産

相続による資産蓄積はせいぜい30%までにすぎないことになる。

　ホリオカほか（2002）は、1996年の『家計における金融資産選択に関する調査』（総務省郵政研究所）のデータから過去に遺産を受け取った人の遺産の現在価値の平均値は4234.5万円、遺産を受け取った世帯の割合は21.6%、全世帯の平均遺産額は912.7万円、正味資産に占める割合は23.9%だとしている[14]。

　『家計調査』や『全国消費実態調査』では、少数の高額資産保有者が十分にサンプルに入ってこない可能性がある。少数の高額資産保有者が、高額の遺産を残し、それが日本人の遺産の多くの比率を占めるのであれば、『全国消費実態調査』のデータを用いた分析では、遺産の比率は過小推定される可能性がある。実際、相続税統計を利用して推定したBarthhold and Ito (1992)によれば相続資産の現在保有資産に占める比率は、最低でも27.8%から41.4%ということになる[15]。

　麻生（1998）は、『全国消費実態調査』と『相続税統計』の両者を組み合わせることにより、特に高額所得者の資産分布を正確に推計し、相続資産の比率を計測している。この結果、相続資産は約56%であるという結果を得ている。麻生（1998）はまた、『全国消費実態調査』のみを用いて相続資産を推定すると過小推定になることを示しており、高額所得者の遺産行動とそれ以外の遺産行動を区別して分析する必要性を指摘している。

　また、高山・有田（1994）は、資産蓄積を遺産、ライフサイクル、キャピタルゲインに分解すると、遺産の占める比率が最も高いことを示している[16]。Tachibanaki and Takata (1994)は資産の不平等度を遺産相続の有無によって要因分解を行っている。特に実物資産において相続の有無が資産の不平等度に大きな影響を与えることを示している[17]。

---

[14] 同様の手法で、1992年の『家計における金融資産選択に関する調査』（総務省郵政研究所）のデータを用いた高山・有田（1996）は、遺産の正味資産に占める比率を32.7%と報告している。

[15] 遺産シェアを計測した他の研究として下野（1991）、橋本（1991）、Tachibanaki and Takata (1994)がある。

[16] 遺産以外にも世代間所得移転が発生している。その中で重要なものに教育を通じた世代間所得移転が存在する。樋口（1994）は、教育による生涯所得の差が大きいこと、所得階層の高い家計の子どもほど入学難易度の高い大学に入学していることが示されている。

さらに、遺産がいかなる動機からなされるかという分析を行った研究として、Ohtake（1991）、大竹・ホリオカ（1994）、駒村（1994）、Yagi and Maki（1994）があげられる。いずれも、交換動機・暗黙の年金契約の遺産動機に肯定的である[18]。

　しかしながら、麻生（1998）が明らかにしたように、日本の遺産の多くは高額所得層によってもたらされている。日本のマクロの資産蓄積モデルについては高額所得者の行動様式を重視する必要がある。

　日本の所得格差の変化の特徴は、所得格差拡大の主要要因は人口高齢化であり、年齢内の所得格差の拡大は小さいということである。また、生涯所得の格差を代理する消費の格差の動きは、所得格差の動きとパラレルか、所得格差の拡大よりも急激であることも特徴的である。この点は、特に若年層で顕著に観察される。

　この現象を説明する仮説としては、(1)所得階層間移動の可能性が若年層で低下、(2)若年失業率の上昇を通じた生涯所得格差の拡大、(3)消費者信用（金融市場）や家族の所得保障機能の低下、(4)遺産相続を通じた資産格差の拡大という可能性がある。若年層の中での消費格差の拡大の背景を実証的に明らかにすることは、今後の重要な研究課題である。

---

17) この結果は、野口（1990）、野口ほか（1989）の研究とも整合的である。
18) Hayashi（1995）は、同居世帯の食事の嗜好が高齢者と若年者の経済的地位によって左右されるかを分析することで、利他的動機の世代間所得移転が存在するかどうかをテストしている。その結果、高齢者のほうが所得が高い同居世帯では、高齢者の好む食品の支出が多く、逆に若年者のほうが所得が高い同居世帯では、若年者の好む食品の支出が多いことが示されている。すなわち、利他的な所得移転仮説とは矛盾する結果が示されている。

第 2 章　誰が所得格差拡大を感じているのか

　所得格差が拡大してきたという認識や所得格差の拡大を予想しているのは、どのような人々であり、所得格差拡大を問題視しているのはどのような人であろうか。本章ではアンケート調査を用いた実証分析を行う。分析結果から、高学歴者や高所得者は、所得格差の高まりを低所得者よりも認識しているが、それを問題であるとは考えていない傾向があること、危険回避度が高い人々は、所得格差が将来拡大することを予測し、所得格差の拡大を問題であると考える傾向が高いことが示される。

1　高まる不平等感

　日本の所得不平等度の1980年代半ばからのトレンド的な上昇は、人口高齢化と単身世帯の増加という世帯属性の変化で説明できる部分が大きいこと、同時に50歳未満層では年齢内の消費格差が拡大し、50歳以上では縮小していることを第1章で示してきた。それでは、このような事実は、人々の所得格差に関する現状認識と一致しているのだろうか。

　図2－1は、『国民生活選好度調査』（内閣府）で、「収入や財産の不平等が少ないことが、現在どの程度満たされているか」という質問に対して、「ほとんど満たされていない」と答えたものの比率の推移を示している。近年になるほど強い不平等感を持つ者の比率が上昇してきていること、バブル期の1990年と不況期の2002年にその比率が上昇していることがわかる。また、90年代末以降、所得格差を扱った本がベストセラーになり[1]「勝ち組・負け組」という格差拡大を示す流行語も生まれた。

　所得の不平等に関する人々の認識の変化は、必ずしも第1章で示した所得のジニ係数の変化とは対応していない。意識と実態の乖離があるとすれば、その理由はいくつか考えられる。第一は、「実態」を表すはずの統計が不完全であること。たとえば、通常の調査では所得分布の両端が過少に表れる。極端な高所得層や、最貧層としてのホームレスは所得の統計ではとらえられていない。一方、マスメディアはしばしばニュース性のある最高所得層や最貧層の動向を取り上げるので、結果として所得分布について人々の認識が統計と乖離してくる可能性がある。

　第二は、逆に、所得格差に関するベストセラーが生まれたり、雑誌で多く取り上げられたりするようになったとしても、それが日本全体の所得格差の動きと対応しているとは限らない。本の読者層や雑誌の読者層が偏っていることを示しているだけで、日本全体でみると不平等への関心が高まっているわけではない可能性がある。

---

[1] 橘木（1998）、石川（1999）、セン（1999）、盛山ほか（1999）、佐藤（2000）など、経済学および社会学の研究者による格差・階層に関する書籍が続けて出版され、注目を集めた。

図2－1　収入や財産の不平等感

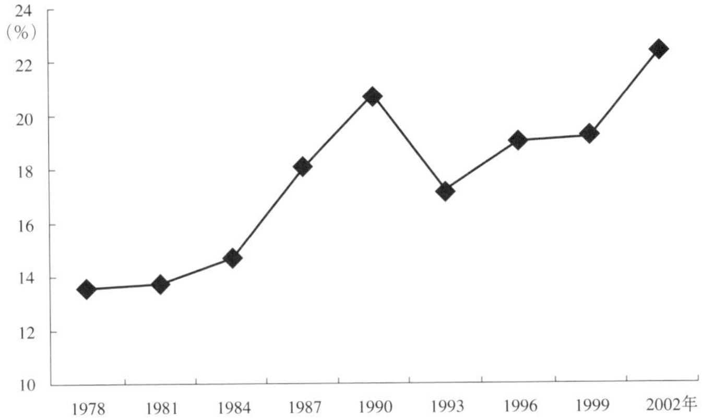

注）「収入や財産の不平等が少ないこと」は「ほとんど満たされていない」と感じる人の割合
出所）『国民生活選好度調査』（内閣府）

　第三は、所得格差の統計が示すことができる格差の実態と人々が意識する格差の実態に「ずれ」がある可能性である。所得統計を用いて示すことができるのは、現在の所得に関する格差の実態だけであり、将来の格差に関する人々の予想を示すことはできない。ところが、成果主義賃金制度の導入や将来の失業によって将来所得格差が拡大することを人々が予測しているために、所得格差に大きな関心を抱いている可能性がある。この点については、本章は将来の所得格差や失業不安に関する人々の意識を直接調査したデータを用いることで分析していく。

　それでは、実際どのような人たちが所得格差の拡大を認識しており、所得格差拡大に対してどのような価値観を持っているのだろうか。本章では、筆者が行った所得格差に関する独自アンケート「くらしと社会に関するアンケート」（2002）を用いて、過去5年間で所得格差が拡大したと認識している人たちの特徴を計量経済学的に明らかにする。

　あらかじめ結論を要約しよう。過去5年間で所得格差が拡大してきたと認識しているものの比率は、全体の67％である。年齢が上がるほど高くなり、大卒・大学院卒のほうがそれ以外の学歴のものより高く、有職女性のほうがそれ以外のものよりも高い。この点は、世帯所得や消費の格差の近年の変動

とは一致していない。実際に、所得格差や消費格差が拡大したのは、高齢層ではなく若年層である。一方、実際の賃金格差の変化とは対応している。『賃金構造基本統計調査』によれば賃金格差の拡大は、大卒、中高年層で最も大きくなっている（本書第6章）。

一方、「これから5年間で所得格差が拡大する」という予想を持っているのは、全体の75%である。その中で、大卒・大学院卒者、男性無業者、危険回避度[2]の高いものは、それ以外のものより拡大予想を持っているものの比率が高いが、30歳以上における年齢間による違いはない。30代は、過去の所得格差があまり拡大していないと認識している一方で、将来の所得格差拡大を予想している。この点は、第1章において若年層において所得格差拡大以上に消費格差拡大が観察されたことと整合的である。

「日本の所得格差が拡大することが問題であるか否か」についての質問では、全体の7割が問題であると答えている。所得格差拡大が問題ではないと答える比率が高いのは、高学歴者、高所得者、高金融資産保有者であり、問題であると答える比率が高いのは、有職女性、60歳代、危険回避度の高いものである。

高学歴者は、所得格差の拡大を低所得者よりも認識しているが、それを問題であるとは考えていない傾向がある。危険回避度の高い人々は、所得格差が将来拡大することを予測し、それを問題であると考える傾向が強い。

以上の人々の所得格差拡大の認識と予想に関する特徴によって、現実の所得格差の変化と所得格差に対する関心の間のギャップをある程度説明できる。すなわち、過去5年間で所得格差が拡大したと認識しているものよりも、これから5年間で所得格差が拡大すると予想しているものが多いこと、危険回避度の高い人々は特にその傾向が強く、所得格差の拡大を問題視している。まだ実際の所得格差としては顕在化していない所得格差の拡大予想が、危険回避的な人々を中心にして拡がっており、それが所得格差への高い関心となって現れていると考えられる。一方で所得格差の拡大を認識していても、そ

---

[2] 後述するように、この研究では、危険回避度は「1－（傘を携行する最低降水確率）/100」で算出されている。

れを肯定的に考える高学歴層、高所得層のグループもある。

2　所得格差に関する意識調査

　本章で使用するデータは、筆者が独自に設計し2002年2月13日から26日にかけて実施した「くらしと社会に関するアンケート」である。対象は全国の20歳から65歳で、6000人を層化二段無作為抽出法で抽出、質問票を郵送した。総回収数は1943、うち有効回収数は1928（有効回収率32.1％）である。

　設問を大まかに分類すると、日本経済について（所得水準の決定要因とその規範的評価、過去と将来の所得分布の変化、種々の再分配政策に関する是非、失業率上昇の原因など）、回答者の経済状態について（現在の所得、資産、予想所得、予想インフレ率、失業経験、幸福度、階層意識など）、回答者の効用関数に関する質問（危険回避度など）、その他個人属性（性別、年齢、自分と親の学歴、職業ほか）などがある。

　日本人は現在の所得の決まり方について、どのように認識しているのだろうか。「くらしと社会に関するアンケート」の結果を紹介しよう（図2―2）。「日本における人々の**所得がどのように決まっているか**」について、次の考え方に賛成するか反対するかを、5段階で答えてもらった。

　(1)努力した人が報われるような**十分な所得格差がないと人々は努力しない**
　(2)望みの収入や地位が得られるかどうかは**各人の選択や努力**で決まる
　(3)望みの収入や地位が得られるかどうかは**その時どきの運**で決まる
　(4)望みの収入や地位が得られるかどうかは**生まれつきの才能**で決まる
　(5)望みの収入や地位が得られるかどうかは**出身家庭の階層**によって決まる
　(6)望みの収入や地位が得られるかどうかは**学歴**によって決まる
　(7)能力や仕事が同じでも**性別が男か女か**で得られる収入や地位が違う
　(8)いま貧しい人でも、将来豊かになれる可能性が高い。

「十分な所得格差がないと人々は努力しない」という考え方に同意する人の比率は約71％であり、非常に高い。また、「日本人の所得は各人の選択や努

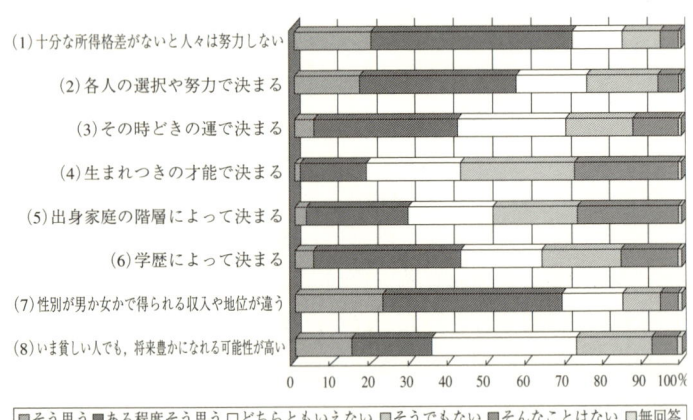

図2−2 所得はどのように決まっているか

(1)十分な所得格差がないと人々は努力しない
(2)各人の選択や努力で決まる
(3)その時どきの運で決まる
(4)生まれつきの才能で決まる
(5)出身家庭の階層によって決まる
(6)学歴によって決まる
(7)性別が男か女かで得られる収入や地位が違う
(8)いま貧しい人でも、将来豊かになれる可能性が高い

■そう思う ■ある程度そう思う □どちらともいえない ■そうでもない ■そんなことはない □無回答

力で決まっている」と考えている人の比率は約57％、「その時どきの運で決まる」と考えている人々は約42％である。出身家庭の階層で決まると考えている人は約30％、「生まれつきの才能で決まる」と考えている人は約19％と比較的少ない。「学歴によって決まっている」と考えている人は約43％、「性別による所得差がある」と考えている人は約69％となっている。

次に、「所得はどのように決まるべきか」という質問に対する回答をみてみよう（図2−3）。この質問についても、それぞれの考え方に対して賛成から反対まで5段階で回答してもらった。「各人の選択や努力で決まるべき」と考えている人は、回答者の約86％にのぼる。「運で決まるべき（6.3％）」や「出身家庭の階層によって決まるべき（1.6％）」と考えている人は少ない。一方、「生まれつきの才能で決まるべき」という才能による所得格差を容認する人は9.2％と少ない。「生活で困っている人たちを社会で助けるべき」という考え方に賛成する人は、67.3％と比較的多い。

以上をまとめるなら、「日本社会では、自助努力はある程度有効であるが、非自発的な原因による経済的弱者に対しては、社会的な支援が必要である」と多くの人々が考えていることになる。一方、後に見るように、ホームレスなど貧困層の増加を認識している人は、所得格差の拡がりに批判的である。この一つの解釈は、人々が最近の貧困の背景に非自発的要因を想定している、

図2-3 所得はどのように決まるべきか

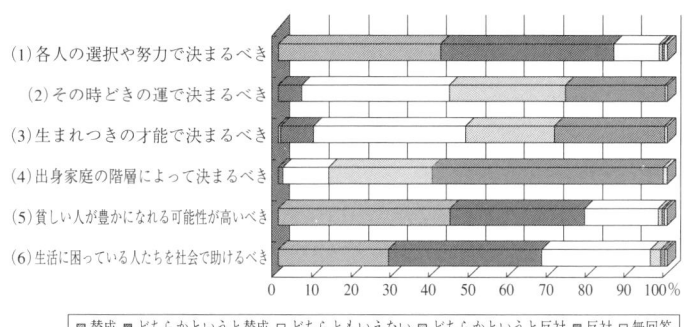

(1) 各人の選択や努力で決まるべき
(2) その時どきの運で決まるべき
(3) 生まれつきの才能で決まるべき
(4) 出身家庭の階層によって決まるべき
(5) 貧しい人が豊かになれる可能性が高いべき
(6) 生活に困っている人たちを社会で助けるべき

■賛成 ■どちらかというと賛成 □どちらともいえない □どちらかというと反対 ■反対 ■無回答

というものである。

本データの結果は、外国における先行研究と一致している。多くの実験結果や実証結果は、運ではなく人々の努力や能力によって所得格差がもたらされたと考えている人は、所得格差を受け入れるということを示している（Alesina and Angeletos (2003)、Fehr and Schmidt (2000))。また、Alesina and Angeletos (2003) は、運が所得を決めていると考えている人の比率が高いほど、GDPに対する政府の移転支出の比率が高いこと、運が所得を決めていると考えている人ほど、政治的には左派である確率が高いことを実証的に示している。

3 所得格差に関する人々の認識の決定要因

格差についての人々の認識は、どのような個人属性によって説明できるのだろうか。回帰分析を用いてこの点を分析しよう。ここでは、所得格差に関する人々の認識として、3つの変数を用いる。3つの変数は、過去および将来の格差の認識、そして格差の規範的評価に対応する。第一に、「過去5年間で所得や収入の格差が拡大した」という見方に回答者が同意した場合1、それ以外はゼロをとる変数である。第二に、「今後5年間で所得や収入の格差が拡大する」という見方に同意した回答者の場合1、それ以外はゼロをとる変数である。第三に、「所得格差の拡大は望ましくない」と回答した場合

表2－1　変数の定義と記述統計

変数名	平均	標準偏差
「過去5年間で所得や収入の格差が拡大した」との見方に同意した場合1をとる変数	0.666	0.472
「今後5年間で所得や収入の格差が拡大していく」	0.747	0.435
「所得格差の拡大は望ましくない」	0.704	0.457
男性無業者	0.045	0.208
女性有業者	0.317	0.465
女性無業者	0.132	0.339
30代	0.183	0.387
40代	0.245	0.43
50代	0.291	0.454
60代	0.137	0.343
大卒ないし院卒	0.312	0.463
土地・住宅資産額（単位100万円）	2.298	2.924
金融資産額（単位100万円）	9.979	11.38
世帯所得中間層（600－1000万円）	0.331	0.471
世帯所得最高層（1000万円以上）	0.257	0.437
所得変化率、前年比（％）	－0.79	3.614
消費支出変化率、前年比（％）	0.636	3.856
危険回避度「1－（雨傘を携行する最低降水確率）／100」	0.495	0.198
回答者が過去5年間に失業を経験した場合1をとる変数	0.175	0.38
「今後2年間に自分か家族が失業を経験する」と予想	0.394	0.489
「過去5年間に貧困家庭やホームレスが増加した」と認識	0.856	0.351
大都市圏（東京、神奈川、千葉、埼玉、愛知、大阪、福岡）在住	0.431	0.495

注）「土地・住宅資産額」、「金融資産額」、「所得変化率、前年比」、「消費支出変化率、前年比」、「危険回避度「1－（雨傘を携行する最低降水確率）／100」」以外はすべてダミー変数。サンプルサイズは1216。

1をとる変数である。

　これらの所得格差に関する認識を、性別、職の有無、年齢層、学歴、保有不動産、保有金融資産、世帯収入、昨年の所得および消費変化、危険回避度、失業経験、失業不安、居住都市規模といった個人の属性で説明するモデルを推定する[3]。推定に用いる変数の定義は平均値と標準偏差とともに表2－1にまとめられている。

---

3) 推定には、プロビット・モデルを用いた。推定にあたって、誤差項が地域特殊的要因のため各地域（市町村）内で相関している場合にも一致性が得られる推定量を使用する。地域間では無相関性が満たされているものと仮定する。たとえばWooldridge（2002, p496）を参照。

表2-2 世帯所得階層と所得格差の認識

所得三分位階層	過去5年間で所得や収入の格差が拡大したか？			今後5年間で所得や収入の格差が拡大していく？			所得格差の拡大は問題か？		
	拡大した	どちらでもない	縮小した	拡大する	どちらでもない	縮小する	問題	どちらでもない	問題ではない
低所得（第一分位）	64.86	18.88	16.27	71.26	19.16	9.58	74.89	13.92	11.18
中所得（第二分位）	71.25	18	10.75	78.11	12.94	8.96	72.85	12.01	15.14
高所得（第三分位）	63.34	25.72	10.93	75.72	14.7	9.58	60.33	15	24.67
全体	66.58	20.35	13.07	74.67	15.95	9.38	70.44	13.57	15.99

図2-4 所得階層別の所得格差拡大に対する意識

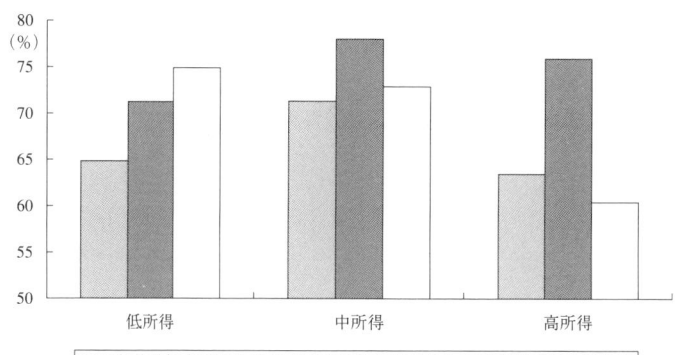

 表をみると、全体では「所得格差が拡大した」とみる回答者は66％、「今後拡大する」とみる回答者は74.7％にのぼっている。「格差の拡大は望ましくない」と答えた人々は全体の70％である。最近貧困層が増大していると感じている回答者の比率は85.6％であり、非常に多いことがわかる。
 表2-2は、世帯所得階層と所得格差の認識に関するクロス集計表であり、図2-4は、それをグラフにしたものである。「所得格差が拡大した・する」という回答の割合が最も多いのは中間層である。一方、格差の規範的評価については、所得水準が低いほど格差の拡がりを問題視する傾向が明確にみて取れる。
 次に表2-3は、年齢階層と所得格差に関する認識のクロス集計であり、

表2−3 年齢階層と所得格差の認識

年齢階層	過去5年間で所得や収入の格差が拡大したか？			今後5年間で所得や収入の格差が拡大していく？			所得格差の拡大は問題か？		
	拡大した	どちらでもない	縮小した	拡大する	どちらでもない	縮小する	問題	どちらでもない	問題ではない
20歳代	61.14	26.29	12.57	68	25.14	6.86	67.66	11.98	20.36
30歳代	62.61	22.52	14.86	73.99	17.04	8.97	70.14	14.69	15.17
40歳代	68.58	19.93	11.49	74.83	14.77	10.4	67.14	14.84	18.02
50歳代	68.47	17.61	13.92	77.12	13.84	9.04	70.97	13.78	15.25
60歳代	70.12	17.68	12.2	77.11	11.45	11.45	78.71	10.97	10.32
全体	66.58	20.35	13.07	74.67	15.95	9.38	70.44	13.57	15.99

図2−5 年齢階層別の所得格差拡大に関する意識

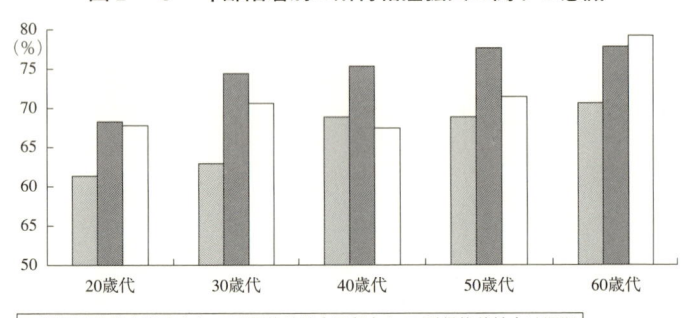

注）年齢は2002年2月時点

　図2−5はそれをグラフにしたものである。20歳代、30歳代はそれ以上の年齢階層に比べて過去5年間に所得格差が拡大したという認識を持っている回答者の比率が低い。しかし、所得格差がこれから5年間で拡大するという認識を持っている者の比率は、30歳代と40歳代でほとんど変わらない。おそらく成果主義賃金制度導入のような所得格差を拡大させる制度改革が40歳代以上を中心に行われてきたことを反映していると考えられる。所得格差拡大を問題視するかどうかについては、年齢が高くなると単調に問題視する人の割合が高まるわけではない。
　表2−4および図2−6では、性別と格差認識の関係を示した。全体として、過去の格差の動きについては男女で認識に差はない。所得格差が拡がる

第2章 誰が所得格差拡大を感じているのか　47

表2—4　性別による所得格差認識の違い

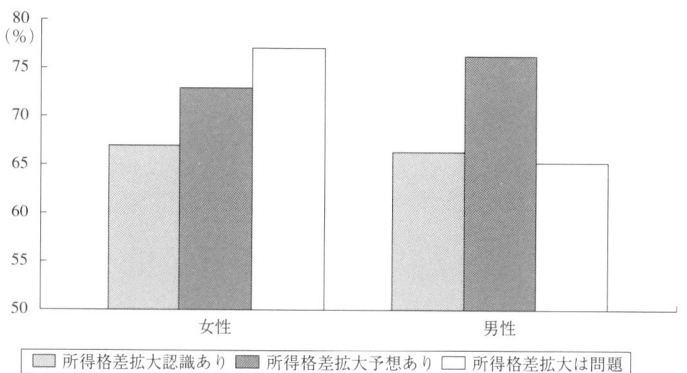

	過去5年間で所得や収入の格差が拡大したか？			今後5年間で所得や収入の格差が拡大していく？			所得格差の拡大は問題か？		
	拡大した	どちらでもない	縮小した	拡大する	どちらでもない	縮小する	問題	どちらでもない	問題ではない
女性	66.91	20.33	12.75	72.89	17.4	9.71	76.94	13.37	9.69
男性	66.32	20.36	13.32	76.12	14.78	9.1	65.21	13.73	21.06
全体	66.58	20.35	13.07	74.67	15.95	9.38	70.44	13.57	15.99

図2—6　男女別の所得格差拡大に対する意識

□ 所得格差拡大認識あり　■ 所得格差拡大予想あり　□ 所得格差拡大は問題

と予想している人の割合は男性のほうが女性より少し多い。男女間で大きな違いは、女性のほうが男性よりも所得格差の拡がりを問題視する比率が高いことである。

　本章では、リスク態度に関する指標にアンケートの設問「ふだんあなたがお出かけになるときに、天気予報の降水確率が何%以上の時に傘を持って出かけますか？」に対する回答から作成したものを用いた。具体的には、危険回避度の指標として、「1—（雨傘を携行する最低降水確率）／100」という変数を定義して使用している[4]。

4）筆者らはアンケートにおいてもう一つ、金融商品の選択問題を用いて、不確実性の理論でいう certainty equivalent を求めた。この指標は経済学的にはより標準的であるが、おそらく測定誤差が大きく、有用ではなかった。この理由として、金融資産に関する設問が回答者にとって理解困難であった可能性、単純な期待効用理論の適用に限界があった可能性、または現在の生活水準に危険回避度の指標が大きく依存していた可能性が考えられる。

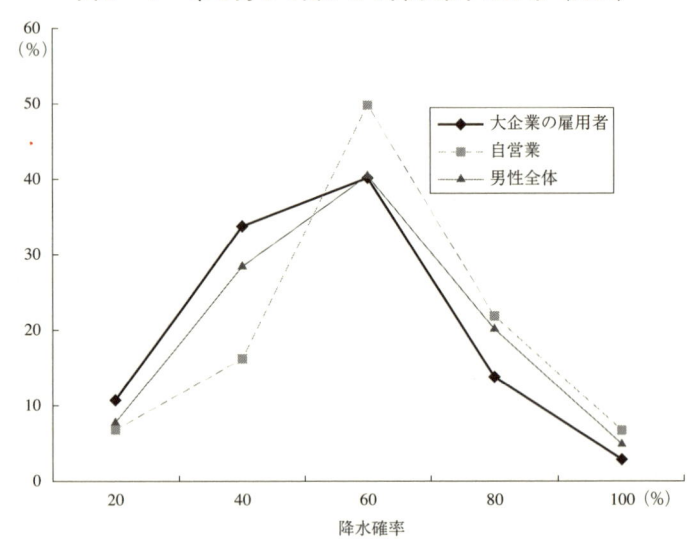

図2－7　傘を持って出かける降水確率の分布（男性）

凡例：
- 大企業の雇用者
- 自営業
- 男性全体

縦軸：（％）0〜60
横軸：降水確率　20、40、60、80、100（％）

　この指標のメリットは、設問が多くの日本人にとって理解しやすいリスク環境を設定していること、また回答が降水確率という単純な変数で得られることである。降水確率は新聞・テレビで毎日報道されているため、ほとんどの回答者にとっては最も身近な確率概念であると考えられる。
　実際、この指標は男性の職業選択行動をうまく説明する[5]。一般に自営業者は、雇用者よりも危険回避的でないと考えられている。そのため、しばしば自営業者であることが危険回避度が低いことの代理変数として用いられている。
　図2－7に、男性の職業別に、「傘を持って出かける最低降水確率」の分布を示した。大企業の雇用者に比べて、自営業者は傘を持って出かける最低降水確率が高いことを示している。この指標の問題点として、雨に降られるという事象のコストの大きさが、年齢、性別、所得、地域などによって異な

---

5) 大阪大学21世紀COEアンケート調査（2004）において、本章で用いた尺度に加えて様々な危険回避度の尺度に関する質問を行った。それらの様々な危険回避度の尺度の間に正の相関があることが確かめられている。

る可能性がある。しかし多重回帰の推定においては、それらの属性変数を式に含めることで、その影響を取り除くことができる。

4 回帰分析の推定結果

過去5年間の所得格差拡大を誰が認識しているのか

図2－8に、過去5年間の所得格差の動きを回答者がどうみているかについて推定の結果を示した（推定結果は章末の付表2－1を参照）。ここで、棒グラフの値は「限界効果」であり、当該説明変数が1％増加した時（ゼロか1の変数の時は、ゼロから1に変化した時）に、その回答者が「所得格差が過去5年間で拡大した」と答える確率が上昇する大きさを示している。

まず、性別と職の有無の効果をみよう。無業男性および女性は、有業男性に比べると所得格差の拡大をより強く実感している。次に、年齢をみると、中高年、特に50代と60代は20代に比して格差の拡がりを意識している。また、高学歴（大卒ないし院卒）の人々は格差が拡大したと答える傾向がある。しかし、不動産保有額や金融資産保有額、世帯収入、危険回避度は所得格差拡大の認識に対して統計的には有意な影響を持たない。失業経験、最近の所得および消費の変化も有意な相関が推定されていない。したがって、回答者自身の経済的状況が所得格差の過去の動向に関する認識に影響を与えるとはいえない。

以上の個人属性による推定に加えて、認識に関する説明変数を二つ追加している[6]。まず、付表2－1の(2)列では「今後2年間に本人ないし家族の誰かが失業者になる可能性を感じている」という失業不安に関する変数を追加したものを示している。推定結果は、失業不安を感じている回答者は近年所得格差が拡大したと答える傾向があることを示している。本人ないし家族の失業の可能性が主観的に高まることは、社会全体の経済格差の拡がりを認識させる。

失業リスクの予想は、回答者の客観的な状況に基づくのではなく、個人の

6）付表2－1からわかるように、失業予想と貧困層認識の変数を追加しても、他の個人属性変数の推定結果は安定的である。

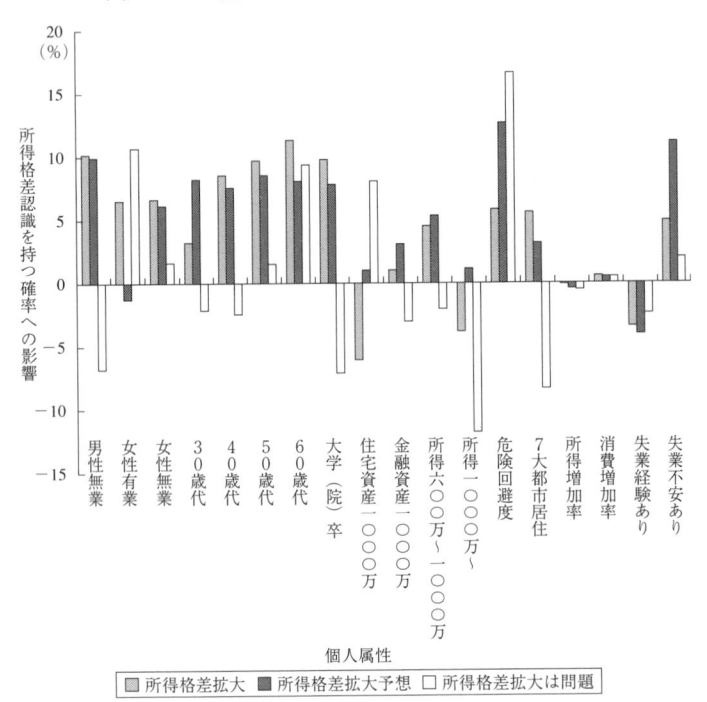

図2−8 個人属性が所得格差認識に与える影響

縦軸: 所得格差認識を持つ確率への影響 (%)
横軸項目: 男性無業, 女性有業, 女性無業, 30歳代, 40歳代, 50歳代, 60歳代, 大学(院)卒, 住宅資産一〇〇〇万, 金融資産一〇〇〇万, 所得六〇〇万〜一〇〇〇万, 所得一〇〇〇万〜, 危険回避度, 7大都市居住, 所得増加率, 消費増加率, 失業経験あり, 失業不安あり

凡例: □所得格差拡大 ■所得格差拡大予想 □所得格差拡大は問題

性格(悲観的かどうか、など)によって決まっている可能性がある。この点については、本章では「傘を持って出かける最低降水確率」で回答者のリスク態度を制御している。しかも、危険回避度をモデルに加えるか否かは失業予想の係数にほとんど影響を与えない。その意味で、失業予想は回答者の性格ではなく、客観的状況を示していると思われる。

図2−8には示していないが、付表2−1の(3)列に「最近貧困家庭やホームレスが増えてきた」と回答者が感じている場合に1をとる変数を加えた場合の推定結果を示している。大都市居住を示す変数は「所得格差拡大の認識」に有意な影響を与えない。この変数は27.3％と大きな限界効果が推定されている。「貧困家庭の増加の認識」を推定式に含めない場合、大都市居住を示す変数は「所得格差拡大の認識」に対して有意に正の影響を持っていた。これは、大都市における貧困層の顕在化が所得格差の拡がりを感じさせてい

ると解釈できる。

　これに加えて、都道府県別の失業率や所得のジニ係数を加えた推定も行ったが、それらの変数の係数は統計的には有意ではなかった。

　以上をまとめると、最近5年間で所得格差が拡大したと回答したのは、女性、中高年、高学歴、自分ないし家族の失業を予期している人、貧困層の増大を感じている人であった。

今後5年間の所得格差拡大を予想しているのは誰か

　次に、今後5年間の所得格差に関する人々の意識を分析してみよう。ここではどのような属性を持った回答者が「今後5年間で所得や収入の格差が拡大する」という見方に同意する確率が高いかを推定した（付表2－2）。

　図2－8は、ほぼ前節の「過去5年間の格差」と同じように、無業男性、50代、60代、大学（院）卒、失業不安のある人、今後の所得格差の拡大を予想していることを示している。他方、30代、40代の人々も50代、60代と同程度に将来所得格差が拡大すると予想している。つまり、20代以外の年齢層の人々は同程度に所得格差拡大予想を持っているといえる。過去に生じた格差拡大の認識については、30代、40代は20代の人々の認識と変わらなかったのに対し、将来予想については50代以上と同じ認識を持っている。さらに、金融資産額と中間所得層が「所得格差拡大予想」に対して有意な正の係数を持っている。

　しかしながら、過去の格差の拡大認識と違って、将来の所得格差拡大予想については、危険回避度の係数は正の値をとっている[7]。つまり、危険回避度が高い回答者ほど、今後所得格差が拡大すると答える傾向がある[8]。

　付表2－2の(3)列に、貧困家庭やホームレスの増加を感じている人を示す説明変数を追加した推定も行っている。貧困家庭の増加を認識している人は、将来所得格差が拡大すると予想する傾向がある。

　以上を要約すると、無業の男性、30代以上、高学歴、中間所得層、失業不安のある人、貧困家庭やホームレスの増加を感じている人、危険回避的な

7）ただし、有意水準は10％である。

(あるいは悲観的認識の傾向のある）人が、今後の所得格差の拡大を予想している[9]。

所得格差拡大を問題だと考えるのは誰か

事実の認識と、その事実の規範的評価との対応関係は自明ではない。ある人が格差の拡がりを意識しているとしても、それに批判的であるとは限らない。所得格差の拡がりを望ましいものと考える人々もいる一方で、それを好ましくない現象だととらえる人もいる。しかも、所得水準と所得格差拡大の是非に関する考え方の関係であっても、両者の関係は自明なものではない。

現在低所得者であっても、将来高所得者になれると予想しているものであれば、所得格差の拡大は高所得者になった時の所得をより高めるため、所得格差拡大を好ましいとさえ感じる可能性がある。事実認識と規範的評価の対応関係をみるため、本節ではどのような属性を持った回答者が「所得格差の拡大は望ましくない」と答える可能性が高いかを説明するモデルを推定する（付表2－3）。

図2－8および付表2－3をみると、有業女性は約11％と正の大きな限界効果が推定されている。前節までの結果とあわせると、有業女性は「近年所

---

[8] もっとも、この結果の解釈には微妙な問題がある。AがBよりも危険回避的であるとは、各事象の客観確率を所与としてAの確実同値額がBのそれよりも小さい（効用関数の凹性が強い）ことをいう。しかし本章の推定結果はむしろ、ある事象（所得格差拡大）が起こる確率についての、個人間の意見の違いに相当する。すなわち、Bに比べて傘を持って出かける最低降水確率が低いAは、所得格差拡大の可能性が高いと主観的に考える傾向が強いという解釈である。したがって、ここで使用している指標は、いわば悲観的な認識傾向（経済格差の拡大から社会不安や犯罪の増大などを連想する傾向）という、危険回避度とは別のパラメータを代理していると解釈するべきなのかもしれない。その場合は「1－（雨傘を携行する最低降水確率）／100」が危険回避度の指標であると同時に悲観的認識傾向の代理変数でもあるから、この推定結果の解釈に問題はない。

[9] 以上の推定に加えて、回答者の個人的な階層移動の履歴（一つは本人の教育水準と親の教育水準との差、もう一つは現在の主観的な生活水準と出身家庭の生活水準の差）をモデルに追加して格差の認識との関係を推定したが、係数がゼロであるとの帰無仮説は10％水準でも棄却できなかった。さらに、回答者の在住する都道府県の失業率とジニ係数（ともに平成11年）や、それらの成長率（平成7年度比）の効果も推定したが、それらはやはり回答者の所得格差に関する認識に統計的に有意な影響を与えていなかった。

得格差が拡大した」と感じていると同時に、その事態に批判的であることになる。年齢をみると、60代だけが10％水準で有意な正の係数を持っている。したがって、付表2－1の結果とあわせると、高齢者は格差の拡がりを感じているとともに、それに対して批判的である。

　大卒・大学院卒業者の限界効果は、約－7％と比較的大きな負の値であり、5％水準で係数がゼロとの仮説を棄却できる。前節までの分析によれば、所得水準をコントロールしても、大卒者はここ数年所得の不平等度が高まったし、その傾向は続く、と考えていた。彼らはしかし所得格差の拡大を問題視しない傾向が強いことが、ここでの推定結果からわかる。同様に、金融資産保有額の多い回答者、および最高所得層は、所得格差の拡がりを問題視しない傾向が顕著である。

　危険回避度の指標は有意に大きな正の係数が推定されている。危険回避度が10％高まると、格差の拡がりに批判的である確率が1.7％ポイント上昇する。これは通常の危険回避度概念から解釈することができる。つまり、格差の拡大は所得リスクの増大を意味するため、危険回避的な人は、所得格差の拡大に批判的なのである。

　失業を予期している回答者は不平等の高まりを実感し、また予想していることを前にみたが、図2－8の推定結果によると、彼らがこの事態を規範的に問題視しているとはいえない。他方、貧困家庭やホームレスの増大を感じている人は所得格差の拡がりに対して明確に批判的である（付表2－3）。他の事情をすべて一定とすると、大都市圏在住は格差拡大に容認的な態度につながっていることになる。

　まとめるなら、所得格差の拡がりに批判的であったのは、有業女性、高齢者、危険回避的な人、貧困層増大を感じている人である。他方、高学歴ないし富裕層は格差の拡大を問題でないとみている。

5　解釈と今後の課題

　本章は、近年の経済格差をめぐる社会的関心の高まりと、各種統計データが示す賃金・所得分布の安定性が不可解なコントラストを示しているのはな

ぜか、との問題意識から出発した。格差の実証分析はここ数年多くの貢献がなされている分野であることを踏まえ、本章はむしろ格差をめぐる「関心の高まり」の内実を意識調査により検証することで、このパズルを解く鍵を得ようとした。

　本章で行った意識調査の分析結果をここでもう一度要約しよう。2002年までの5年間で所得格差が拡大したと回答したのは、有業女性、50代、60代、高学歴、自分ないし家族の失業を予期している人、貧困層の増大を感じている人に多かった。また、今後5年間で所得格差の拡大を予想しているのは、30代、50代、60代、高学歴、金融資産のある人、中間所得層、失業を予期している人、貧困家庭やホームレスの増加を感じている人、危険回避的な回答者であった。状況認識とその規範的評価をあわせると、有業女性、高齢者、危険回避的な人、貧困層増大を感じている人は所得格差の拡がりを実感し、かつその状況に批判的であることがわかった。一方で、他の事情を一定とすれば、高学歴ないし高所得、また大都市圏在住という属性は、格差の拡大に自覚的でありつつも、そこに規範的問題性をみない傾向につながっていた。

　以上の結果に、既存の賃金・所得統計と整合的な解釈を与えることは、現時点でもある程度は可能である。第一に、複数の実証研究によれば、例外的にグループ内で賃金格差の拡大トレンドが観察されているのは、女性の正社員とパートの格差、および40代・50代の大卒男性グループ内である。前者は有業女性が不平等の上昇を意識し、それに批判的であるという本章の結果と一致するし、後者は中高年および高学歴層が格差の拡がりを意識しているとの推定結果と整合的である[10]。

　第二の点は、一般に賃金・所得分布統計は分布の両端での変化に敏感でないという事実に関わる。高額所得者や極貧層は統計調査から外れやすい。もちろん彼らをデータとして補足したとしても、それが分布全体にとって定量的に重要な変化をもたらすかどうかは、採用する不平等度の尺度に依存するであろう。しかし方向として、分布の裾野が広がることは間違いない。そし

---

10) 労働市場では割り当てによって女性正社員とパートの賃金格差が生じている可能性が高い。女性、特に高学歴女性が格差拡大に批判的であるのは、機会の均等が成立していないとの認識が背景にあると思われる。

て一般の人々がこの点に十分意識的であることが、本章の分析からもわかった。すなわち、貧困層の増大を感じている回答者は非常に多いのみならず、それは所得格差の拡がりを意識させるものであった。

このように考えると、人々が経済格差の拡がりについてのシグナルを受け取っているのは、賃金や収入の格差の拡大自体からではなく、失業者やホームレスの増大からなのかもしれない。実際、統計によれば、賃金や収入の格差は各種属性の内部では広がっていないのだから、それらが人々の意識にとって「不平等」のシグナルになっていないとしても自然である。他方で1990年代に入り失業率は急速に上昇し、またホームレスの増大は社会問題化している。

労働市場で賃金が下方に非伸縮的である場合に、労働需要の減少に直面すると、失業が発生する一方で、有業者間の賃金分布は変化しないという事態が起こりうる。しかしこのとき、失業者と有業者を含めた経済全体でみれば、所得格差は拡大している。あるいは、今の時点では統計的に有意な幅で格差の指標が上昇しないとしても、期待生涯所得で大きな差が生じる可能性はある。またそのような失業を自分で経験せずとも、メディアで報道される失業率の高まりは所得格差の拡大を人々に印象づけるかもしれない。

次に、失業の極端な形態として、ホームレスの増大を考えよう。ホームレスは賃金や所得の統計の調査対象になっていないため、ホームレスの増大によって統計上の所得格差は影響を受けない。しかし都市における彼らの急増を直接間接に知った非ホームレスの人々が、「貧富の格差が拡大している」という強い印象を持つ可能性は高い。この場合、所得の不平等化が統計上は観察されないにもかかわらず、人々の不平等感が高まることになる。

本章の分析ではこの解釈と整合的な結果が得られた。実際、自分の身辺で失業を予期していたり、日本社会の極貧層の増大を感じている回答者は、所得不平等度が上昇した（今後も上昇する）と考えていることがわかった。また、彼らは格差の拡がりに批判的であった。これは最近の失業が労働市場での割り当てによる非自発的な性質のものだと彼らが考えていることの現れかもしれない。

第三に、賃金・所得の統計と人々の意識に乖離があるようにみえることに

は、収入と消費の違いから生じることもある。人々が所得格差を意識する場合、生涯所得の格差を意味している可能性が高い。失業不安や新しい賃金制度による所得格差拡大は、現時点での所得には大きな影響を与えないが、将来所得には大きな影響を与える。つまり、人々が各時点での所得ではなく生涯所得を意識しているのであれば、格差への関心が高まる一方で、統計上の現時点までの所得分布が安定的であるという事実は特に不可解ではない。

実際、本章の分析でも、過去5年間に所得格差が拡大したと認識している人が66%であったのに対し、これから5年間で所得格差が拡大すると予測している人は74%に達する。また、過去5年間の所得格差拡大を認識している人の属性と、これからの5年間で所得格差が拡大すると予測している人の属性には違いがあった。つまり、現在所得の格差はそれほど拡大していなくても、生涯所得の分布は大きく不平等化しているかもしれない。人々は最近の経済的ショックは一時的ではなく、生涯所得を大きく低下させると感じている可能性がある。

人々は生涯所得に基づいて消費を決定しているため、将来における所得格差拡大を多くの人々が予想していると、現時点で所得格差が発生していなくても消費の格差は拡大する。実際、第1章で触れたとおり、最近のデータでは50歳未満の層における消費格差の拡大が確認されている。

ただし本章の推定の結果、回答者の消費の変動は格差の認識とは有意な相関を持っていなかった。この意味では回答者の社会認識は「客観的」である。すなわち自分の消費ではなく、他者の消費行動の観察に基づいているのかもしれない。一方失業や貧困層の増大を実感する回答者は格差の拡がりを意識し、かつその事態に批判的であるという推定結果が得られたが、これは「予期し得ない生涯所得の低下に見舞われる人が増えている」と回答者が感じていることを示唆している。

付表2－1　過去5年間に所得格差が拡大したと認識しているのは誰か

被説明変数＝「過去5年間に所得格差が拡大した」に肯定的なら1、そうでないならゼロ

	(1)	(2)	(3)
性別と職業（基準は男性で有業）			
男性無業	0.096	0.102	0.124
	[0.070]	[0.070]	[0.064]*
女性有業	0.065	0.065	0.069
	[0.033]**	[0.033]**	[0.033]**
女性無業	0.062	0.066	0.069
	[0.046]	[0.046]	[0.046]
年齢階層（基準は20歳代）			
30歳代	0.027	0.032	0.033
	[0.054]	[0.054]	[0.054]
40歳代	0.077	0.085	0.072
	[0.045]*	[0.045]*	[0.045]
50歳代	0.096	0.096	0.100
	[0.047]**	[0.048]**	[0.047]**
60歳代	0.113	0.113	0.110
	[0.050]**	[0.050]**	[0.050]**
大学・大学院卒	0.094	0.097	0.099
	[0.032]***	[0.032]***	[0.033]***
土地・住宅資産（単位　100万円）	-0.007	-0.006	-0.007
	[0.005]	[0.005]	[0.005]
金融資産（単位　100万円）	0.001	0.001	0.001
	[0.001]	[0.001]	[0.001]
世帯所得階層（基準は600万円以下の階層）			
世帯所得階層　600万円以上1000万円未満	0.046	0.045	0.050
	[0.034]	[0.034]	[0.035]
世帯所得階層　1000万円以上	-0.041	-0.038	-0.031
	[0.043]	[0.043]	[0.043]
危険回避度（傘を携行する最低降水確率から算出）	0.053	0.058	0.047
	[0.075]	[0.076]	[0.077]
7大都市居住	0.055	0.056	0.041
	[0.029]*	[0.029]*	[0.029]
過去1年所得増加率	-0.001	-0.001	-0.001
	[0.004]	[0.004]	[0.004]
過去1年消費増加率	0.005	0.005	0.005
	[0.004]	[0.004]	[0.004]
過去5年間での失業経験あり	-0.019	-0.034	-0.046
	[0.037]	[0.039]	[0.039]
自分または家族の失業不安あり		0.049	0.053
		[0.029]*	[0.029]*
過去5年間で貧困者が増えたという認識あり			0.273
			[0.040]***
サンプルサイズ	1218	1214	1211

注）プロビット推定の結果を示しており、限界効果が示されている。[　]内は誤差項の地域内相関に対して一致性を満たす推定量に基づく標準誤差であり、*は10％；**は5％；***は1％で統計的に有意であることを示す。

付表2－2　これから5年間で所得格差が拡大すると予想するのは誰か

被説明変数＝「これから5年間で所得格差が拡大する」という予想を持つなら1、そうでないならゼロ

	(1)	(2)	(3)
性別と職業（基準は男性で有業）			
男性無業	0.105	0.100	0.112
	[0.058]*	[0.059]*	[0.055]**
女性有業	-0.011	-0.012	-0.01
	[0.031]	[0.031]	[0.031]
女性無業	0.053	0.061	0.064
	[0.042]	[0.041]	[0.041]
年齢階層（基準は20歳代）			
30歳代	0.072	0.082	0.084
	[0.041]*	[0.041]**	[0.041]**
40歳代	0.063	0.075	0.066
	[0.039]	[0.039]*	[0.039]*
50歳代	0.083	0.085	0.085
	[0.040]**	[0.040]**	[0.040]**
60歳代	0.073	0.080	0.074
	[0.042]*	[0.041]**	[0.041]*
大学・大学院卒	0.070	0.078	0.077
	[0.030]**	[0.030]***	[0.031]**
土地・住宅資産（100万円）	0.001	0.001	0.001
	[0.005]	[0.006]	[0.006]
金融資産（100万円）	0.002	0.003	0.003
	[0.001]	[0.001]*	[0.001]**
世帯所得階層（基準は600万円以下の階層）			
世帯所得階層　600万円以上1000万円未満	0.050	0.053	0.055
	[0.031]	[0.031]*	[0.030]*
世帯所得階層　1000万円以上	0.005	0.011	0.016
	[0.035]	[0.035]	[0.034]
危険回避度（傘を携行する最低降水確率から算出）	0.116	0.126	0.116
	[0.064]*	[0.066]*	[0.066]*
7大都市居住	0.024	0.031	0.020
	[0.028]	[0.028]	[0.028]
過去1年所得増加率	-0.006	-0.005	-0.005
	[0.004]	[0.004]	[0.004]
過去1年消費増加率	0.004	0.004	0.004
	[0.004]	[0.004]	[0.004]
過去5年間での失業経験あり	-0.009	-0.041	-0.051
	[0.031]	[0.033]	[0.033]
自分または家族の失業不安あり		0.111	0.112
		[0.025]***	[0.024]***
過去5年間で貧困者が増えたという認識あり			0.177
			[0.043]***
サンプルサイズ	1223	1219	1216

注）　プロビット推定の結果を示しており、限界効果が示されている。[　]内は誤差項の地域内相関に対して一致性を満たす推定量に基づく標準誤差であり、*は10％；**は5％；***は1％で統計的に有意であることを示す。

付表2－3　所得格差の拡大は問題だと考えているのは誰か

被説明変数＝「所得格差の拡大は問題だ」に肯定的なら1、そうでないならゼロ

	(1)	(2)	(3)
性別と職業　（基準は男性で有業）			
男性無業	-0.078 [0.071]	-0.068 [0.071]	-0.058 [0.070]
女性有業	0.107 [0.035]***	0.106 [0.035]***	0.110 [0.035]***
女性無業	0.015 [0.050]	0.016 [0.050]	0.014 [0.050]
年齢階層　（基準は20歳代）			
30歳代	-0.024 [0.052]	-0.021 [0.052]	-0.018 [0.053]
40歳代	-0.028 [0.046]	-0.024 [0.046]	-0.034 [0.047]
50歳代	0.014 [0.053]	0.015 [0.053]	0.011 [0.053]
60歳代	0.089 [0.051]*	0.093 [0.051]*	0.092 [0.051]*
大学・大学院卒	-0.071 [0.033]**	-0.071 [0.033]**	-0.072 [0.034]**
土地・住宅資産（100万円）	0.007 [0.005]	0.008 [0.005]	0.008 [0.005]
金融資産（100万円）	-0.003 [0.001]**	-0.003 [0.001]**	-0.003 [0.001]**
世帯所得階層　（基準は600万円以下の階層）			
世帯所得階層　600万円以上1000万円未満	-0.019 [0.033]	-0.020 [0.033]	-0.015 [0.033]
世帯所得階層　1000万円以上	-0.119 [0.040]***	-0.118 [0.040]***	-0.112 [0.040]***
危険回避度（傘を携行する最低降水確率から算出）	0.171 [0.068]**	0.166 [0.068]**	0.161 [0.068]**
7大都市居住	-0.087 [0.028]***	-0.084 [0.028]***	-0.090 [0.028]***
過去1年所得増加率	-0.007 [0.004]*	-0.006 [0.004]	-0.006 [0.004]
過去1年消費増加率	0.003 [0.004]	0.004 [0.004]	0.003 [0.004]
過去5年間での失業経験あり	-0.016 [0.035]	-0.024 [0.036]	-0.030 [0.036]
自分または家族の失業不安あり		0.020 [0.030]	0.020 [0.031]
過去5年間で貧困者が増えたという認識あり			0.088 [0.040]**
サンプルサイズ	1169	1166	1163

注）　プロビット推定の結果を示しており、限界効果が示されている。[　]内は誤差項の地域内相関に対して一致性を満たす推定量に基づく標準誤差であり、*は10％；**は5％；***は1％で統計的に有意であることを示す。

第3章　人口高齢化と消費の不平等

　人口高齢化が進展すると、現在時点の所得格差は、必ずしも生活水準の格差を示さなくなる。多額の資産を持った勤労所得がない高齢者と、資産がほとんどない低所得者を同列に論じることはできない。むしろ、生涯所得の格差を重視すべきであるが、生涯所得の格差は計測が困難である。ところが消費の不平等度は、生涯所得の不平等度の代理指標となる。しかも、同じ世代内の消費の不平等度は、予測されなかった生涯所得に対する個人別のショックによって変動するという特徴も持っている。そこで、本章では同一世代内の消費不平等度について、年齢を経るごとに不平等度がどのように高まるのかを分析している。得られた結果は次のとおりである。第一に、40歳以降、消費分布の不平等度が急速に高まる。第二に、新しい世代ほど、ライフサイクルの当初から消費の不平等度が高い。第三に、1980年代を通して、経済全体の消費の不平等度の上昇のうち、約半分が人口の高齢化によってもたらされている。従来、人口高齢化における社会保障政策は、異なる世代間の分配問題に焦点が置かれてきたが、世代内の分配問題も重要であることを、本章は示唆している。

1 消費で不平等を測る

　少子高齢化が進み高齢者の比率が増えており、年金や医療をはじめとする高齢者に関する政策は重要な政策課題となっている。高齢者対策を検討する際に留意すべきこととして、高齢者層の経済状態のばらつきが非常に大きいことがあげられる。高齢になるまでの個人史の違いが、高齢者の経済状態に反映されるからである。たとえば高齢者の所得は、これまでの健康状態、若年期の人的資本形成の機会、会社との雇用関係、家族関係、人的なつながり、運・不運といった、個人ごとに異なる要素を強く反映する。

　これらの要素のいくつかは保険市場によってリスクをあらかじめ回避することができるが、すべての要素について保険市場が機能するとは限らない。保険でカバーされなかった要素が年齢を経るごとに積み重ねられる結果、高齢者の所得のばらつきはきわめて大きくなろう。そのため、高齢者層を均質のグループとして取り扱うことができなくなる。

　高齢者の経済状態のばらつきについては、高山・有田（1996）によって所得、消費および資産の不平等度が若年者層よりも大きいことが示されている。また、世代内の所得や消費の不平等度については、Deaton and Paxson（1994a）がアメリカ、イギリス、台湾のミクロデータを用いながら詳細な分析を行っている。これらの国々では、所得についても消費についても、年齢とともに同一世代内の不平等度が有意に高まっていることが確認されている。

　これらの実証結果に従えば、人口の高齢化が進行すると所得分布や消費分布の不平等度の高い高齢者のウェートが高まるので、経済全体の不平等度を高めるように働く可能性がある。Deaton and Paxson（1995）は、人口高齢化が顕著である台湾について、高齢化が経済全体の不平等度に与える影響を分析している。

　Deaton and Paxson（1994a）の大きな貢献のひとつは、世代内の経済状態のばらつきを所得分布ばかりではなく、消費分布によって計測しているところにあろう。消費分布を不平等度のメジャーにすることには、少なくとも次の三つのメリットがある。

第一に、ライフサイクル仮説や恒常所得仮説のもとでは、所得水準よりも消費水準のほうが個人の経済厚生の水準をより正確に反映している可能性が高い。その結果、所得分布よりも消費分布のほうが、個々の経済厚生のばらつきの尺度として適切である。たとえば、公的年金制度は、勤労世代の現在所得を引き下げ、退職世代の現在所得を引き上げる。一方、個々の家計からみれば、この制度は異時点間の資源配分の役割を果たしている。この場合に、たとえ公的年金制度の導入によって生涯所得の不平等度が変わらなくても、現在所得の不平等の指標は大きな影響を受けてしまう可能性がある。

また、将来親から遺産をもらうことを前提に、現在の所得水準に比べて高いレベルの消費を行っている消費者と、そのような遺産が期待できないため現在の所得水準が高くても低いレベルの消費を行っている消費者の間の経済厚生の格差は、現在所得の不平等度だけでは正確に把握することができない。

したがって、所得分配政策や世代間所得移転の影響がある場合、消費の不平等度こそが、経済厚生の観点からみた不平等度を反映している。ライフサイクル仮説や恒常所得仮説に基づけば、消費の不平等度を計測することで生涯所得、あるいは生涯効用の不平等度を推し量ることができるからである。一方、資産水準や将来の所得の推計に基づいて生涯所得を直接算出する作業は、決して容易なことではない。

第二に、消費の不平等度について厳密な理論的インプリケーションを与えることができる。本章の補論では、Deaton and Paxson（1994a）が用いた不平等度の尺度が、不完備市場下で恒常所得仮説から導出される尺度と厳密に対応していることが説明されている。

第三に、通常利用されている所得のミクロデータには、様々な計測上の問題が存在している。調査世帯が、キャピタルゲインや利子所得等の資産所得を過少に報告する傾向があることはよく知られている。また、持ち家の帰属家賃や社宅に対する家賃補助の帰属計算は、決して容易なことではない。その結果、経済学的な概念に整合的なかたちで所得を把握することは実際上難しくなってしまう。消費データを用いることで、資産所得の過少申告の問題は解決することができる。

本書第1章では、日本のミクロデータを用いながら、年齢とともに所得の

不平等度が高まっていること、日本における1980年代の所得不平等度の高まりが人口高齢化の影響であることを明らかにした。本章では、『全国消費実態調査』(1979年、1984年、1989年) を用いて、所得ばかりではなく消費についても、年齢を経るごとに同一世代内の不平等度がどのように高まるのかを分析している。特に、次のような結果が得られた。

第一に、40歳以降、消費分布の不平等度が急速に高まり、そのパターンは台湾のパターンと類似している。第二に、所得分布についても、消費分布についても、年齢とともにほぼ同率で不平等度が上昇していく。こうした傾向は、所得の不平等度の増加が消費の不平等度の増加をはるかに上回っているアメリカやイギリスとは異なっている。第三に、新しい世代ほど、ライフサイクルの当初から消費の不平等度が高い。第四に、1980年代を通して経済全体の消費の不平等度が上昇した要因には、人口の高齢化と世代内の不平等度の高まりを指摘することができる。

本章は、次のように構成されている。第2節で Deaton and Paxson (1994a) が提案したモデルを若干修正しながら、世代内の消費の不平等度について年齢効果と世代効果に分解する枠組みを説明する。第3節では、世代内の消費や所得の分布について年齢効果と世代効果をそれぞれ計測する。第4節では、第3節の計測結果を Deaton and Paxson (1994a) が計測したアメリカ、イギリス、台湾の推定結果と比較する。第5節は、人口高齢化が消費の不平等度に与える影響を計測している。第6節で結論を述べる。

2　消費の不平等度を世代効果と年齢効果に分解する

前節でも述べたように、世代内の経済状態のばらつきを測る尺度としては、生涯所得の分布を近似しているという意味で、所得分布よりも消費分布のほうが優れている。また、消費分布については、理論モデルからの厳密なインプリケーションも得られやすい。

消費分布を用いて生涯効用の不平等度を導いた例としては、Fukushige (1989) がある。Fukushige は、相対的危険回避度一定型の効用関数で、資本市場が完全であり、利子率が時間選好率にほぼ等しいという条件のもとで、

消費の不平等度が生涯効用の不平等度を示すことを導いている。しかし、その消費の不平等度を年齢効果や世代効果に分解することはなされていない。

広い意味での保険市場が完備されていないという状況を考えると、恒常所得仮説のもとで年齢とともに消費の不平等度が拡大していくことを示すことができる。詳細は、補論で述べることにして、ここではその概要を説明してみよう。

将来が不確実なもとで生涯にわたる効用を最大化している消費者を考えよう。消費者は、生涯効用をできるだけ大きくするように行動する。ただし、生涯所得と遺産を含んだ生涯消費が等しいという条件を満たす必要がある。このとき、利子率が高いと消費の期待成長率を高くし、逆であれば低くすることが消費者の生涯効用を最大にすることになる。逆にいえば、効用最大化行動をとっている人は、利子率が高い時には、現在の消費を少なくし、将来の消費を高めているはずだということである。

しかし、人々は最初に予定した消費成長率を実際に達成できるとは限らない。というのは、解雇や病気など様々な永続的ショックが発生して、生涯所得の水準に影響を与えてしまうことがあるからである。

このような永続的ショックに対して、あらかじめ保険をかけておくことができれば、不確実性を除去できるので、当初に計画した消費を必ず達成することができる。今、時間選好率（将来効用の割引率）がすべての個人で同じであるとすれば、消費の伸び率はすべての個人で等しくなる。この場合には、同世代内の対数消費分散で測った不平等度は、時間を通じて一定になる。つまり、人生で様々な事態に遭遇しても、そういった事態による生涯所得の変動がすべて保険でカバーされていたとすれば、生まれた時の生涯所得の不平等度が、そのまま持続する。そのため、消費の不平等度が、時間を通じて変化しないのである。

世代内の消費の対数分散が時間を通じて変化しないというこの議論は、すべての個人に共通な永続的ショックに対して保険をかけられないけれども、個人別の永続的ショックには保険がかけられるという状況を想定しても変わらない。なぜなら、すべての個人が同じだけの比率で生涯所得にショックを受ければ、消費水準は同じ比率で変化するため平均値は変わるが、対数分散

は変化しないからである。実際、このような経済全体で予測されない永続的ショックに対しては、貯蓄の積み増しと取り崩しという自己保険以外には対処の仕方がない。代表的個人のモデルによるマクロ経済モデルは、実はこのような状況を想定している。

ところが、現実にはそれぞれの個人が直面する永続的な所得ショックが、すべて保険でカバーされているわけではない。例えば、疾病や解雇された場合に発生する所得ショックは、かなり永続的である。しかし、その損失を失業保険や健康保険ですべてまかなうことはできない。もちろん、企業と労働者、家族や地縁といった間での暗黙的保険契約は存在する。個人別の永続的ショックに対する広い意味での保険市場が完備されていない場合には、同一世代内の消費の対数分散は年齢とともに拡大していくことになる。

したがって、世代内の対数消費分散を、年齢ダミー変数と生まれ年による世代ダミー変数で分解することにより、同一世代内の対数消費分散が年齢とともにどのように変化していくかを分析することができる。ここで、生まれ年によって消費の不平等が異なる部分を世代効果と呼び、年齢によって消費の不平等度が異なる部分を年齢効果と呼ぶことにする。本章では、消費の不平等度をこの二つの効果に分解して、高齢化と不平等の関係を明らかにする。

以上の議論に基づき、次節では次のような特定式を推計する。

$$\text{Var} \ln c_i(j+k) = \sum_{m=J_0}^{J} \alpha_m \text{cohort}_m + \sum_{n=K_0}^{K} \beta_n \text{age}_n \qquad (1)$$

cohort_m は世代ダミー変数である。もし、当該消費者が j 年生まれであれば、cohort_j は1、それ以外のダミー変数は0となる。また、age_n は年齢ダミー変数である。もし、当該消費者が K 歳であれば、age_k は1、それ以外のダミー変数は0となる。パラメータの α_m は世代効果を、β_n は年齢効果をそれぞれ示している。

もし年齢ダミーの係数がすべての年齢で一定であったならば、個人別の永続的ショックがすべて保険によってカバーされていることを意味する。また、この年齢ダミーの係数が年齢とともに変化するなら、保険でカバーされていない永続的ショックがどの年齢で大きくなるかを議論することができる。

一方、世代ダミーの係数は、ある世代が経済的主体として登場するライフ

サイクルの最初の時点で予測される生涯所得の不平等度の世代による違いを表すことになる。

最後に、本章における保険の概念は、一般に用いられる保険の概念よりも広いことを指摘しておきたい。このモデルで念頭としている保険制度には、生命保険、損害保険といった私的保険はもちろん、年金保険、健康保険、失業保険といった政府による社会保険制度、そして、血縁・地縁による相互扶助といった暗黙的な保険制度が含まれているのである。

3　世代効果と年齢効果の計測

データ

本節では、『全国消費実態調査』の1979年データ、1984年データ、1989年データを用いて、(1)式の世代効果と年齢効果を推定する。推計は、(1) 2人以上の普通世帯、(2)世帯主年齢が22歳以上、(3)世帯主の職業が非農林業従事者という条件を満たすサンプル（欠損データを除く）を対象としている。22歳未満と75歳以上の年齢セルに属するデータ数が極端に少ないために、これらの年齢階層をサンプルから除去している。また、農林業従事者を除いたのは、1979年のデータに農林業従事者世帯が含まれていないためである。各年次のサンプル数は、44208（1979年）、42368（1984年）、49487（1989年）である。

上の3時点のクロスセクション・データから、世帯主の年齢階層別（1歳刻み）に消費と所得の対数値の平均と分散を求めている[1]。これらの年齢階層別統計量が、本節の推定で用いられる基本的な世代データである。

消費支出は、原則として世帯当たりの支出を用いている。ただ、世帯人員の影響をコントロールするために、世帯人員当たりの支出についても同様の作業を行っている。消費項目として、総消費支出、食料費、耐久消費財を除いた支出（以下、単に非耐久消費と呼ぶ）を検定の対象としている。それぞれの財からの効用が分離できれば、(1)式はいずれの財支出についても成立している。

---

1) 本研究では、高山ほか（1989）や大竹（1994）の研究においてすでにミクロデータから作成されていた統計量（対数値の平均と分散）をデータとして推計作業を行っている。

表3−1 対数消費の分散および対数年間所得の分散

	消費	年間所得
1979年	0.200	0.254
1984年	0.210	0.268
1989年	0.241	0.290

注)『全国消費実態調査』から筆者が特別集計

　厳密にいうと、前節のモデルから導出される実証的なインプリケーションは、消費支出にのみあてはまるが、各々の家計が報告している年間所得(世帯単位)[2]についても同様の推計作業を試みる。Deaton and Paxson も、アメリカ、イギリス、台湾のミクロデータから世帯所得について同様の推定を行っているので、消費ばかりではなく所得についても不平等度の年齢効果の国際比較を行うことができる。

　推計を行う前に、ここで用いたデータを概観してみよう(表3−1)。サンプル全体の対数消費の分散は、年を経るごとに上昇している。すなわち、1979年には0.200であったものが、1984年に0.210、1989年には0.241にまで高まっている。同様に年間所得の対数値の分散も、0.254 (1979)、0.268 (1984)、0.290 (1989) と上昇している。消費分布も、所得分布も、1980年代を通して不平等度が高まっていることが確認できる。

　図3−1aは、総消費支出の自然対数値の分散を、年次別、年齢別にプロットしたものである。どの年次についても、年齢とともに上昇する傾向が認められる。また、1989年には、若年層、中年層で消費の不平等度が高まっている。

　図3−1bが示すように、年齢とともに所得の不平等度も高まっている。しかし、若・中年層の不平等度が1989年に高まっているという傾向は、視覚的には認められない。

---

2)『全国消費実態調査』は、対象年の9月から11月の収入と支出を調査しているとともに、過去1年間の世帯所得も調べている。

第3章　人口高齢化と消費の不平等　69

図3－1a　自然対数消費の分散

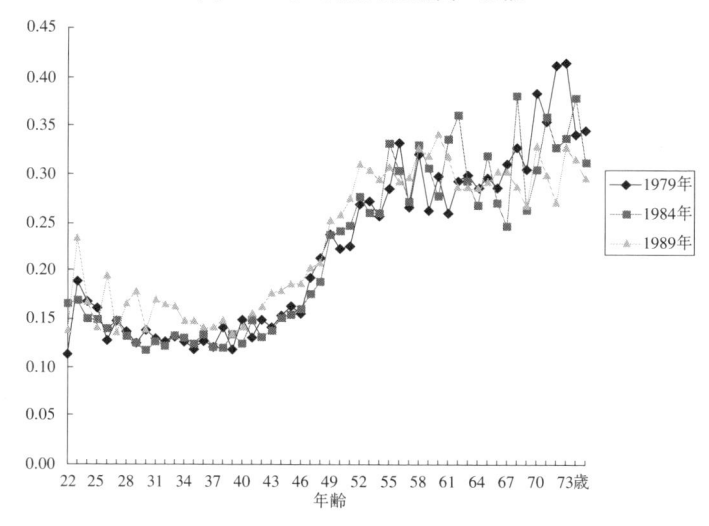

図3－1b　自然対数所得の分散

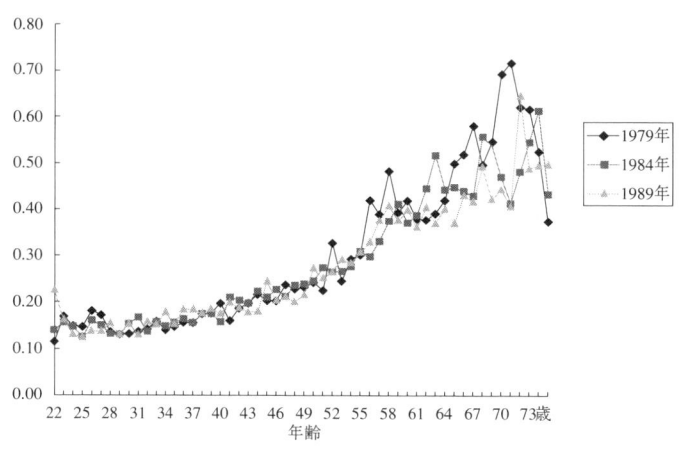

注）二図とも、『全国消費実態調査』から作成

世代効果と年齢効果の推計結果
① ダミー変数の作成

年齢ダミー変数については、世帯主の年齢に従って22歳から1歳刻みに75

歳までの変数を作成している。ダミー変数の一次従属を避けるために、22歳ダミーを説明変数から外している。また、世代ダミー変数については、Deaton and Paxson (1994a) が作成したダミー変数よりも簡略なものを用いている。Deaton and Paxson では、誕生年について1歳刻みにダミー変数を作成したが、ここではダミー変数の年齢幅を広げている。すなわち、1900年代生まれ、1910年代生まれ、1920年代生まれ、1930年代生まれ、1940年代生まれ、1950年代生まれ、1960年代生まれという刻みを設けてダミー変数を作成している。このように簡略化した理由は、3時点のクロス・セクション・データしかないために詳細な世代効果を検出することが困難だからである。1960年代生まれのダミー変数を説明変数から外すことで、ダミー変数の一次従属を避けている。

② 世代効果

表3－2は、(1)式の推定結果から得られた世代効果を示している。総消費支出については、有意な世代効果が検出されている。すなわち、新しい世代のほうが古い世代よりも消費の不平等度が高まっている。たとえば1910年代生まれの世代に対して1960年代生まれの世代は、対数消費の分散が0.072も高い。表3－2が示すように、こうした世代効果は、食料費についてはより弱く、非耐久消費についてはより強く検出されている。ただし、所得の不平等度については、有意な世代効果が認められない。

この推定結果を(1)式にそって解釈すれば、新しい世代はライフサイクルのはじめの段階より消費の不平等度が高いことになる。すなわち、遺産や生前贈与等の世代間所得移転を通じて、消費の不平等度が古い世代から新しい世代に引き継がれる傾向が強まっていることを示唆している[3]。

ここで、世代効果が消費分布には検出され、所得分布については認められないという推計結果について考察してみよう。第一に、生涯所得の不平等度の世代効果を、所得分布よりも消費分布のほうが正しく反映している可能性がある。導入部でも述べたように、ライフサイクル仮説や恒常所得仮説のもとで消費は生涯所得を反映するが、現在の所得と生涯所得が直接関連するとはいえない。

表3-2　世代効果の推計結果

	総消費	食料	非耐久消費財	所得
1900年代生まれ	-0.021	0.051	-0.079	0.118
	(0.023)	(0.015)	(0.024)	(0.044)
1910年代生まれ	-0.072	-0.008	-0.129	0.022
	(0.020)	(0.013)	(0.021)	(0.039)
1920年代生まれ	-0.067	-0.030	-0.117	-0.010
	(0.018)	(0.012)	(0.019)	(0.035)
1930年代生まれ	-0.050	-0.033	-0.087	-0.013
	(0.016)	(0.011)	(0.017)	(0.030)
1940年代生まれ	-0.036	-0.037	-0.064	-0.015
	(0.013)	(0.009)	(0.014)	(0.025)
1950年代生まれ	-0.021	-0.017	-0.038	-0.001
	(0.010)	(0.007)	(0.010)	(0.019)

注）　1960年代生まれを基準、（　）内は標準偏差

　第二に、データによって所得を正確に捕捉することが困難であることを反映しているかもしれない。ここで計測している所得には、土地や株式の売却益は確定したものも、未確定のもの（含み益）も計上されておらず、非定期の親族からの仕送りも含まれていない。

　さらに、調査世帯は利子や配当などの資産所得を過少に報告する傾向がある。その結果、計測に用いられた所得の不平等度が真の所得分布を正しく反映していない可能性がある。

　第三に、所得と消費の間における世代効果の違いは、余暇と消費が分離可能であることの間接的な証左と解釈できるかもしれない。第2節で展開したモデルの想定のように、労働時間（余暇）の選択が消費の選択から分離可能である場合、労働時間の個人間のばらつきによる所得の不平等は、消費の不

3）　代替的な解釈としては、ここで用いている『全国消費実態調査』の家計消費が9月から11月までの3カ月の平均データであり、雇用者のボーナスの支給時期を含んでいないことが影響しているかもしれない。いくつかの実証研究によれば、ボーナス所得のほうが、月次賃金よりもばらつきが大きい。ここで、若い世帯がクレジット・カードの積極的な活用によってボーナスの前倒しを行っているのに対して、中・高齢者層がクレジット・カードの活用に消極的であるとしよう。すると、ばらつきの大きいボーナスの分布は、若い世代の非ボーナス月の消費分布に反映されるが、旧い世代のそれには現れないという効果が、コーホート効果としてとらえられてしまっているのかもしれない。この場合には、生涯所得の不平等が世代を通じて引き継がれているとはいえなくなる。この点を検討するためには、『家計調査』等を用いながら、ボーナス時期の消費の分散が若い世代ほど小さくなっているのかどうかを検定する必要があろう。

平等との関連が弱まってしまう[4]。

③ 年齢効果

　図3－2aは、推定結果をもとに、25歳効果を基準として各年齢の不平等度に与える効果をプロットしたものである。総消費、食料費、非耐久消費のいずれについても、不平等度は40歳以降、急速に高まっていく。この傾向は、非耐久消費でいっそう顕著である。一方、所得の不平等度は、より若い年齢から不平等度が高まる傾向が認められる（図3－4aも参照のこと）。

　中・高齢者層で年齢効果が高まっているのは、中・高齢者層での世帯人員数のばらつきが大きいことを反映しているわけではない。このことをみるために、世帯人員当たりの総消費について同様の年齢効果を推定している。図3－2bが示すように、世帯人員当たりの消費不平等度も、世帯消費の不平等度も、ほぼ同じ年齢効果が認められる。

　消費と所得の不平等度の年齢パターンの違いは、現在所得の不平等度に現れない生涯所得の不平等度が40歳代で高まっていることを示唆している。すなわち、将来の所得の不平等度が高まったことを、40歳代に家計が認識しはじめるという効果である。この年齢層で実現するショックとしては、次のようなものが考えられる。

　第一に、企業の昇進制度を反映している可能性である。大企業では、昇進に決定的な差がつきはじめるのは、30歳代半ば以降であるとされている（小池（1991））。また、30歳代半ばまでに賃金に差がついていても、その賃金差は将来昇進するか、しないかに大きな影響を与えない。ところが、40歳代からは昇進するか、しないかの差が明らかになり、労働者は将来の所得格差をはっきりと認識する。

　第二に、親からの遺産や生前贈与などの世代間移転の影響である。親との年齢差は25歳から35歳程度であり、死亡確率が65歳以降に高まっているとすると、親からの遺産相続が発生するのは40歳以降になる。40歳以降の消費不

---

4) 予算制約を通じて労働所得の変動が消費の変動に与える効果（所得効果）は、第2節のモデルにも存在する。余暇の効用と消費の効用が分離可能であるかどうかについての実証研究としては、Altug and Miller（1990）および Hayashi, Altonji and Kotlikoff（1996）を参照のこと。

図 3 — 2 a　自然対数の分散に対する年齢効果
（25歳効果を 0 と設定）

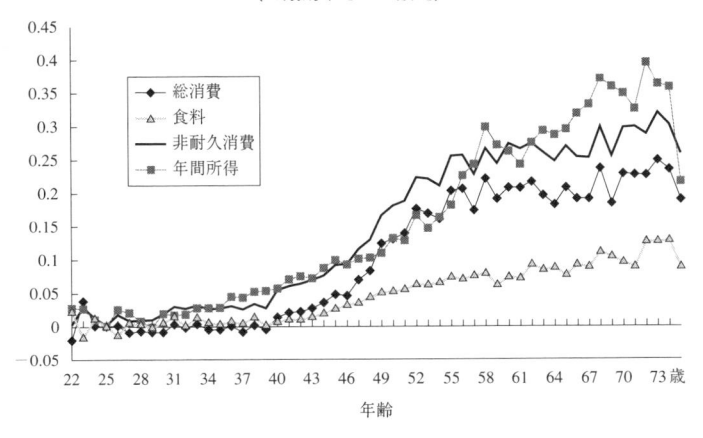

図 3 — 2 b　自然対数消費の分散に対する年齢効果
（25歳効果を 0 と設定）

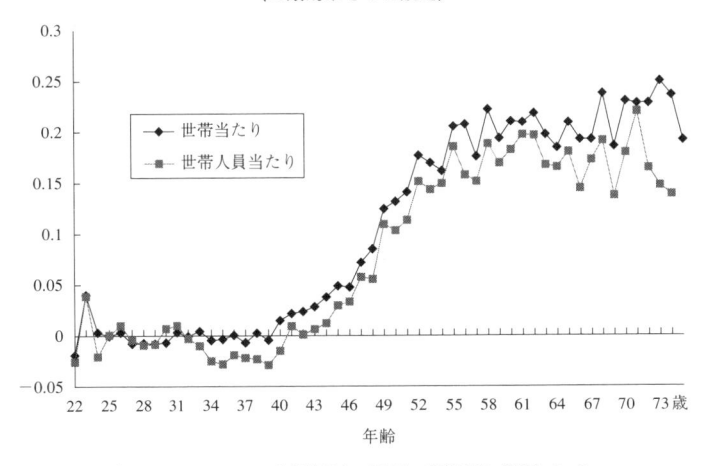

注）二図とも、プロットされている年齢効果は、本研究の推計結果に依拠している。

平等度の高まりは、相続発生時まで予測されていなかった相続額の格差を反映しているかもしれない[5]。

---

5) 事前に予測された相続分の格差ついては、世代効果によってとらえられている。

4 国際比較：アメリカ、イギリス、台湾、そして日本

本節では、前節で推定した年齢効果について、Deaton and Paxson (1994a) がアメリカ、イギリス、台湾について推定した年齢効果と比較してみよう。Deaton and Paxson の用いたデータと整合性を保つために、ここでは世帯レベルで国際比較を行う。

図3－3aは、対数消費の不平等度の年齢効果（25歳効果をゼロとしている）を各国比較したものである。図から明らかなように、アメリカやイギリスはライフサイクルの早い時点から不平等度が高まっている。それに対して、日本や台湾は40歳以降不平等度が急速に高くなる。日本や台湾の不平等度に対する年齢効果は、50歳代後半でアメリカの水準にまで達する。日本の年齢効果がいずれの国の効果とも違う点は、50歳代後半以降消費の不平等度があまり高くならないことである。他の三カ国は、50歳代後半以降も消費の不平等度は上昇している。特に、台湾はその傾向が著しい。

次に、所得の不平等度と消費の不平等度のパターンの違いを、国別にみてみよう（図3－3bと図3－4a～図3－4dを参照）。アメリカやイギリスでは、年齢とともに所得の不平等度が高まる度合いは、消費のそれをはるかに上回っている。

一方、台湾では逆の現象が認められる。日本は、消費の不平等度と所得の不平等度が、ほぼ同じように高まっている。

各国の傾向を数量化するために、年齢効果を線形近似し、年齢トレンドの

表3－3　自然対数値に対する年齢効果の推計結果

	消費	所得
日本	0.0053	0.0083
	(0.0006)	(0.0007)
アメリカ	0.0069	0.0208
	(0.0002)	(0.0012)
イギリス	0.0102	0.0136
	(0.0004)	(0.0005)
台湾	0.0084	0.0027
	(0.0004)	(0.0008)

注）　線形近似の場合、（　）内は標準偏差

図3－3a　自然対数消費の分散に対する年齢効果：各国比較

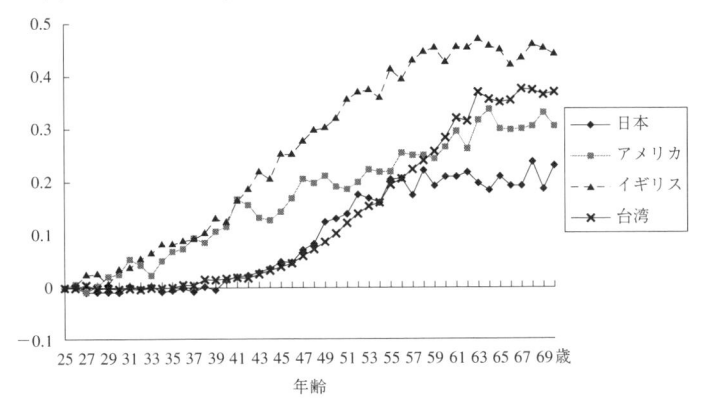

図3－3b　自然対数所得の分散に対する年齢効果：各国比較

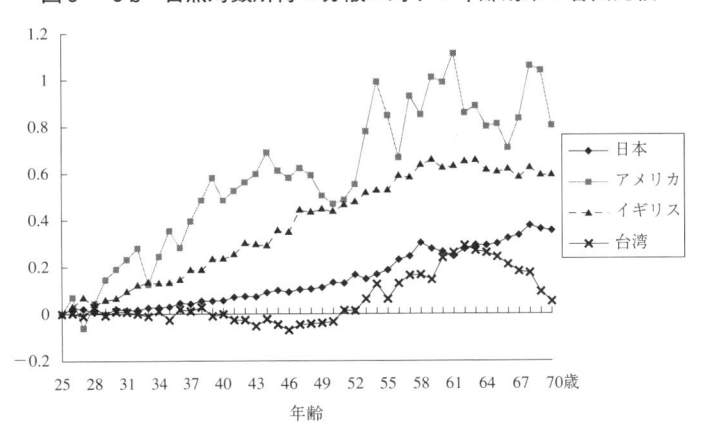

注）二図とも、プロットされている年齢効果は、アメリカ、イギリス、台湾については Deaton Paxson（1994a）、日本については本研究の推計結果に依拠している。

係数を推計してみよう。表3－3は、その推計結果を示している。所得の年齢効果と消費の年齢効果の相対的な関係は、図3－4a～図3－4dで表された傾向と同じである。

　第2節のモデルに従えば、消費不平等度に現れる年齢効果は、保険市場でプールされていない固有ショックの大きさを示している。アメリカやイギリ

図3—4a　自然対数の分散に対する年齢効果：日本

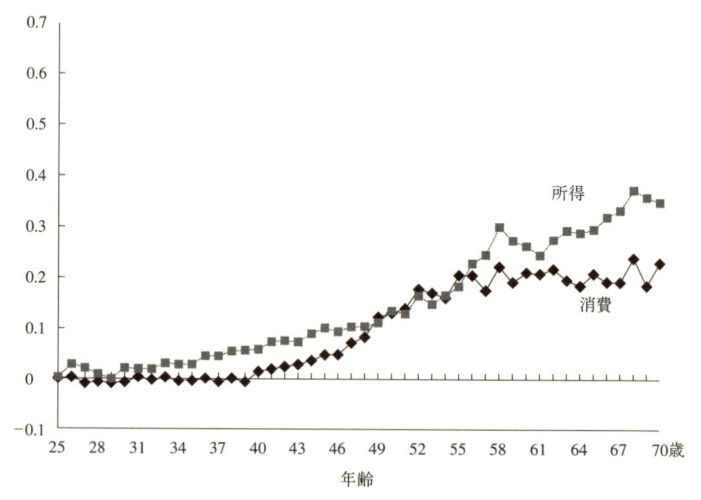

所得

消費

注）プロットされている年齢効果は、本研究の推計結果に依拠している。

図3—4b　自然対数の分散に対する年齢効果：アメリカ

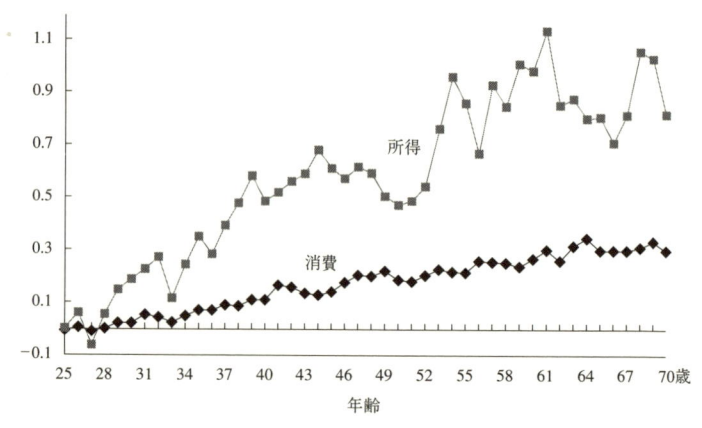

所得

消費

注）プロットされている年齢効果は、Deaton Paxson（1994a）の推計結果に依拠している。

スでは、固有ショックによる所得の変動が保険市場でヘッジされているために、消費の不平等度が所得の不平等度をはるかに下回っていると考えられる。これと同様のロジックによれば、日本は消費者信用や住宅ローンなどを含め

図3-4c 自然対数の分散に対する年齢効果：イギリス

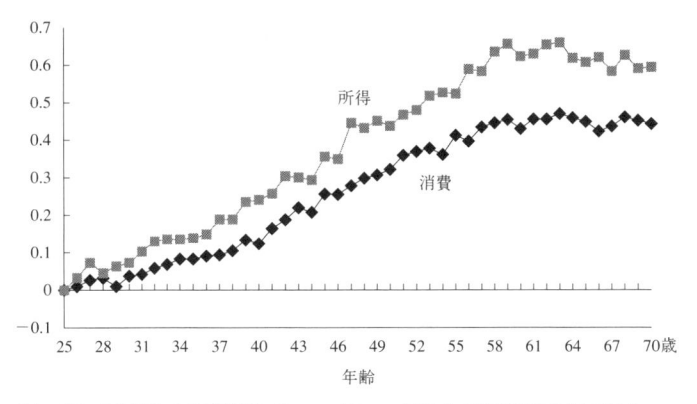

注) プロットされている年齢効果は、Deaton and Paxson (1994a) の推計結果に依拠している。

図3-4d 自然対数の分散に対する年齢効果：台湾

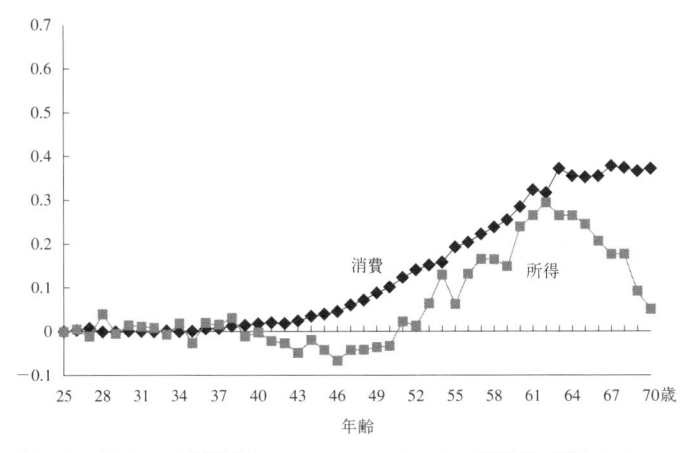

注) プロットされている年齢効果は、Deaton and Paxson (1994a) の推計結果に依拠している。

た広い意味での保険市場が十分に機能していなかったために、所得の変動が消費の変動を直接反映していたと解釈できる[6]。

---

[6] 台湾については、統計で捕捉されている所得の範囲が小さすぎる可能性がある。統計で捕捉されていない所得が変動的であり、その所得から消費をファイナンスしていれば、消費の不平等度が統計で捕捉された所得の不平等度を上回ろう。

代替的な解釈としては、雇用者と労働者の賃金契約が暗黙的な保険契約の側面を兼ね備えているために、保険効果を通じて労働所得の変動が縮小されていることが考えられる。この仮説は、日本の消費分散のレベルは、他の国と同じレベルにあるのに対し、所得分散の水準がアメリカやイギリスの半分程度の水準にしかないことと整合的である。

5 人口高齢化の不平等度への影響

1980年代の消費不平等度の上昇の半分は高齢化の影響

消費の不平等度が40歳以降、急速に高まるという傾向は、人口高齢化が経済全体の消費不平等度に与える影響が非常に高いことを示唆している。あるいは、ベビーブーム世代が中・高齢者層に達することによる経済全体の不平等度の高まりが、アメリカやイギリスに比較しても大きいことを意味している。

第1章で指摘したように、1980年代に人口高齢化が急速に進行していることは、『全国消費実態調査』でも認められる。図3－5は、世帯主年齢階層別の人口構成比率をグラフにしたものである。1979年に対して1989年には、20歳代、30歳代の比率が低下し、50歳以降の比率が顕著に高まっていることがわかる。

ここで、人口の年齢構成の変化が経済全体の消費不平等度に与える影響を計測するために、年齢別の対数消費の平均と分散をある年次で固定し、人口の年齢構成だけを変化させた場合の経済全体の消費不平等度を計算してみよう。そのために、まず次のように変数を定義する。

1　年齢階層別人口比率：　$s_t = \{s_{tj}\}_{j=22}^{75}$

2　年齢階層内対数消費分散：　$\sigma_t = \{\sigma_{tj}\}_{j=22}^{75}$

3　年齢階層内対数消費平均：　$C_t = \{C_{tj}\}_{j=22}^{75}$

ここでtは年次を、jは世帯主年齢をそれぞれ意味している。ただし、C_{it}

図3-5　世帯主年齢階層別人口構成比率

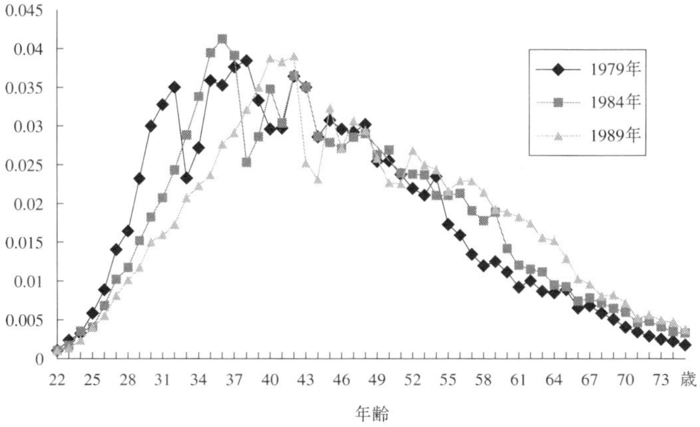

注)『全国消費実態調査』より作成

は t 年における第 i 世帯の消費を示している。年齢は22歳以上の1歳刻みのデータであり最高年齢階層は75歳以上でまとめてある。

t 年次におけるサンプル全体の消費不平等度を対数分散 $\text{Var}\ln c_{it}$ で計測すると、経済全体の不平等度を(1)式のように分解することができる。

$$\text{Var}\ln c_{it} = V(s_t,\ \sigma_t,\ C_t) = \sum_{j=25}^{75} s_{tj}\sigma_{tj}^2 + \sigma_{bt}^2 \tag{1}$$

ここで、
$$\sigma_{bt}^2 = \sum_{j=25}^{75} s_{tj}C_{tj}^2 - \left(\sum_{j=25}^{75} s_{tj}C_{tj}\right)^2$$

(1)式は、サンプル全体の不平等度を右辺第1項と右辺第2項に分解できることを示している。具体的には、右辺第1項は年齢階層内の不平等度が高まって全体の不平等度が上昇する効果を指している。一方、右辺第2項は年齢階層間の格差が拡がって全体の不平等度が高まってしまう効果を意味している。

対数分散の分解を活用して1979年と1989年の間で、年齢別人口効果、年齢階層内効果、年齢階層間効果の三つの要因を、以下のように特定していこう。

$$\text{人口効果} = V(s_{1989}, \sigma_{1979}, C_{1979}) - V(s_{1979}, \sigma_{1979}, C_{1979}) \qquad (2)$$

$$\text{世代効果} = V(s_{1979}, \sigma_{1989}, C_{1979}) - V(s_{1979}, \sigma_{1979}, C_{1979}) \qquad (3)$$

$$\text{年齢間効果} = V(s_{1979}, \sigma_{1979}, C_{1989}) - V(s_{1979}, \sigma_{1979}, C_{1979}) \qquad (4)$$

同様に、1979年と1984年、1984年と1989年との間についても分解が可能である。表3－4は、その計算結果をまとめたものである。対角線上の数値は、各年次の実際の消費不平等度（対数分散で計測）を表している。対角線以外の数値が、人口の年齢構成を変化させた場合の経済全体の消費不平等度を表している。

たとえば、表3－4の第1列は、年齢別の対数消費の平均と分散を1979年の水準に固定したもとで、人口の年齢構成を1984年（第2行第1列）や1989年（第3行第1列）の構成比率に変化させた場合の消費不平等度を意味している。人口の年齢構成を1979年の比率から89年の比率に変化させると、経済全体の消費不平等度は0.2002から0.2210に上昇する。同じ期間で現実の消費不平等度は0.2002から0.2414に上昇しているので、実際の上昇分（0.0412）の約5割が人口の高齢化による影響といえる。

同じ表を用いて、各年齢の消費不平等度の高まりが経済全体の不平等度に与える影響も計測することができる。表の第1行を右方向にみていくと、人口の年齢構成を固定したもとで年齢ごとの不平等度の変化が経済全体の不平等度を0.2002から0.2256に高めることがわかる。その背景には、新しい世代の消費不平等度が高くなってきたこと（第3節参照）が影響していよう。

以上をまとめると、1980年代に経済全体の消費不平等度が0.0412上昇したうち、0.0208の変化が人口高齢化によるもの、0.0254の変化が世代効果によるものである。調整項として現れる－0.0050は、高齢化効果と世代効果の交差効果に相当する。交差効果がマイナスとなるのは、世代効果が大きい若年層の人口構成比が低下しているからである。

表3—4　人口高齢化の経済全体の消費不平等度に対する影響
（1979年から1989年）

		平均・分散を固定			世代効果
		1979	1984	1989	(1989-1979)
人口の年齢構成を固定	1979	0.2002	0.2003	0.2256	0.0254
	1984	0.2092	0.2098	0.2324	0.0232
	1989	0.2210	0.2211	0.2414	0.0204
人口効果 (1989-1979)		0.0208	0.0208	0.0158	

注) (1)対角線上の数値は、各年次の実際の不平等度（対数分散）を示す。
　　(2)列方向の数値は、年齢階層別の対数消費の平均と分散をある年次に固定しながら、人口の年齢構成が変化した場合の不平等度を示している。
　　(3)列方向の数値は、人口の年齢構成をある年次で固定しながら、年齢階層別の対数消費の平均と分散が変化した場合の不平等度を示している。

高度成長期は世代効果が不平等度を引き下げた

　本節の最後に、高度成長期以降の消費不平等度の推移を概観してみよう。図3—6は、『家計調査』の全世帯・年間収入五分位階級別データから算出した総消費支出の対数値の分散を、1963年から1990年についてプロットしたものである。各分位階層内の分散を無視しているので、階級別データから算出された対数消費の分散は、ミクロデータから導いた対数分散と直接比較することはできない。しかしながら、図3—6から消費不平等度の時系列的な推移を読みとることはできよう。

　図3—6によれば、1960年代から70年代初頭を通じて消費不平等度は、顕著に低下している。74年、75年に不平等度は急激な上昇を経た後、70年代後半は低い水準で推移している。80年代は、消費不平等度がふたたび上昇傾向をみせている。

　74年と75年の消費不平等度のジャンプは、Fukushige（1989）によって指摘されており、所得不平等度の同様のジャンプは、橘木・八木（1994）などによって確認されている。この時期の不平等の急激な上昇は、マネーサプライの増加や第一次石油ショックに起因する、予期せざるインフレーションの所得再分配効果を反映していると推測される[7]。

　本節で1980年代の消費不平等度の上昇は人口の高齢化を反映していること

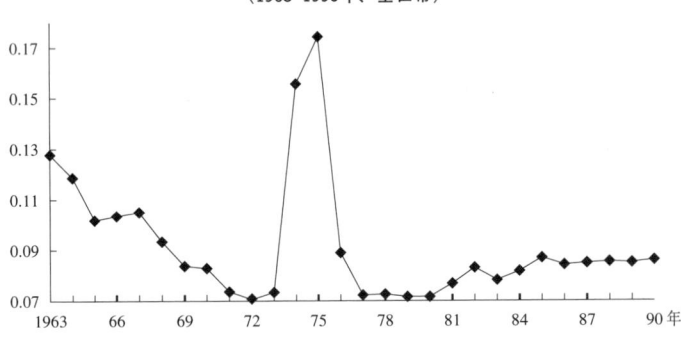

図3―6　対数消費支出の分散の推移
(1963-1990年、全世帯)

注)『家計調査』の全世帯・年間収入5分位階級別データより作成

をみてきたが、高度成長期を通じて不平等度が低下したのも、人口的な要因に左右されてきたからであろうか。以下の手続きに従って、このことを数量的に確かめてみよう。

まず、『全国消費実態調査』の勤労者世帯・年齢階級別データから人口の年齢構成比率を計算する[8]。この人口の年齢構成比率と、表3―4で用いた年齢階層別の対数消費の平均と分散を用いながら、経済全体の消費不平等度を算出している（表3―5）。

表3―4と同様に表3―5を読むことができる。たとえば、第1列目は、年齢階層別の対数消費の平均と分散を1979年の水準に固定したもとで、人口構成の変化が不平等度に与える影響を示している。表3―5から明らかなように、1960年代、1970年代を通して、人口的な要因は経済全体の不平等度に対して中立的である。これらの時代は、新規参入した世代内の不平等度が低下してきたことが、経済全体の不平等度を引き下げてきたと推察できる。言

---

7)　たとえば、高所得者層はインフレーションを事後的にもヘッジできるような資産（株式や土地）を保有しており、低所得者層がそうした資産を保有していなければ、予期せざるインフレーションによって資産格差は拡大し、それが消費の不平等度に反映されよう。代替的な仮説として堀江（1985）は、同時期の低所得者層の消費の落ち込みを雇用不安によるものと解釈している。

8)　『全国消費実態調査』は年齢階級を5歳刻みで区切っているが、ここでは各々の階級内の人口を均等に割り振り1歳刻みの人口構成比率を作成している。

表3－5　人口高齢化の経済全体の消費不平等度に
　　　　対する影響

（1959年から1989年）

	年	平均・分散を固定		
		1979	1984	1989
人口の年齢構成を固定	1959	0.1825	0.1829	0.2133
	1964	0.1820	0.1825	0.2117
	1974	0.1868	0.1869	0.2160
	1979	0.1864	0.1865	0.2157
	1984	0.1908	0.1914	0.2190
	1989	0.1985	0.1992	0.2256

注）(1)各年次の年齢階層別の対数消費の平均と分散は、表3－4と同様の統計量を用いている。
　　(2)年齢階層別の人口構成比は、『全国消費実態調査』の勤労者世帯・年齢階級別データから作成している。1969年の『調査』には、年齢階層別データが掲載されていない。
　　(3)表3－4と表3－5では異なった人口構成比を用いているので、算出されている経済全体の不平等度に差異が生じている。

い換えると、人口的な要因よりも、世代効果が経済全体の不平等度を押し下げてきたといえよう。

　以上の分析から明らかなように、1980年代に入って人口的な要因も、世代効果も、それ以前とはまったく異なった影響を経済全体の不平等度に与えている。人口の高齢化が不平等度を高めているし、60年代、70年代には不平等度を引き下げてきた世代効果が逆方向の影響を不平等度にもたらしている。次節では、80年代に経済全体の不平等度が高まってきたことを、どのように規範的に解釈すべきなのかを議論していこう。

6　結果の解釈

　本章で得られた実証結果は、次の二つにまとめることができよう。第一に、消費の不平等度が40歳以降急速に高まることである。このファインディングは、急激な人口高齢化とともに、消費生活における不平等度が経済全体として高まることを意味している。

第二に、経済厚生のばらつきの指標として望ましい特性を備えている消費の不平等度については、有意な世代効果が認められることである。より新しい世代ほど、ライフサイクルの当初より不平等度が高くなる傾向がある。
　この世代効果は、消費の不平等度が世代間で引き継がれている可能性を示唆している。消費不平等度が高くなる高齢者層の人口構成比が上昇してきたことと、不平等度が世代間で引き継がれる傾向が強くなってきたことが相まって、1980年代には経済全体の消費不平等度が急激に高まってきている。
　では、80年以降の経済全体の不平等度の上昇をどのように規範的に解釈し、そこからいかなる政策的なインプリケーションを引き出すべきだろうか。不平等度の高まりは、新たな税制や社会保障制度の導入による所得再分配の強化を正当化するのであろうか。こうした設問に対する解答を探ってみよう。
　まず、人口高齢化による不平等度の高まりについて考察していく。周知のように人口高齢化は、二つの要因によってもたらされている。一つは寿命の長期化（長寿化）であり、いま一つは出生率の低下（少子化）である。政策的なインプリケーションは、不平等度がいずれの要因によって高まったのかに依存しよう。
　少子化による人口の高齢化は、経済全体の不平等度を高めはするが、個々人が直面する不確実性や生涯効用に直接の影響を与えない。この場合、経済全体の不平等度の上昇が個々人の生涯効用の低下を意味するわけではないので、経済全体の不平等度の上昇をもって再分配制度の強化を正当化することはできないであろう。ただし、家族サイズの縮小が家族構成員間のリスク・シェアリング機能を低下させる場合、新たな社会保障制度によって家族内の暗黙的な保険を補完する必要が生まれるかもしれない。
　一方、長寿化は、個々人が生涯を通じて直面する不確実性の度合いが高まることを意味する。特に、高齢になるにつれて、健康状態に関する不確実性はいっそう高まってこよう。経済全体の不平等度の上昇が長寿化を反映しているとすれば、高齢であればあるほど追加的に引き受けなければならないリスクを、新たな保険制度によって軽減する必要が生まれてくる。
　ただし、第4節でみてきたようにアメリカ、イギリス、台湾と比較した場合、50歳代後半以降日本の消費不平等度があまり上昇しておらず、個人に固

有なリスクが高齢になってますます蓄積されるということはない。国際比較の対象とした三つの国々と比べれば、長寿化による追加的な政策措置の必要性は低いのかもしれない。

ここで、介護保険制度を例にとって考えよう。ここで議論したように、次の二つの理由から、保険制度の充実が必要とされる。第一に、長寿化により生涯を通じて直面する不確実性の度合い（特に健康状態）が高まることである。第二に、少子化により家族規模が小さくなり、家族内での暗黙的なリスク・シェアリングの機能が低下することである。介護保険は、これら二つの要請に答えるべきものであろう。

上の二つの理由のうち前者は、世代内のリスク・プーリング（保険による所得移転）の必要性を示唆しているのであって、介護保険による世代間所得移転を正当化するものではない。長寿化した世代は、増加した不確実性に応じた額の保険料を支払うことで自らの固有ショックに対応すべきであろう。また、後者の理由をもってしても、世代間所得移転を伴う公的な保険制度によって家族内でのリスク・シェアリング機能の低下を補うべきであるという結論を導き出すことはできない。介護保険においては、公的年金制度の導入の際に生じたような負担の世代間格差が発生しないように慎重に制度設計をする必要があろう。

では、経済全体の不平等度が世代効果を反映しているという点は、どのような政策的なインプリケーションを持っているのであろうか。第3節や第5節で推察したように、前世代の不平等が後世代に引き継がれ、より新しい世代の世代内の不平等度が高まる傾向が近年顕著になっている。そのことを考慮すれば、資産所得税や相続税を強化しなければならないかもしれない。こうした政策の実行は、「生まれながらの不平等を拡大させない」ことに対して国民の合意が形成されるのか否かにかかってこよう。

最後に、消費不平等度によって経済厚生のばらつきを計測することの重要性を指摘しておきたい。第3節でみてきたように、世代効果は、現在所得の不平等度には現れず、消費不平等度の計測によってはじめて検出されている。ある所得再分配政策の効果を計量する場合、所得分布のレベルで確認するのではなく、消費分布のレベルで検証されるべきであろう。消費不平等度は、

現在所得の分布には現れない資産の不平等を反映し、より正確な経済厚生のばらつきの尺度となる。そのためにも、年齢・消費階級別データの整備が望まれる。

補論　推定モデルの導出

本節では、Deaton and Paxson (1994a) が用いた消費不平等度の尺度、すなわち対数消費の分散が、不完備市場を想定した理論モデルに厳密に対応していることをみていこう。Deaton and Paxson では、Hall (1978) が定式化した恒常所得仮説に依拠しながら、世代内の消費の不平等度を年齢効果と世代効果に分解する枠組みを導出している。

本節で筆者は、彼らの仮定に比べてはるかに緩い仮定から、同様の理論的なインプリケーションを導き出すことを試みている[9]。以下の展開では、一定の安全利子率、時間選好率と安全利子率の一致、二次効用関数といった仮定をいっさい必要としていない。

以下では、j 年に誕生した消費者 i が、次の累級効用関数（相対的危険回避度一定型効用関数）に従って異時点間で効率的な資源配分を行っていると仮定する。

$$U = E_j \left[\sum_{t=j}^{T+j-1} \exp(-\rho(t-j)) \frac{c_i(t)^{1-\gamma}}{1-\gamma} \right] \quad (A1)$$

ここで、E_j は j 期の情報で評価した条件付き期待値オペレーター、$c_i(t)$ は t 期の個人 i の消費、ρ は時間選好率、γ は相対的危険回避度、T は生存期間（$T=\infty$ のケースも含む）をそれぞれ意味する。

仮に、j 年に誕生し、現在 k 歳である個人 i が効率的に消費配分を行っていれば、二時点間の消費成長率について次のようなオイラー方程式を導出することができる。

$$\exp(r(t)-\rho) E_t \left[\frac{c_i(t+1)}{c_i(t)} \right]^{-\gamma} = 1 \quad (A2)$$

---

9) Deaton and Paxson (1994a) の pp.460-461では、いくつかの仮定が緩められることを示唆しているが、明示的にモデルを提示してはいない。

ここで、$t = j + k$ が成立し、$r(t)$ は t 期の安全利子率を意味する。

(A2)式が成立するためには、保険市場が完全である必要はない。消費者が安全資産市場にアクセスでき、自己保険（self-insurance、貯蓄を取り崩すことで所得の減少を補填すること）ができる限り、上のオイラー方程式は成り立つ。また、$t+1$ 期まで生存する限り、計画期間が無限か有限かに関わりなく (A2) 式は成り立っている。

ここで、

$$\varepsilon_a(t+1) \sim N(0, \sigma_a(t)^2)$$

と

$$\varepsilon_i(t+1) \sim N(0, \sigma_h(t)^2)$$

を仮定しながら、(A2)式の左辺の期待値オペレーターをはずすと、次のような式が導出される。

$$\exp(r(t) - \rho)\left[\frac{c_i(t+1)}{c_i(t)}\right]^{-\gamma}$$
$$= \exp(-\varepsilon_a(t+1) - \varepsilon_i(t+1))\exp\left(-\frac{\sigma_a(t)^2 + \sigma_h(t)^2}{2}\right) \quad \text{(A3)}$$

(A3)式の右辺の条件付き期待値は 1 に等しく、(2)式のオイラー方程式が成立することを容易に示すことができる。

(A3)式の右辺の $\varepsilon_a(t+1)$ は、すべての個人に共通した予期されなかったショックである。一方、$\varepsilon_i(t+1)$ は、個人に特有の予期されなかったショックを意味している。どの個人 i の $\varepsilon_i(t+1)$ も、独立して同じ正規分布に従っており、$\varepsilon_a(t+1)$ とは相関がないと仮定する。もし、保険市場によって固有ショックが完全にプールされていれば、(A3)式の右辺に $\varepsilon_i(t+1)$ は現れない。

(A3)式の両辺の対数をとると、

$$\ln c_i(t+1) - \ln c_i(t) = \frac{1}{\gamma}(r(t) - \rho) + \frac{1}{2\gamma}(\sigma_a(t)^2 + \sigma_h(t)^2)$$
$$+ \frac{1}{\gamma}\varepsilon_a(t+1) + \frac{1}{\gamma}\varepsilon_i(t+1) \quad \text{(A4)}$$

が導かれる。(A4)式の右辺のうち最終項を除けば、同じ世代内のどの個人にも共通している要因（マクロ的な要因）である。

(A4)式から、t期または$(j+k)$期まで生存した個人の対数消費を

$$\ln c_i(t) = \ln c_i(j) + \sum_{\tau=j}^{t} \left[\frac{1}{\gamma}(r(\tau)-\rho) + \frac{1}{2\gamma}(\sigma_a(\tau)^2 + \sigma_h(\tau)^2) \right.$$
$$\left. + \frac{1}{\gamma}\varepsilon_a(\tau+1) + \frac{1}{\gamma}\varepsilon_i(\tau+1) \right] \quad (A5)$$

と表すことができる。

ここでj年に生まれた世代の人口をIとする。Iが十分大きければ$\frac{1}{I}\sum_{i=1}^{I}\varepsilon_i(t+1)$がゼロに近づくこと（大数の法則）を利用すると、世代内の対数消費の分散は次のように表せる。

$$\text{Var} \ln c_i(j+k) = \text{Var} \ln c_i(j) + \frac{1}{\gamma^2}\sum_{l=1}^{k}\sigma_h(j+l)^2 \quad (A6)$$

(A6)式の右辺の第1項は、世代効果（cohort effect）に対応している。すなわち、ライフサイクルの当初より世代内に存在している不平等度を表している。一方、第2項は年齢効果（age effect）を意味している。この年齢効果は、保険市場でプールされていない固有なショック（idiosyncratic shocks）が年々積み重ねられることで世代内の不平等度が高まることを表している。

仮に、あらゆる個人に特有なショックについて、生まれたときに各個人が保険契約を結ぶことができれば（完備市場であれば）、個人に特有な要因によって生じる生涯所得の変動は完全に除去される。その結果、年齢効果も消えてしまう。(A6)式の特定化は、Deaton and Paxson (1994a) が消費の不平等度の尺度として用いた対数消費の分散に正確に対応していることに留意されたい[10]。

---

10) Hall (1978) が定式化した恒常所得仮説を用いると、対数消費の分散ではなく消費水準の分散に関する関係が導かれる。

第4章　所得不平等化と再分配効果

　1980年代の経済全体の所得不平等度は、人口高齢化という経済システムにとっては不可避な要因で高まってきたとともに、年齢階層内で所得のばらつきが広がってきたことも大きく影響している。それに対応して、再分配政策は年齢階層内の所得不平等度を低めるという政策効果をもたらしてきた。80年代に再分配政策が経済全体の不平等度を低下させることができたのは、所得再分配政策が同一世代内の所得格差を縮小させたためではない。むしろ、若・中年階層の租税・社会保険料負担を高めることによって世代間の所得格差が縮小したのが原因である。

1　所得の不平等化を引き起こす要因

　1980年代以降、日本で所得の不平等化が進行していることは、多くの研究で指摘されてきた（本書第1章参照）。しかし、不平等化の進行とそれに関する政策的なインプリケーションの関係は、所得の不平等化がどのような要因によって引き起こされているのかに依存する。不平等化の傾向が、直ちに再分配政策の強化に結びつくとはいえない。

　事実、いくつかの実証研究（高山・有田（1996）、大竹（1994）、Ohtake and Saito（1998）、西崎・山田・安藤（1998）、本書第1章、第3章など）は、最近の不平等化が主に人口の高齢化によって引き起こされていることを指摘している。賃金にか関わる様々な不確実性がすでに確定してしまっている高齢者層のほうが、それらがまだ不確定である若年層より所得不平等度が高いのは自然である。人口高齢化の進行によってそうした階層の人口ウェートが上昇していけば、経済全体で所得が不平等化するのも当然の帰結である。すなわち、高齢化社会で不平等度がある程度高まるのは回避できないということもできる。

　しかし、1980年代に所得の不平等の拡大が問題となったアメリカとイギリスでは、人口の高齢化がその主要な要因であるとはされていない。たとえば、アメリカについてはLevy and Murnane（1992）、イギリスについてはJenkins（1995）が、同じ年齢グループ内の所得格差の拡大がそれぞれの国の不平等化の原因であるとしている。一方、Deaton and Paxson（1995）は、台湾における不平等度の高まりは、人口高齢化によってもたらされていると結論づけている。

　ここで注意すべき点は、不平等化の要因のうち、政策的に重要なインプリケーションを持つものは、人口構成比率の変化という外生的な要因に起因するものではないということである。人口構成比率の変化による不平等度の上昇は、各個人の生涯所得でみた厚生水準がなんら変化していないにもかかわらず生じる可能性が高い[1]。年齢階層別の視点からみれば、年齢階層間で不平等度が高まったり、ある年齢階層内で不平等度が高まっているという事実

発見のほうが、政策に対して注意深い配慮が要請されよう。

　本章は、このような問題意識に基づきながら所得分配の不平等化の要因を容易に分解できる分析フレームワークを用いることで、不平等化という現象がどの程度不可避的なものなのか、どの程度政策的な配慮が必要な要因によってもたらされているのかを分析していく。すなわち、年齢階層別の要因分解の視点を導入することによって、経済全体の不平等度を人口構成比率という外生的な要因とともに、グループ間の不平等度（between-group inequality）とグループ内の不平等度（within-group inequality）という二つの要因に分解していく。

　こうした要因分解は既存の実証研究でも注目されており、von Weizsäcker（1996）がヨーロッパ諸国について、Ohtake and Saito（1998）が日本について分析を試みている。また、シミュレーションに基づいた研究でも、照山・伊藤（1994）が外生的な要因による「見せかけ」の不平等度の変化と、内生的な要因による変化を注意深く峻別すべきことを示している。

2　データと分析的フレームワーク

『所得再分配調査』について

　本章では、厚生労働省が1981年と1993年に実施した『所得再分配調査』の個票データを用いて、1980年代から1990年代初頭にかけて所得不平等が上昇してきた背景を分析していく[2]。『所得再分配調査』は、3年に一度『国民生活基礎調査』の付帯調査として厚生労働省によって調査され、調査年における所得、課税、社会保障の状況について詳細な情報を得ることができる[3]。それぞれの調査は、調査前年の1年間の所得を調べているので、1981年調査

1）生涯所得の不平等度と各年齢別不平等度の関連を厳密に議論するには、各個人の所得階層移動に関する情報が必要である。この問題は、将来所得の代理変数と考えられる消費の不平等度で議論することによって回避できる（本書第3章およびOhtake and Saito（1998）を参照）。

2）1981年と1993年の『所得再分配調査』を用いたのは、本研究を行った時点で利用可能であった最新時点の調査である1993年調査と1980年代初頭の調査との比較を行うことで長期的な変化を分析することができると考えたためである。

3）『国民生活基礎調査』の調査世帯のうち、1981年調査では約7000世帯、1993年調査では約9000世帯を調査対象としている。

は80年の所得を、1993年調査は92年の所得をそれぞれ調べていることになる。

　ここでは、『所得再分配調査』もしくは『国民生活基礎調査』を用いた不平等度の実証分析に関する従来の研究を参照して『所得再分配調査』の特色を明らかにしていこう。

　まず、Hayashi, Ando and Ferris（1988）によれば、『全国消費実態調査』と比較して『国民生活基礎調査』では、高所得層や低所得層が多めにサンプリングされているためにサンプリング・バイアスが小さい（ただし双方の調査では平均所得は大きく変わらない）。『国民生活基礎調査』および『所得再分配調査』で相対的にサンプリング・バイアスが小さいのは、ランダム・サンプリングで選ばれた調査単位区内の全世帯を調査対象としているからである[4]。

　本書第1章では、日本の複数の世帯調査から算出される所得不平等度の推移を比較することで、『所得再分配調査』の所得不平等度は、その水準が高いばかりでなく、1980年代における上昇率も際立っていることを示した。『所得再分配調査』の不平等度の水準が他の指標より高いことには次の三つの理由があると考えられる。

　第一に、『所得再分配調査』では単身世帯を含んだ不平等度（たとえばジニ係数）を計算しているのに対して、他の世帯所得調査では「2人以上の普通世帯」について不平等度を算出している。特に、『家計調査』によって可処分所得の不平等度を算出する場合には、勤労者世帯の普通世帯（2人以上世帯）が用いられていることに注意が必要である。

　第二に、前述したように『全国消費実態調査』に比べて『国民生活基礎調査』や『所得再分配調査』では、低所得者と高所得者がより正確にサンプリングされていることから、それらの調査の所得不平等度が『全国消費実態調査』のそれよりも大きくなる（Hayashi, Ando and Ferris（1988））。この意味では、サンプリング・エラーの小さい『所得再分配調査』の不平等度のほうが真の値に近いといえる。

　第三に、『所得再分配調査』における「当初所得」や「再分配所得」が、

4）『全国消費実態調査』では、選ばれた調査単位区からさらに調査世帯をサンプリングしている。

『家計調査』や『全国消費実態調査』における「年間所得」、「課税前所得」、「可処分所得」と異なった定義を用いていることも、調査ごとに不平等度が異なるという結果をもたらしている[5]。『所得再分配調査』では、「当初所得」と「再分配所得」は以下のように定義されている。

当初所得＝勤労所得＋雇用者所得＋事業所得＋農耕・畜産所得＋家内労働所得＋家賃・地代の所得＋利子・配当金＋仕送り＋企業年金＋退職一時金＋生命保険金＋損害保険金＋個人年金＋雑収入

再分配所得＝当初所得＋社会保険受取り（公的年金・生活保護等＋医療の現物給付）－税金－社会保険料

ここで示した所得の定義から明らかなように、『所得再分配調査』による「当初所得」の定義は、典型的な世帯調査である『家計調査』や『全国消費実態調査』の「課税前年間所得」の定義と大きく異なっている。たとえば、『家計調査』や『全国消費実態調査』では「課税前所得」に退職金、生命保険金、損害保険金が含められていないのに対して、『所得再分配調査』の「当初所得」にはそれらの項目は含められている。「公的年金」の受け取りについては、『家計調査』や『全国消費実態調査』では「課税前所得」に含まれているのに対して、『所得再分配調査』においては「当初所得」ではなく「再分配所得」に含まれている。また『所得再分配調査』では、医療保険による医療の現物給付（推定値）が「再分配所得」に明示的に含まれていることも大きな特徴である。

そこで本章では、『所得再分配調査』の所得概念を『家計調査』の所得概念にできるだけ近づけるために、以下のような手続きによって「修正当初所得」と「修正再分配所得」を算出した。次節の実証分析では、『所得再分配調査』の定義に基づく「当初所得」と「再分配所得」とともに、こうして算出した「修正当初所得」と「修正再分配所得」もあわせて用いていく。

---

[5] たとえば、橘木・八木（1994）で日本の所得不平等度が国際比較からも高い水準を示しているひとつの理由として、『所得再分配調査』の所得概念に依拠していることが挙げられる。

修正当初所得＝勤労所得＋事業所得＋財産所得＋公的年金＋仕送り金収入－仕送り金支出＋企業年金＋0.055×（退職金＋生命保険金）

修正再分配所得＝修正当初所得＋社会保険受取り（公的年金・医療の現物給付を除く）－税金－社会保険料

　さきに述べたように、以上の修正指標作成は『家計調査』や『全国消費実際調査』の所得概念との対応を容易にすることが主たる目的である[6]。たとえば、修正した「当初所得」では『家計調査』の「課税前年間所得」の概念に対応させるために、公的年金は当初所得に含めている[7]。また、「修正当初所得」には、退職金と生命保険は年金受取り分をそのまま加えることをせずに、年受取額に換算して加算している[8]。医療現物給付は「修正当初所得」にも「修正再分配所得」にも含めていない[9]。

　異なる所得概念によって不平等度の絶対的な水準にどのような違いが生じるのかを比較分析することが本章の主たる目的ではない。次節で明らかなように、本研究は、あらかじめ決めた所得概念について、不平等度の相対的な変化（時系列変化や再分配による変化）をもたらしている要因を特定するこ

---

[6] 『家計調査』や『全国消費実態調査』の所得概念が経済学上の恒常所得概念に正確には対応していないように、ここで用いている修正概念も同様の欠点を含んでいる。本論文が用いている修正概念では、退職金や生命保険に関して年率受取額に換算してはいるものの、所得水準は退職金や生命保険の受け取りタイミングに、依然左右される。
　また、企業年金の制度設計（特に、受取期間の長さ）にも所得額は影響を受けよう。公的年金受取りについても、その世代間の再分配機能や保険機能（たとえば障害者基礎年金に相当する部分）は、通常の個人年金受取りと異なった扱いが必要とされる。より一般的には、Ohtake and Saito (1998) が強調しているように、所得概念をいくら精緻にしても恒常所得概念に近づくことは難しく、恒常所得を整合的に捕捉し再分配効果を正確に特定するためには、消費（世帯支出のデータ）の情報を活用する必要がある。

[7] 脚注6）でも触れたように、より厳密には公的年金には再分配効果も含まれているが、その効果を特定することが難しいので、公的所得についてはすべてを当初所得に含めている。

[8] ここでは、退職金と生命保険は、本人および家族が個人年金方式で長期にわたって受け取るものと仮定している。annuity rate は当時用いられていた公的年金の運用レートにほぼ等しいと仮定している。また、過去に退職金や生命保険を受け取ったものについては、それらの資産からの所得が利子・配当等の資産所得に反映されていると仮定している。

とである。したがって、ここで「当初所得」や「再分配所得」とともに「修正当初所得」や「修正再分配所得」を用いるのは、時系列や再分配政策による相対的な変化に関して要因分解を行った実証結果の頑強性をチェックするためである。

分析的フレームワークについて

本章では、前節で議論した所得の不平等度を対数分散によって計測していく。対数分散に基づいた不平等度の計測は、次のような好ましい特性を備えているからである。

1. 恒常所得について永久的なショックに個々人が直面しており、相対的危険回避度一定型効用関数のもとでは、所得についても、消費についても対数分散による不平等度の尺度が理論的に整合的である（Ohtake and Saito (1998))。
2. 所得分配の文献で広く利用されるジニ係数による序列と似た不平等度の序列を示す（Deaton and Paxson (1994a))。

厚生労働省所得概念と修正所得概念について1歳刻みの世帯主年齢階層別データから以下のような統計量を求めて要因分析を行っていく。

1. 年齢階層別人口比率： $s_t = \{s_{t,j}\}_{j=25}^{75}$

2. 年齢階層内対数所得分散： $\sigma_i = \{\sigma_{t,j}\}_{j=25}^{75}$

---

9) 医療保険による医療の現物給付を所得項目として取り扱っていくことにはいくつかの問題点があろう。第一に、医療の現物給付を受けて「再分配所得」が増えたとしても、その家計の経済厚生が改善したとは判断し難い。というのも、そもそも医療保険は所得ではなく医療支出への補填であり、医療現物給付によって「再分配所得」が増加しても、非医療支出が上昇するとはいえないからである。第二に、医療保険制度は再分配効果と保険効果の両面を備えており、前者の効果だけを純粋に抽出することが困難である。第三に、医療保険料はあらかじめ支出が発生する事前の概念であるのに対して、医療現物給付は疾病に伴って収入が発生する事後的概念であるので、「再分配所得」として両者を含めていくことは必ずしも理論的に整合的とはいえない。

3．年齢階層内対数所得平均： $Y_t = \{Y_{tj}\}_{j=25}^{75}$

ここで t は年次を、j は世帯主年齢をそれぞれ示している。後に述べるように、年齢階層は25歳から75歳までとしている。

Ohtake and Saito (1998) が示したように、上の統計量を用いて t 年次におけるサンプル全体の所得不平等度を対数分散 Var ln y_{it} で計測すると、以下のように、経済全体の不平等度を分解することができる。ただし、y_{it} は t 年における第 i 世帯の所得を示している。

$$\text{Var ln } y_{it} = V(s_t, \sigma_t, Y_t) = \sum_{j=25}^{75} s_{tj} \sigma_{tj}^2 + \sigma_{bt}^2 \qquad (1)$$

ただし、

$$\sigma_{bt}^2 = \sum_{j=25}^{75} s_{tj} Y_{tj}^2 - \left(\sum_{j=25}^{75} s_{tj} Y_{tj} \right)^2$$

(1)式は、サンプル全体の不平等度を右辺第1項と右辺第2項に分解できることを示している。より具体的には、前者は年齢階層内の不平等度が高まって全体の不平等度が上昇する効果を指している。一方、後者は年齢階層間の格差が拡がって全体の不平等度が高まってしまう効果を意味している。

(1)式で示した対数分散の分解を活用して1980年と92年の間について、年齢別人口効果、年齢階層内効果、年齢階層間効果の三つの要因を次のように特定していこう。

$$\text{年齢別人口効果} = V(s_{1992}, \sigma_{1980}, Y_{1980}) - V(s_{1980}, \sigma_{1980}, Y_{1980}) \qquad (2)$$

$$\text{年齢階層内効果} = V(s_{1980}, \sigma_{1992}, Y_{1980}) - V(s_{1980}, \sigma_{1980}, Y_{1980}) \qquad (3)$$

$$\text{年齢階層間効果} = V(s_{1980}, \sigma_{1980}, Y_{1992}) - V(s_{1980}, \sigma_{1980}, Y_{1980}) \qquad (4)$$

また、『所得再分配調査』が再分配前後の所得を計測していることから、1980年と92年のそれぞれの時点について、以下のように再分配の効果を年齢階層内効果と年齢階層間効果に分解する。

第4章 所得不平等化と再分配効果　97

$$\text{年齢階層内効果} = V(s_{\text{再分配前}}, \sigma_{\text{再分配後}}, Y_{\text{再分配前}})$$
$$- V(s_{\text{再分配前}}, \sigma_{\text{再分配前}}, Y_{\text{再分配前}}) \quad (5)$$

$$\text{年齢階層間効果} = V(s_{\text{再分配前}}, \sigma_{\text{再分配前}}, Y_{\text{再分配後}})$$
$$- V(s_{\text{再分配前}}, \sigma_{\text{再分配前}}, Y_{\text{再分配前}}) \quad (6)$$

3　分析結果

　本節では、前節で展開したフレームワークに基づいた分析結果を示す。ここでは、対数分散を不平等度尺度として用いるので、対数が定義できないゼロ以下の所得のサンプルは除外されている。1980年と92年のいずれにおいても、ゼロまたはマイナスの所得となる世帯数は全サンプルの約0.6〜0.7％であった[10]。また、世帯主の年齢階層に従って1歳刻みの年齢階層別データを作成している。年齢階層内のデータ数が極端に少なくなる25歳未満の階層と75歳を超える階層はサンプルから除外しているので、それぞれの年齢階層には少なくとも40世帯のデータが含まれている[11]。以上の基準でサンプルを選択した結果、分析に用いたサンプル数は、1980年で6789世帯、1992年で7938世帯である。

　対象とした所得については、世帯当たりの所得を用いている。世帯データ

---

10) なお、対数を用いた不平等度の計測においてゼロ以下の数値を平均所得の1％の値に置き換えるという、代替的な方法もある（西崎・山田・安藤、1998、p.54）。
11) 年齢階層別のサンプル数の分布については以下のとおりである。

年齢階層	1980年	1992年
25歳以上29歳以下	372	384
30歳以上34歳以下	907	557
35歳以上39歳以下	846	677
40歳以上44歳以下	874	965
45歳以上49歳以下	972	1030
50歳以上54歳以下	876	962
55歳以上59歳以下	760	1015
60歳以上64歳以下	503	978
65歳以上69歳以下	369	774
70歳以上75歳以下	310	596
全サンプル	6789	7938

表 4 — 1　対数分散で計測した全体の不平等度

	1981年	1993年	変化分
厚生労働省当初所得	0.5439	0.7275	0.1837
厚生労働省再分配所得	0.3794	0.6056	0.2263
修正当初所得	0.4227	0.6045	0.1819
修正再分配所得	0.3559	0.5488	0.1930

注)『所得再分配調査』(厚生労働省)より筆者が特別集計(大竹・齊藤 (1999))。

を取り扱う場合、世帯サイズの影響をコントロールする必要がある。たとえば、従来の実証研究では、世帯人員当たりの所得や、Ruggles (1990) が提唱したように家計の「規模の経済」を考慮して世帯人員数の平方根当たりの所得を用いたりしている。

本研究でも、これら二つの基準で世帯サイズをコントロールした所得を用いて計算を行ったが、世帯当たりの所得データと大きく異なる結果は得られなかった。したがって、以下では世帯当たりの所得データに基づいた計測結果だけを報告していく。

表 4 — 1 は、1980年と1992年の厚生労働省概念と修正概念についてサンプル全体の所得の不平等度を対数分散で計測したものである。いずれの概念についても、1980年から1992年にかけて不平等度が著しく高まっていることを表している[12]。また、図 4 — 1 から図 4 — 4 は、それぞれの概念について、年齢階層別の所得の対数分散をプロットしたものである。いずれのプロットも、年齢とともに不平等度が顕著に上昇していくことを示している。

1980年代の不平等化の20％～40％は人口高齢化効果

表 4 — 2 は、1980年代に不平等度が高まったことの要因を前節のフレームワークに従って、年齢別人口効果、年齢階層内効果、年齢階層間効果に分解した結果を報告している。表には各々の要因の貢献度を計算しているが、貢

---

[12] 松浦・滋野 (1996) p.163では、『家計調査』の個票データから勤労者世帯について推定した租税関数を一般世帯にあてはめて一般世帯の可処分所得を推定している。彼らの推定によれば、1989年における全世帯の可処分所得の対数分散は0.236であり、筆者らの結果よりも小さい。本章第2節でも指摘したように、両研究の差は『家計調査』のサンプルが「2人以上の普通世帯」に限られていることからもたらされている可能性が高い。

第4章 所得不平等化と再分配効果　99

図4−1　年齢階層別対数分散・厚生省当初所得

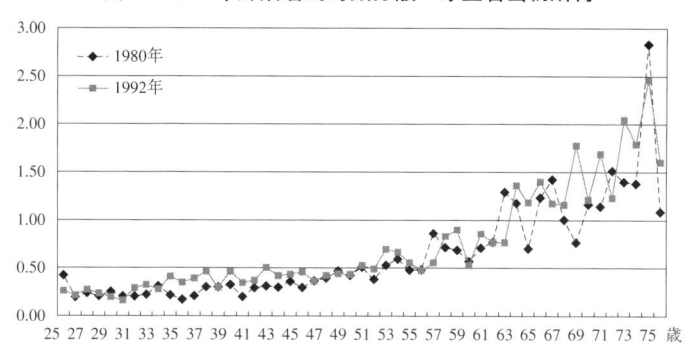

注）『所得再分配調査』（厚生労働省）より筆者が特別集計（大竹・齊藤（1999））

図4−2　年齢階層別対数分散・厚生省再分配所得

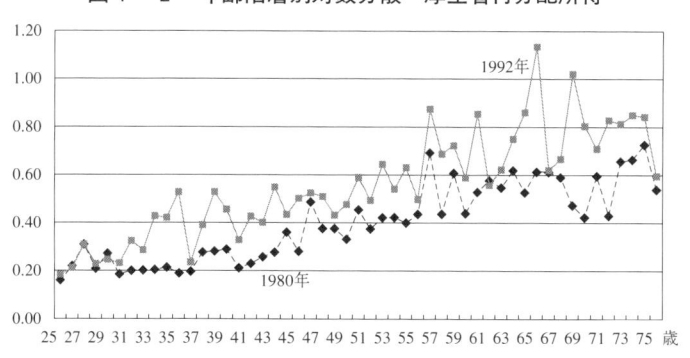

注）『所得再分配調査』（厚生労働省）より筆者が特別集計（大竹・齊藤（1999））

献度の合計が100％にならないのは、年齢別人口効果と他の二つの要因とのクロス効果が捨象されていることと、対数不平等度の尺度が年齢階層別対数平均について非線形になっていることを反映している。

　厚生労働省概念によれば、当初所得について年齢別人口効果の貢献度は4割弱で、年齢階層内効果の貢献度は4割強である。年齢階層間効果は1割強である。修正概念の当初所得では、年齢階層内効果がいっそう強まる。また、再分配所得については、年齢階層内効果が顕著になり、年齢別人口効果や年齢階層間効果が弱まっている。

図4―3　年齢階層別対数分散・修正当初所得

注）『所得再分配調査』（厚生労働省）より筆者が特別集計（大竹・齊藤（1999））

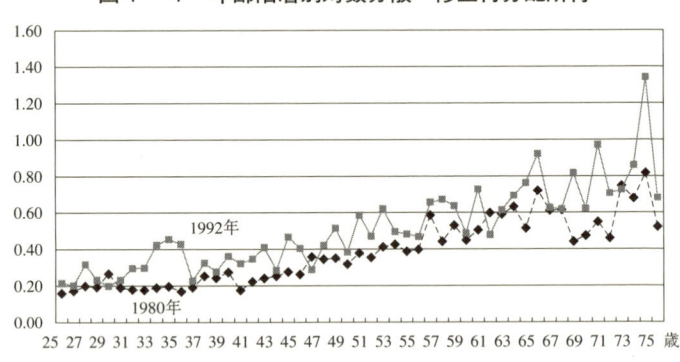

図4―4　年齢階層別対数分散・修正再分配所得

注）『所得再分配調査』（厚生労働省）より筆者が特別集計（大竹・齊藤（1999））

　年齢別人口効果がサンプル全体の不平等度を高めてきたのは、この間に人口の高齢化が進行し、不平等度の高い中・高齢者階層のシェアが上昇してきたことが影響している。一方、年齢階層内効果による不平等度の高まりは年齢階層内の不平等度が高まったことを反映しているのであるが、図4―3で明らかなように、特に若年層や中年層で階層内不平等が上昇している。
　以上の結果をOhtake and Saito（1998）が『全国消費実態調査』の1979年調査と89年調査の年齢階層別データで行った研究と比較してみよう。彼らの研究では理論モデルとの整合性から、所得ではなく消費について不平等度

表4－2 所得不平等度への年齢別人口効果、年齢階層内効果および年齢階層間効果（1981年と93年の比較）

	全体の不平等度の変化	年齢別人口効果	年齢階層内効果	年齢階層間効果
厚生労働省 当初所得貢献度	0.1837	0.0729 39.7%	0.0809 44.0%	0.0244 13.3%
厚生労働省 再分配所得貢献度	0.2263	0.0431 19.0%	0.1572 69.5%	0.0147 6.5%
修正当初所得 貢献度	0.1819	0.0598 32.9%	0.0884 48.6%	0.0257 14.1%
修正再分配所得 貢献度	0.1930	0.0460 23.9%	0.1184 61.4%	0.0212 11.0%

注）『所得再分配調査』（厚生労働省）より筆者が特別集計（大竹・齊藤（1999））

の分解を行っているが、年齢別人口効果の貢献度が5割と高い。ここでの所得不平等度に関する分析結果が人口高齢化の影響を低めに計測していることについては、以下のような理由が考えられる。

1. 各期の消費のばらつきは恒常所得の不平等度を表し、その期の所得の不平等度と直接関連する理由はない。所得の不平等度の実証結果と消費の不平等度の結果が異なるのは、むしろ自然な事実発見といえる。
2. Ohtake and Saito（1998）が報告している消費不平等度の年齢プロファイルは、40歳代で急激に不平等度が高まることを示しているが、彼らの研究の所得不平等度の年齢プロファイルも、ここでの所得不平等度のそれも、年齢とともになだらかに上昇している。この両者の違いを反映して、1980年代を通して50歳代、60歳代の人口構成比が高まったことの影響が、消費不平等度のほうにいっそう顕著に表れたといえる。
3. 技術的な問題であるが、Ohtake and Saito（1998）では、年齢階層内の不平等度を年齢効果と世代効果に分解した上で、世代効果をコントロールした年齢別人口効果および年齢階層内効果の影響を計測している。ここでは、年齢効果と世代効果の分解を行っていないので、年齢階層内効果について世代効果を正しくコントロールしていない。

図4―5　年齢階層別対数分散・厚生省所得再分配前後（1980年）

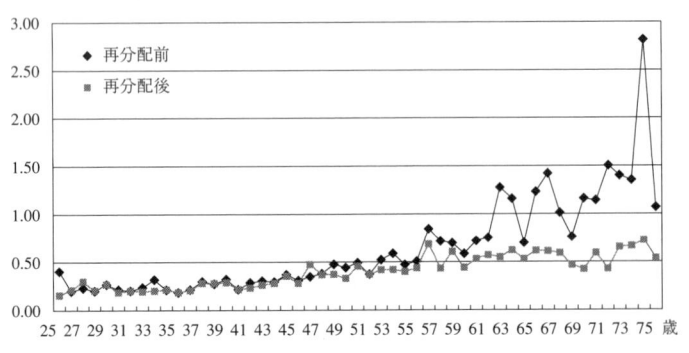

注）『所得再分配調査』（厚生労働省）より筆者が特別集計（大竹・齊藤（1999））

図4―6　年齢階層別対数分散・厚生省所得再分配前後（1992年）

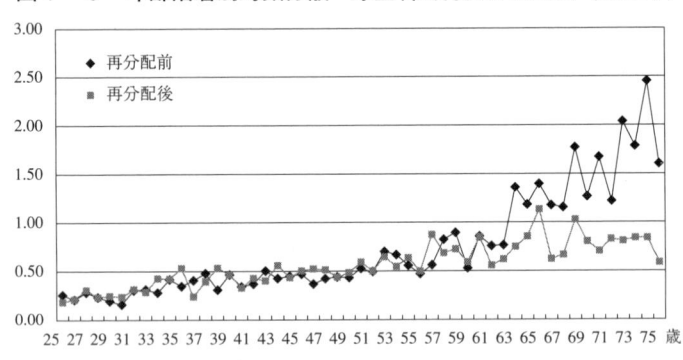

注）『所得再分配調査』（厚生労働省）より筆者が特別集計（大竹・齊藤（1999））

再分配効果は年齢内ではなく年齢間の重要性が増した

　次に、再分配の効果を年齢階層内効果と年齢階層間効果に分解していこう。
　図4―5と図4―6は、それぞれの所得概念について各年次ごとに年齢別の不平等度が所得再分配によってどのように低下したのかをプロットしている。また、図4―7と図4―8は、所得再分配前後で年齢階層間の平均所得格差がどのように変化しているのかを表している。
　表4―3は再分配効果を分解した結果を報告している。貢献度について総和が100％にならない理由は、前述と同様に対数不平等度の尺度が年齢階層

図4－7　厚生省所得概念による年齢階層別対数所得の平均

注）『所得再分配調査』（厚生労働省）より筆者が特別集計（大竹・齊藤（1999））

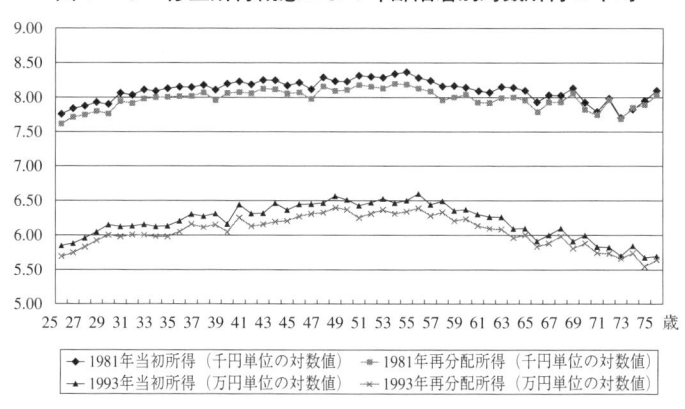

図4－8　修正所得概念による年齢階層別対数所得の平均

注）『所得再分配調査』（厚生労働省）より筆者が特別集計（大竹・齊藤（1999））

別対数平均について非線形になっているからである。

　表4－3の結果で特徴的なことは、所得再分配による不平等度の低下は、1980年ではほぼ年齢階層内効果によってもたらされていたが、1992年には年齢階層間効果による貢献度が高まってきたことである。厚生労働省概念ではその傾向がいっそう顕著で、年齢階層間効果の貢献度が1980年には14％だったものが、92年には35％にまで上昇している。

表4－3　所得再分配による不平等度の変化への年齢階層内効果と年齢階層間効果

	再分配による不平等度の変化	年齢階層内効果	年齢階層間効果
厚生労働省所得（1981年） 貢献度	△0.1645	△0.1425 86.6%	△0.0237 14.4%
厚生労働省所得（1993年） 貢献度	△0.1219	△0.0974 79.9%	△0.0427 35.0%
修正所得（1981年） 貢献度	△0.0668	△0.0630 94.3%	△0.0042 6.3%
修正所得（1993年） 貢献度	△0.0557	△0.0437 78.5%	△0.0119 21.4%

注）『所得再分配調査』（厚生労働省）より筆者が特別集計（大竹・齊藤（1999））

　図4－7は所得再分配前後で対数所得の平均が年齢階層別にどのように変化したのかをプロットしたものであるが、年齢階層間効果の貢献が高まった背景をビジュアルに示している。すなわち、1992年には若年、中年層において租税・社会保険料負担の度合いが高まり、若・中年階層の所得水準と高齢者階層の所得水準の格差が縮まったことが、年齢階層間効果の貢献度を高めたといえる。この分析結果は、表4－2の分析結果で1980年代を通じた不平等度の上昇に対する影響が、再分配所得の年齢階層間効果で引き下がっていることとも対応している。

　以上まとめると、最近の再分配政策の不平等度低減効果は、年齢階層内の不平等度を低めることとともに、若・中年階層の租税・社会保険料負担の上昇を通じて年齢階層間の格差を縮めるというかたちでももたらされているといえる。言い換えると、再分配政策が世代間の所得分配にいっそう関与してきている。

4　政策的なインプリケーション

　1980年代の経済全体の所得不平等度の高まりは、人口高齢化という（経済システムにとっては）不可避的な要因で高まってきたとともに、年齢階層内で所得のばらつきが拡がってきたことも大きく影響している。それに対応し

て、再分配政策は年齢階層内の所得不平等度を低めるという政策効果をもたらしてきた。

　しかしながら、最近では再分配政策が世代間の所得再分配にもいっそう関与しながら、世代間の所得格差を縮めること（若・中年階層の租税・社会保険料負担をいっそう高めること）を通じて経済全体の所得不平等度を低下させてきている。

　以上の結論は、再分配の前後について経済全体の不平等度で比較することが、必ずしも再分配政策の効果を正しく伝えていない可能性を示唆している。冒頭でも述べたように、経済全体の不平等度を高める要因のうち、人口高齢化の影響については不可避的なものだといえよう。したがって、人口高齢化によって経済全体の不平等度が高まったとして、即座に再分配政策の強化が要請されるわけではない。

　一方、年齢階層内の所得格差が拡がってきたことに対しては、再分配政策によって年齢階層内の不平等度を低めることを議論する余地があろう。特に、高年齢層になっても加齢とともに（たとえば60歳以降も）不平等度がさらに増加しているという事実は、いっそうの政策的な対応を要請しているといえる。

　しかしながら、その政策効果は、年齢階層内の不平等度が確かに低下したことによって確かめられるべきで、再分配によって経済全体の不平等度が低下したという事実だけでは政策効果は担保されない。たとえば、高年齢層の所得不平等度が低下しているのかどうかという点で、再分配政策の効果を評価すべきであろう。

　前節で議論してきたように、世代間の所得再分配によって、経済全体の不平等度の低下がもたらされる度合いが、1990年代に入って高まってきたという実証結果は、再分配政策の目標と効果について再検討が必要なことを示唆している。

5章　誰が所得再分配政策を支持するのか？

　税制や社会保障による所得再分配政策を強めることを支持するのは、どのような人々であろうか。低所得者が賛成し、高所得者が反対すると考えるのが自然であろう。しかし、現在は貧しいが将来所得が確実に高くなると予想している若者は、所得再分配政策の強化に賛成するだろうか。逆に、現在高所得であるが、強い失業不安を持っている中高年労働者は、再分配政策の強化を支持するかもしれない。本章では、こうした可能性をアンケート調査を用いて実証的に確かめている。再分配政策強化を支持するのは、性別では女性より男性、所得階層では低所得者である。リスク回避度が高い人ほど所得再分配の強化を支持している。失業経験、失業不安を持った者、消費水準の下落や所得下落予想を持っている者は、再分配政策を支持する傾向がある。

1 所得再分配に対する意識

　日本社会の経済格差に対して、人々はどのような認識と価値判断を持っているのだろうか。

　日本では所得格差に関する関心が高まっている[1]。実際、第1章で検討したように、不平等度の代表的指標であるジニ係数は、1980年代半ば以降上昇を続けている。この原因としては、人口高齢化、技術革新、失業率の上昇、世帯構造の変化などが考えられている[2]。また、この期間は日本において個人所得税のフラット化が進められるなど、税や社会保障を通じた再分配効果は弱められてきた（本書第4章）。

　所得分布をめぐって実証的、規範的な研究が数多く行われてきた。しかし、一般の人々が所得分布に対してどのような認識や価値判断を持っているか、また、なぜ特定の認識や評価を持っているのかは、ほとんど明らかにされていない[3]。また、これらの点は経済理論的に予想できる自明な事柄であるとはいえない。

　たとえば、所得再分配政策について、拠出よりも受給が大きい（正の純便益を得る）低所得者は再分配に賛成し、逆に高所得者は反対する、と考えるのは自然であろう。ところが、現実は必ずしもそうではない。117ページの図5－1は筆者たちが行った全国レベルでのアンケート調査の結果である。

　これをみると、確かに世帯収入の階層が高くなるに従って、再分配政策に賛成する人の割合が減っている。ところが、最高所得層の中にも再分配政策の強化を支持する人々が4割も存在する。また、低所得層であっても再分配強化を求めない人々がやはり4割前後にのぼる。これはなぜだろうか。

　利己的で合理的な低所得者も、所得変動や階層移動が存在する動学的な環

---

1) 橘木（1998）、石川（1999）、セン（1999）、盛山ほか（1999）、佐藤（2000）など、経済学および社会学の研究者による格差・階層に関する書籍が続けて出版され、注目を集めた。
2) 日本労働研究雑誌（No.480、2000）の所得格差特集を参照。
3) たとえば、格差の指標が急激に上昇したのは経済成長率が高かった1980年代の終わりであるにもかかわらず、所得格差に対する社会的関心が高まるのはかなり遅れ、低成長期で失業率が上昇した90年代の後半に入ってからである。この興味深い現象は、経済理論的には自明ではない。

境では再分配政策を支持するとは限らない。Benabou and Ok（2001）は、当該社会で所得階層間の移動性が高い場合には、低所得者も（将来高所得者になる可能性を考慮して）所得再分配政策を支持しない可能性があることを理論的に示した。彼らは、この仮説を Prospect of Upward Mobility (POUM) 仮説と呼んでいる。

逆に、高所得者が再分配政策を支持する可能性もある。現在、高収入を得ているとしても、将来の所得低下の可能性を予期していれば再分配政策を支持することは経済合理性に適っている。

本章は、独自に設計・実施した意識調査の個票データを用いて、再分配政策強化に対する支持・不支持を決定する個人属性を計量経済学的に明らかにする試みである。分析の結果、再分配政策強化への支持が強いのは、所得階層でみると、低所得者のほうであった。他方で、さきにみたとおり、現時点での所得水準が再分配支持と不支持のすべてを説明してはいないのは、動学的な要因、すなわち人々が将来の所得水準の変動を考慮に入れているためであることが明らかにされた。

また、リスク回避度や失業の経験・不安は、所得水準で制御してもなお有意な影響を持っている。リスク回避的な個人は、現在豊かな暮らしを送っていても、将来へのセーフティ・ネットとして再分配政策を支持するものと解釈できる。

所得再分配政策の選好を実証的に明らかにすることは、次のような政策的な意義がある。第一に、年齢や失業経験といった個人属性が再分配への選好に与える影響を明らかにすることで、人口高齢化や失業率の上昇により、再分配政策への支持がどのように変化するかが予測できる。第二に、所得階層間の流動性が高いことが再分配政策への支持を弱めるという POUM 仮説が成り立つならば、所得再分配政策と所得階層間の流動性の拡大政策は代替的政策として考えられる。第三に、所得を考慮しても、失業経験が再分配政策に対する支持を高めるのであれば、失業に対して金銭的な補償をするよりも、失業を低下させる政策のほうが効率性が高いことを示している。

所得分布をめぐる人々の意識についての経済学者による実証研究はまだ少ない。実際、経済学者が意識調査を用いて研究を行うようになったのは最近

のことである[4]。所得分布と経済政策についての人々の選好の関係を探る研究はその一つの流れである（Alesina, Di Tella, and MacCulloch（2001）；大竹・富岡（2002））[5]。

本研究では既存の意識調査を利用するのではなく、独自にアンケートを設計・実施したため、先行研究には不可能であった分析が可能となった。まず再分配について詳細に様々な角度から質問している。個人属性に関する設問も多い。たとえば、リスク回避度の直接的指標を複数作成することができた。また、階層移動の主観的評価（親の学歴・所属階層との比較）も知ることができる。データと変数については後に詳述する。

本章は、次のように構成されている。第2節で、所得再分配政策に関する支持・不支持の決定要因を経済学的な観点から分析する。第3節で、われわれが実証分析で用いたデータと推定モデルについて紹介する。第4節で、推定結果を示し、第5節で結論を述べる。

2　所得再分配政策に対する支持・不支持の決定要因

どのような個人属性を持った人が、所得再分配政策を支持するのだろうか。経済学的な議論を整理しよう。

4）意識調査を用いた、幸福度、生活満足度など主観的厚生をめぐる経済学的研究のサーベイとして Frey and Stutzer（2002a, 2002b）がある。

5）どのような人々が再分配を欲しているかを実証的に知ることは、政策的に重要であると同時に、既存の経済モデルの検証にもなる。いくつかの先行研究の紹介は次節で本稿のモデルを説明する際に行うが、ここでは所得分布をめぐる研究として最も体系的である不平等尺度の公理的理論について触れておく。

周知のように、不平等尺度の公理的理論は、様々な所得分布を直感的に妥当な公理に基づいて社会厚生の見地から比較評価するアプローチをとっている（サーベイとして、たとえば Sen and Foster（1997）、Cowell（2000）がある）。この分野は、これまでおおむね純粋理論として発展してきたが、それは明らかに、所得分布をめぐる意識の実証研究と共通の関心を持っている。と同時に、それは後者によって検証されるべき対象である。不平等尺度の理論がその規範的判断の基準として採用している諸公理が、現実に人々によって妥当とみなされる内容を持っているか否かは、決定的に重要であるが、この解明は、意識調査の計量経済学的な研究（および実験経済学的研究）が貢献しうる事柄だからである。

(1) 所得水準

標準的な利己的経済人の仮定のもとでは、低所得層ほど再分配に賛成、高所得層は反対すると予想できる。たとえば Meltzer and Richards (1981) の静学的一般均衡モデルでは、経済は労働生産性の異なる複数の個人で構成され、所得への均一税率が多数決で決定される。また、税収は均等に再分配される。この場合、課税前所得が平均以上である人々は税率ゼロに投票する。低所得層の比率が高いとき、投票で決定される再分配の程度は大きくなる。これは再分配政策を考える際にベンチマークとなる枠組みである。しかし、以下にみるように動学的な環境を考えると、この結論は修正される可能性が出てくる。

(2) 予想将来所得と階層間移動性

現在の低所得者も、将来高所得を得るようになった時点で再分配政策から負の純便益を得ることになる。したがって、分配に関する政策方針はある程度持続するものと想定されている場合は、低所得層からも再分配的政策に反対する人々が現れる可能性はある。

この Prospect of Upward Mobility (POUM) 仮説を追求した理論研究として Benabou and Ok (2001)、実証研究として Alesina and La Ferrara (2001) がある。後者は、Panel Study of Income Dynamics (PSID) を使って所得階層間移動の客観的指標を作成し、階層移動性の高さと再分配政策支持の間に負の相関を見出している。ロシアのデータを分析した Ravallion and Lokshin (2000) は、将来の厚生水準の低下を予想する人々は所得平準化を支持する傾向が強く、またそれは現在豊かな階層でも観察されると論じている。本章の分析も主観的階層間移動を変数の一つとしている。のちにこれら二つの先行実証研究と本稿の比較を行う。

(3) 所得不平等度と所得不確実性

ある個人の所得水準を一定としても、経済格差が拡大すると、社会におけるその個人の相対的な位置は変化する。自分の厚生水準が他人の経済的状態との比較に影響される人がいたとして、その人が低所得者であれば格差の拡

大を嫌うであろうし、高所得者であれば自分の相対的地位が高まることに満足をおぼえるであろう。経済格差の変化に対する人々のこのような選好は、格差是正を意味する所得平準化政策への選好と連動していると考えられる。

一方、所得不平等度の大きさが、将来所得の不確実性の指標となっている場合、高所得者は低所得層の拡大をみて所得リスクが上昇したと感じるであろう。その結果、一種の保険としての再分配政策を支持する人々が増える可能性がある。

(4) 機会の平等についての認識

その社会の「競争条件」がフェアでないと感じられている場合、人々は「結果としての不平等」を許容しないかもしれない。すなわち、機会の平等への信頼は再分配政策の支持と代替的な関係を持っている可能性がある。実際、Alesina and La Ferrara (2001) によると、アメリカで機会の平等が実現しているとみている人々は、階層移動性が上昇すると所得平準化政策に対してより否定的になっている。

(5) 所得、消費、階層移動の履歴および失業経験

経済システムに関する人々の知識が不完全な場合は、将来への期待形成に際して各個人の履歴が果たす役割が重要になる。たとえば昇給・減給・消費の変動・失業などの経験や、親の所得階層などの情報が、自分自身の階層移動の可能性を楽観的にみるか悲観的にみるかを大きく左右する可能性がある。この点を追究した動学的ゲーム理論モデルに Piketty (1995) がある。Alesina and La Ferrara (2001)、Ravallion and Lokshin (2000) は、個人的な履歴が再分配政策への選好に大きく影響していることを実証している。

(6) リスク回避度

リスク回避的な個人はセーフティ・ネットとして再分配政策を支持する傾向が強いと考えられる。これまでの実証研究では、リスク回避度の代理変数として自営業主ダミーを用いるものが多かった。Alesina and La Ferrara (2001) は、再分配政策の是非を従属変数として、自営業ダミーの係数が有

意に負である（自営業主には再分配に否定的な傾向が強い）との結果を得ている。

しかし、自営業主であることをリスク回避度の低さを表す指標としてどれほど信頼してよいかは、議論の余地があろう。本章では、雨傘を携行する天気予報の最低降水確率をリスク回避度の指標として利用した[6]。

(7) 年　齢

POUM 仮説が正しければ、将来の階層上昇を期待できる場合には、現在所得水準が低い人であっても、必ずしも再分配政策を支持しない。しかし、ある程度の年齢を超えると将来所得階層上昇の可能性が小さくなっていくとすれば、他の事情を一定として、加齢とともに再分配政策を支持する傾向が強まると考えられよう。特に低所得層において、年齢が高くなると再分配支持の傾向が強まる、との仮説を立てることができる。ただし、Alesina and La Ferrara (2001) においては、アメリカでは年齢が高いほど再分配政策を支持しないという結果が得られている。

(8) 失業の可能性

所得や消費水準の変数で制御してもなお、将来失業する不安感が、人々の厚生と再分配政策への選好に重大な影響を及ぼしている可能性はある。事実、主観的厚生（生活満足度や幸福度）に関する最近の実証研究によると、失業は所得の減少など経済状態の悪化のみならず、様々な心理的コストを伴う、という知見を得ている（Frey and Stutzer (2002a, b)、大竹・富岡 (2002)）。

(9) 利他主義

高所得者は所得平準化政策から純便益でロスを被るが、利他主義的性向が十分に強い高所得者は、再分配政策を承認するであろう。利他主義は静学的な環境でも影響力を持ちうる要因である。

---

[6] Cowell and Schokkaert (2001) は、リスク態度と所得格差に対する態度の関連を実験によって確かめており、両者が単純な関係にないことを示している。

(10) 外部性

貧困の拡大が経済的停滞や社会不安、犯罪増加をもたらすと考える高所得者は、これら負の外部性に対して所得再分配的政策で対応することに賛成するかもしれない。

(11) 政治的要因、行動的要因

人々の所得再分配政策に対する選好が経済理論的な要因で決まっていたとしても、現実の所得再分配政策がそれを反映するとは限らない。Alesina, Glaeser and Sacerdote (2001) は、ヨーロッパに比べてアメリカの所得再分配制度が充実していない理由を、経済学的要因、政治的要因、行動的要因で実証的に説明しようと試みた。その結果、課税前所得の不平等度、税制の効率性、所得階層間移動の程度等の経済的要因は、アメリカとヨーロッパの再分配政策の差を説明できないことを明らかにしている。

彼らは、政治制度の差と低所得者に対する考え方の差が両者の差を説明するとしている。アメリカの二大政党制はヨーロッパの比例選挙制に比べて、影響力のある社会主義政党形成の障害になってきた。実際、彼らは比例選挙制度の国のほうが再分配の程度が高いことを実証的に示している。また、人種の多様性が高い国や州ほど再分配の程度が低いという事実から、人種的偏見が再分配の程度を引き下げることを示している。アメリカ人は再分配政策は少数派人種を優遇していると信じているのである。

さらに、互恵的な利他主義も重要な説明要因になっている。運が貧困の原因であれば、互恵的な利他主義者は再分配政策を支持することになるが、怠惰が貧困の原因であれば、自らを怠惰ではないと信じている互恵的利他主義者は再分配政策を支持しない。実際、アメリカ人の多くは貧困の原因は怠惰にあると信じているため、再分配政策を支持しないという。

3 推定モデルとデータ

モデルと推定方法

再分配政策に関する第 i 個人の（観察不可能な）選好が

$$Y_i^* = X_i\beta + U_i\gamma + M_i\lambda + \varepsilon_i \tag{1}$$

と表現しうると仮定しよう。Y_i^* は、回答者が再分配政策を好むほど大きな値をとる。X_i は個人属性のベクトルであり、性別、年齢、学歴、所得などの個人属性のほかに、リスク回避度や利他主義的傾向など効用関数のパラメータの指標を含む。U_i は失業の経験と不安の有無を示すダミー変数のベクトルであり、たとえばこの係数 γ の推定値が統計的に有意な正の符号を持ったとすれば、失業の当事者である人々の間では所得平準化政策を求める傾向が強いと結論できる。M_i は階層上昇性が高まったと回答した場合に1をとるダミー変数である。推定された λ の符号がマイナスであるならば、人々は階層移動性と再分配政策との間に代替関係を想定していると解釈できよう。ε_i は誤差項である。

(1)式において、実際は Y_i^* は観察不可能である。そこで変数 Y_i を、回答者 i が再分配政策に賛成である場合1をとり、中立あるいは反対である場合に0をとるものとし、さらに次の関係を満たすと仮定する。

$Y_i = 0$ if $Y_i^* < \mu_1$
$Y_i = 1$ if $\mu_1 \leq Y_i^*$

ここで μ_1 は、各説明変数の係数とともに推定されるべきパラメータである。誤差項 ε_i が独立で同一の正規分布に従うとの仮定のもとで、プロビットモデルによって推定される各係数は一致性を持つ。その際、誤差項が各クラスター(市町村)内で相関している可能性を考慮して、頑健標準誤差を使用する(クラスター間では独立性が満たされているものとする)。

変数ベクトルの詳細は論文末尾の「変数の説明」にまとめている。

データと記述統計

本章で用いるデータは第2章で用いたデータと同じ「くらしと社会に関するアンケート」である。対象は全国の20歳から65歳で、6000人を層化二段無作為抽出法で抽出、質問票を郵送した。総回収数は1943、うち有効回収数は1928(有効回収率32.1%)である。

設問を大まかに分類すると、日本経済について（所得水準の決定要因とその規範的評価、過去と将来の所得分布の変化、種々の再分配政策に関する是非、失業率上昇の原因など）、回答者の経済状態について（現在の所得、資産、予想所得、予想インフレ率、失業経験、幸福度、階層意識など）、回答者の効用関数に関する質問（リスク回避度など）、その他個人属性（性別、年齢、自分と親の学歴、職業ほか）などがある。

(1)式の被説明変数に用いた再分配政策の強化に対する支持の有無は、「（税制や社会保障制度を用いた）豊かな人から貧しい人への所得の再分配の強化」という政策への賛否の回答による。回答選択肢は「1．賛成、2．どちらかというと賛成、3．どちらともいえない、4．どちらかというと反対、5．反対」。このうち「賛成」および「どちらかというと賛成」を所得再分配強化政策への支持者（＝1）、それ以外を不支持者（＝0）として変数をつくり、プロビット推定による分析を行った[7]。

記述統計を図5—1から図5—4に示した。図5—1によると、所得階層が高くなるに従って、所得平準化政策を支持しない傾向が強まっている。これは理解しやすい現象である。しかし、最低所得層において再分配強化に賛成しない回答者がかなりの割合で存在している上、逆に最高所得層で賛成と回答した人々も相当数にのぼる。つまり、再分配政策から得られる純便益

---

7) 再分配政策に関する質問は、先行研究と微妙に異なる。Alesina and Ferrara (2001) においては、GSSの次の質問を用いている。"Some people think that the government in Washington ought to reduce the income differences between the rich and the poor, perhaps by raising the taxes of wealthy families or by giving income assistance to the poor. Others think that the government should not concern itself with reducing this income differences between rich and poor. Here is a card with a scale from 1 to 7. Think of a score of 1 as meaning that government ought to reduce the income differences between rich and poor, and a score of 7 meaning that the government should not concern itself with reducing income differences. What score between 1 and 7 comes closest to the way you feel?"
一方、Ravallion and Lokshin (2000) は、"Do you agree or disagree that the government must restrict the income of the rich?" という質問を用いている。本章で用いた質問は、Alesina and Ferrara (2001) の質問の方法により近く、税や社会保障を用いた所得再分配政策を明確にしている。所得格差の縮小方法には、規制や補助金を用いた政策も含まれる。このような再分配を強調した質問と、「負担増による給付増」を強調した質問文（たとえば「平成11年度国民生活選好度調査」）とでは、ともに福祉国家を主題としているとはいえ、得られた回答の性質にかなりの違いが現れることがわかっている。

図5−1　世帯所得四分位階層別再分配政策支持率

注）「くらしと社会に関するアンケート」調査、大竹（2002年）

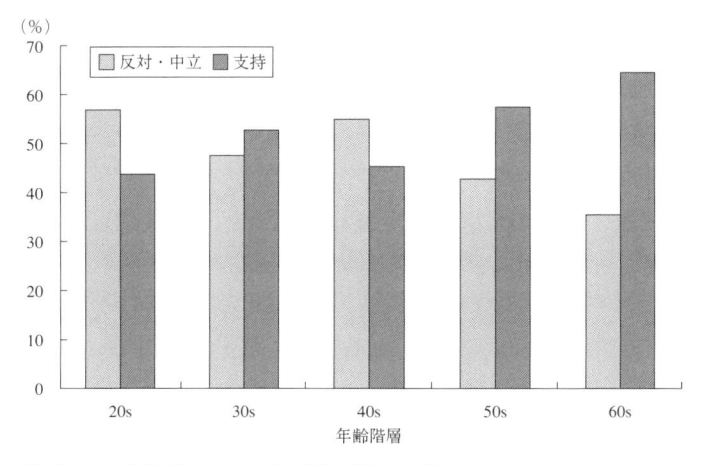

図5−2　年齢階層別再分配政策支持率

注）「くらしと社会に関するアンケート」調査、大竹（2002年）

(受給−拠出) が現在正であるか負であるかは、回答者の再分配強化をめぐる賛否を十分には説明していない。換言すれば、利己的個人による静学的なモデルには十分な現実的説明力がない。

　図5−2で年代別にみると、高齢者は再分配支持が多いが、年齢に応じた

図5-3　性別再分配政策支持率

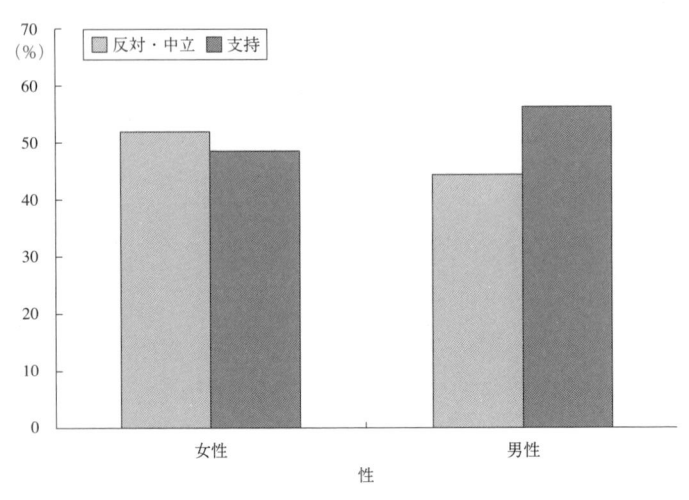

注）「くらしと社会に関するアンケート」調査、大竹（2002年）

図5-4　失業と再分配政策支持率

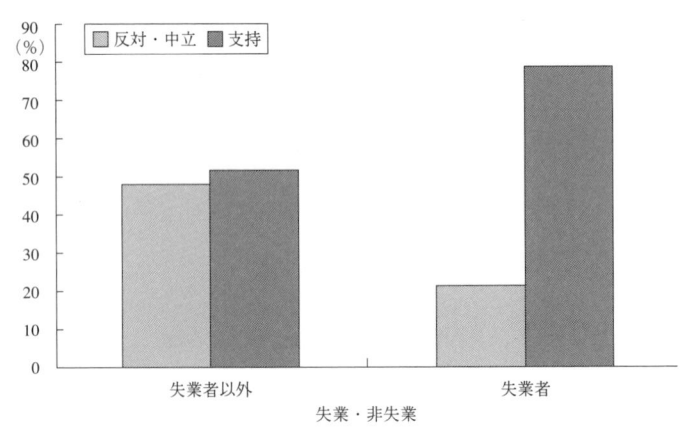

注）「くらしと社会に関するアンケート」調査、大竹（2002年）

線形の相関があるとはいい難い。図5-3で男女別にみた場合、7.5％ポイント程度、男性に再分配の支持者が多い。これは他の先進国での調査結果とは逆である。

表5－1 記述統計量

変数	標本サイズ	平均	標準偏差	変数	標本サイズ	平均	標準偏差
Redistr	1043	0.52	0.50	IncChange	1043	-0.83	3.613
Female	1043	0.39	0.488	ConsChange	1043	0.674	3.815
NoMarried	1043	0.25	0.433	FIncStable	1043	0.293	0.456
FemNoMarried	1043	0.114	0.318	FIncUp	1043	0.198	0.398
age30s	1043	0.186	0.389	PoorGotRich	1043	0.102	0.302
age40s	1043	0.235	0.424	RichGotPoor	1043	0.562	0.496
age50s	1043	0.291	0.454	MorePoor	1043	0.852	0.355
age60s	1043	0.137	0.344	IncomIneq	1037	0.663	0.473
College	1043	0.318	0.466	WealthIneq	1032	0.54	0.499
GradSchool	1043	0.025	0.156	IneqSchool	1036	0.229	0.42
Estate	1043	2.39	2.998	IneqPart	1018	0.501	0.50
Saving	1043	10.28	11.60	IneqFamily	1026	0.205	0.404
HInc2	1043	0.326	0.469	IncomIneqFut	1038	0.753	0.431
HInc3	1043	0.267	0.442	WealthIneqFut	1034	0.62	0.486
RiskAvs	1043	0.491	0.201	IneqSchoolFut	1038	0.268	0.443
SelfEmployed	1043	0.082	0.275	IneqPartFut	1035	0.485	0.5
UnemplPast	1043	0.153	0.361	IneqFamilyFut	1029	0.202	0.402
UnemplFut	1043	0.382	0.486	NotAdapt	1034	0.545	0.498
UnP_age20	1043	0.035	0.183	LazyInabil	1039	0.5	0.50
UnP_age30	1043	0.035	0.183	NoJobs	1042	0.866	0.341
UnP_age40	1043	0.026	0.159	BenDepend	1037	0.288	0.453
UnP_age50	1043	0.034	0.18	HelpOthers	1041	0.678	0.467
UnP_age60	1043	0.025	0.156	FamilyNR	1040	0.248	0.432
UnF_age20	1043	0.065	0.247	MobilNR	1041	0.486	0.5
UnF_age30	1043	0.073	0.26				
UnF_age40	1043	0.064	0.245				
UnF_age50	1043	0.131	0.338				
UnF_age60	1043	0.048	0.214				

　図5－4をみると、失業者が再分配政策を強く支持していることがわかる。図5－4の数字は、失業者の代わりに、「過去5年間で失業した経験があるか」、または「今後2年間で自分か家族の誰かが失業する不安を感じているか」、を用いた場合でもほとんど同じである。
　表5－1には推定に用いる各変数の記述統計を一覧にまとめている。平均年齢は45歳で既婚者が76％を占める。リスク回避度RiskAvsは約50％が平均。過去5年間で失業経験のある回答者（UnemplPast＝1）は15.3％、今後2年間で失業する可能性を感じている回答者（UnemplFut＝1）は38.2％にものぼっている。所得分布に関する質問をみると、階層上昇の可能性が高まったと答えた（PoorGotRich＝1）のは全体の10％であるのに対して、逆

に高所得層からの階層下降の可能性が高まった（RichGotPoor＝1）との見方は56％の人々が持っている。「貧困家庭、ホームレスが増加した」（MorePoor）は実に85％の回答者がYesと答えている。過去5年間の格差に関する問いに移ると、所得格差（IncomIneq）、資産格差（WealthIneq）、正社員・非正社員間の格差（IneqPart）は50％から66％の人々が拡大したと認識している。学歴による格差（IneqSchool）が拡がったとの回答は22.9％である。全体として、所得分布の変動を多くの人々が意識していることがわかる。

4　推定結果

基本モデル

表5－2に、個人属性の影響だけを説明変数に入れて、再分配政策の強化に対する賛否を説明変数としたモデルの推定結果を示した。表には、限界効果（説明変数が1単位増えた時に再分配政策に賛成する確率が増える％ポイント）と標準誤差が示されている。

ダミー変数Femaleの係数は有意にマイナスであり、女性は男性に比して再分配に否定的であることがわかる。これはアメリカやロシアでの結果とは逆である。既婚か否かで経済状態が変わってくるならば、それに対応して再分配への支持も変わってくる可能性があるが、独身および離死別者のダミー変数NoMarriedは正の符号が推定されたものの有意ではない。女性の独身・離死別者も有意な係数を持っていない[8]。

次に年齢の効果をみる。将来の階層上昇を期待できる場合には、現在所得水準が低い人であっても必ずしも再分配政策を支持しないというPOUM仮説のもとで、ある程度の年齢を超えると将来における所得階層上昇の可能性が小さくなっていくとすれば、加齢とともに再分配政策を支持する傾向が強まると考えられる。特に低所得層において、年齢が高くなると再分配支持の傾向が強まる、との仮説を立てることができる。

---

8) 職の有無で分けると、いずれの場合もやはり女性は男性に比して再分配に否定的という結果であったが、有職女性は無職の女性よりも若干強い否定的傾向が出ている。

表5-2　基本モデルの推定結果

	限界効果	標準誤差
Female	−0.063*	0.038
NoMarried	0.065	0.058
FemNoMarried	−0.024	0.079
age30s	0.114**	0.053
age40s	0.065	0.057
age50s	0.207***	0.060
age60s	0.272***	0.057
College	0.020	0.035
GradScool	−0.119	0.104
Estate	−0.003	0.006
Saving	−0.004**	0.002
HInc2	−0.019	0.037
HInc3	−0.105**	0.047
RiskAvs	0.200**	0.079
SelfEmploye	−0.079	0.057
UnemplPast	0.081*	0.045
UnemplFuture	0.083***	0.032
サンプルサイズ	1122	
擬似 R^2	0.0515	
対数尤度	−7360.682	

注）***は1％水準で有意、**は5％水準で有意、*は10％水準で有意であることを示す。

　この予想はおおむね正しい。推定結果をみると、年代ダミー（基準となっている年齢層は20代）は40代で若干再分配の支持が落ち込むものの、基本的に年を重ねるほど支持が強まっていることがわかる。この傾向は低所得層においてのみ観察されることを、後に所得階層別の推定結果で確認する。

　学歴は再分配政策の支持に有意な影響を与えない。世帯の住宅土地資産についても有意な係数が推定されていない。これに対して世帯の金融資産の保有残高が高い回答者は所得再分配強化政策を支持しない確率が高い。また、世帯収入の階層ダミーをみると（落とされているカテゴリーは最低所得層）、階層が上がるにつれて再分配強化を支持しない傾向が顕著になっている。また自営業主も支持しない傾向がある。

　所得や貯蓄に関する以上の結果は、標準的な利己的経済人の仮定に基づく予想とおおむね合致している。先行研究の結果ともほぼ同じであり、本章のデータと推定方法が基本的に信頼しうるものであることを示唆している。

ただし、男性と高齢者に再分配政策に対する支持が強いという結果は、海外の研究結果と反対である。Alesina and La Ferrara (2001) は、アメリカでは女性のほうが再分配政策強化に対する支持が強いという結果を示し、これに女性の多くは機会の均等が満たされていないと感じているため、との解釈を与えている。

また、Ravallion and Lokshin (2000) によると、ロシアでも女性は所得平準化をより強く支持している。Edlund and Pande (2002) は近年アメリカで女性の民主党支持者が増加している背景として、離婚によって女性の所得が低下する場合が多いことを挙げている。

第2章で明らかにしたように、同じアンケートの「今よりも所得格差が拡大することは問題であると思いますか」という質問については、男性よりも女性のほうが「所得格差の拡大は問題である」と答えるものが有意に多い。日本の女性の特徴は、再分配によって所得格差を平準化するよりも、再分配前の所得の平等を求めている点にある。

リスク態度

再分配政策を公的な所得保険制度と考えると、リスク回避度が高い人々は再分配政策を支持するはずである。この点を検証するために、第2章と同様に、アンケートの設問「ふだんあなたがお出かけになるときに、天気予報の降水確率が何％以上の時に傘を持って出かけますか？」に対する回答から、リスクに対する態度の指標を作成した。

この指標の問題点として、雨に降られるという事象のコストの大きさが、年齢、性別、所得などによって異なる可能性が挙げられる。たとえば、所得水準の高い回答者は、単に衣服が高価であるため雨に濡れることを嫌うのかもしれない。しかし多重回帰の推定においては、それらの個人属性の変数を式に含めることでその影響を取り除くことができる。この指標のメリットは、設問が多くの日本人にとって理解しやすいリスク環境を設定していること、また回答が降水確率という単純な変数で得られることである。

具体的には、リスク回避度の指標として、「1－(雨傘を携行する最低降水確率)／100」という変数を使用している。表5－2によると、その係数は

5％水準でプラスに有意である。傘を持って出かける最低降水確率がリスクに対する回答者の態度の代理変数として有効であると考えるならば、この推定結果は、所得水準その他で制御してもなお、リスク回避度の高さと再分配政策の支持との間に正の相関があることを示している[9]。リスク回避度が10％ポイント高くなると、再分配を支持する可能性が2％ポイント上昇することがわかる。

実証研究において、自営業主ダミーがリスク回避度の代理変数として用いられることがある。たとえばAlesina and La Ferrara（2001）では、再分配政策の是非を従属変数として、自営業ダミーの係数が有意に負であることが示されている。一方、筆者らの推定によると、自営業ダミーは有意な負の係数を持っているが、それは変数RiskAvsで制御した上でも成り立っているという結果である。

両変数は同時に有意な係数を持っている。それゆえ、RiskAvsがリスク回避度のよい代理変数であると信じるならば、自営業ダミーはリスク回避度以外の要素を代理している可能性が高い。これについてAlesina and La Ferrara（2001）は、自営業主は政府の再分配政策から受ける恩恵が相対的に少ない、また元来彼らが個人主義あるいは自助努力を尊ぶ性向の強い人々である、という可能性を指摘している。

失　業

表5－2で示した推定結果には、失業経験と失業不安の変数も含まれている。所得や資産の変数で制御してもなお、失業は再分配政策への選好に影響を与えているであろうか。

失業経験を示す変数（過去5年間に失業を経験したか否か）をダミー変数

9）リスク回避度には別の指標も作成し使用した。仮想的な金融商品の選択問題で、回答者に「退職後の年金所得が月々10万円になるか30万円になるかが50％ずつの確率である不確定な変動年金」と等価値と感じられる確定年金額を答えてもらい、不確実性の理論でいうcertainty equivalentを求めたものである。推定の結果、この指標が有意な係数を持つことはなかった。この理由として、金融資産に関する設問が回答者にとって理解困難であった可能性、あるいは単純な期待効用理論の適用に限界があった可能性、現在の生活水準にリスク回避度の指標が大きく依存していた可能性が考えられる。

UnemplPastとして推定式に含めている。その係数は有意な正の符号を持っている。再分配支持への推定限界効果をみると、過去に失業している回答者は、そうでない回答者と比べて、所得平準化政策を求める傾向が約8.1％ポイント強い。

失業の不安の影響については、「今後2年間で回答者あるいはその家族の誰かが失業する可能性」を問い、ダミー変数UnemplFutureをつくった。推定された係数はやはり正符号を持ち、1％水準で有意である。この変数の再分配政策支持への限界効果は8.3％となっている。すなわち、ある回答者が過去5年間に失業しているか、近い将来の失業の不安を感じている場合、彼／彼女が再分配政策の支持者である傾向は約8％ポイント高くなる。これは回答者が最低所得層から最高所得層へ上昇することによって再分配に否定的になる効果（10.5％ポイント）より若干小さいが、後者の効果をかなりの程度打ち消すほどの大きさではある。

こうして、所得や資産で制御してもなお、失業の変数が所得再分配政策支持へ与える影響力は大きいことがわかった。また、主観的厚生（「幸福度」「生活満足度」など）の研究によると、失業はやはり収入の変数で制御してもなお、厚生に負の影響を与えている（Frey and Stuzer (2002b)、大竹・富岡 (2002)、大竹 (2004) 参照）。これらの結果は、所得や消費によってのみ人々の厚生を評価する方法が深刻な過小評価バイアスを伴っている可能性を示唆している。

もっとも、所得水準をコントロールしても失業が所得再分配政策の支持へ影響するという事実には二つの理由が考えられる。第一に、失業が現在の所得の低下だけではなく、生涯所得をより大きく低下させる場合である。たとえば、以前勤務していた企業で勤続・賃金プロファイルの勾配が急であり、再就職企業における勤続・賃金プロファイルが平坦であったとすれば、短期的変化は小さいかもしれないが、失職に伴う生涯所得の低下は大きい。

第二に、失業そのものが金銭的なショック以外に、自尊心や集団への帰属心理に対するショックをもたらすため、それが再分配の強化への支持につながる可能性がある。これらの点については、以下で将来所得の変化や消費変化についてもコントロールすることで識別する。

年齢と失業

　職を失うことのコストが年齢層によって異なるならば、失業と再分配支持の関係も回答者の年齢によって異なっているかもしれない。そこで回答者を年齢層で分け、年齢層と失業の交差項をみてみる。

　表5－3によると、20歳代の回答者は失業経験が強く再分配支持に結びついているが、それ以上の年齢層ではそうではない。失業不安は、30歳代および40歳代の人々において再分配支持へつながっている。50歳代および60歳代の人々は、失業不安や失業経験があっても再分配支持を強めない。

　同じ推定を世帯所得階層別に行った結果が、表5－3の第2列と第3列に示されている。所得階層の中位所得以下の世帯グループに関する推定が第2列に示されている。所得下位グループでは、失業経験は20歳代と50歳代で再分配支持を強める。しかしながら、失業不安については、所得下位グループの係数は統計的には有意ではない。

　第3列に中位所得以上の世帯所得に属する個人に関する推定結果を示している。20歳代の失業経験者の限界効果は大きいものの、すべての年齢層において失業経験は統計的に有意な影響を持っていない。一方、失業不安については、30歳代、40歳代について大きな影響を持ち、40歳代における失業不安を持った人々は、有意に強く再分配政策の強化を支持する。

　全体として、60歳代の人々は、失業経験の有無や失業不安の有無は、再分配政策の支持と無関係になる。次に、年齢ダミーそのものの効果に注目する。前述のとおり、階層上昇の可能性は低所得層が再分配政策を支持しない要因の一つであるが、一定の年齢を超えると加齢とともに階層上昇の見込みが少なくなるとすれば、低所得の中高年層には再分配支持者が多いはずである。

　実際、表5－3をみると、低所得層においてのみ、加齢とともに再分配支持が有意に強まっていることがわかる。最後に、表5－3の第2列に示した低所得グループでは、女性が男性に比して再分配に特に否定的ではない。再分配政策に否定的なのは、高所得グループの女性であることが、表5－3の第3列からわかる。

表5-3 失業経験と年齢に関する交差項を含んだ推定結果

	全サンプル		所得下位50%サンプル		所得上位50%サンプル	
	限界効果	標準誤差	限界効果	標準誤差	限界効果	標準誤差
Female	-0.066*	0.039	0.011	0.052	-0.148***	0.055
NoMarried	0.068	0.060	0.091	0.068	-0.060	0.116
FemNoMarried	-0.023	0.079	-0.048	0.091	-0.044	0.142
age30s	0.111	0.066	0.108	0.080	0.075	0.154
age40s	0.046	0.073	0.139	0.091	-0.138	0.132
age50s	0.224***	0.071	0.217**	0.085	0.113	0.139
age60s	0.310***	0.065	0.317***	0.072	0.186	0.162
College	0.024	0.035	0.022	0.047	0.055	0.055
GradScool	-0.101	0.104	-0.047	0.146	-0.143	0.140
Estate	-0.003	0.006	-0.004	0.010	0.0026	0.007
Saving	-0.004**	0.002	-0.004*	0.002	-0.0027	0.002
HIncClass2	-0.014	0.037				
HIncClass3	-0.095**	0.047				
Household Inc			0.001	0.013	-0.022**	0.010
RiskAvs	0.203***	0.079	0.176*	0.104	0.201*	0.120
SelfEmployed	-0.078	0.057	-0.028	0.075	-0.189**	0.086
UnP_age20s	0.213**	0.079	0.216**	0.079	0.323	0.181
UnP_age30s	0.044	0.091	0.100	0.104	-0.112	0.159
UnP_age40s	-0.012	0.096	0.042	0.135	-0.072	0.123
UnP_age50s	0.091	0.084	0.177*	0.092	-0.09	0.150
UnP_age60s	0.063	0.121	0.126	0.127	-0.020	0.294
UnF_age20s	0.013	0.085	-0.038	0.102	0.125	0.142
UnF_age30s	0.119*	0.061	0.086	0.067	0.216	0.139
UnF_age40s	0.195***	0.064	0.146	0.084	0.249**	0.102
UnF_age50s	0.049	0.055	0.073	0.080	0.041	0.080
UnF_age60s	-0.021	0.086	-0.120	0.109	0.142	0.159
サンプルサイズ	1122		661		461	
擬似 R^2	0.0564		0.0459		0.0946	
対数尤度	-732.895		-431.158		-287.490	

注) ***は1％水準で有意、**は5％水準で有意、*は10％水準で有意であることを示す。

消費・所得水準の変化

前項で、失業経験、失業不安は金銭的要素以外の何かを代理している、という解釈を述べた。しかし失業の変数は、将来所得の「変動」の代理指標である可能性も考えられる。そのような変動は、所得や資産の絶対水準の変数では捕捉されていない可能性が高い。そこで、所得と消費の変化を説明変数に入れた結果を表5-4に示した。

「一昨年の消費水準に比して去年の消費水準は何％変化したか」を変化率のレンジで訊ね、回答から変数 ConsChange を作成した。これは-7％、-

2.5％、0％、2.5％、7％の5種類の値をとる。推定された係数は5％水準で有意なマイナスの係数を持っている。最近消費水準が下がった回答者は再分配政策支持へ傾くことがわかる。他方、所得水準の変化についても同様の変数 IncChange を作成しているが、消費の変化と同じ方向の係数を持ってはいるものの、有意ではない。厚生の指標としては所得よりも消費が適当であるという動学的消費理論の示唆に照らしたとき、この結果は理解しやすい。

将来の所得変動については、所得一定の予想のダミー（FincStable）および所得上昇の予想（FincUp）がともにマイナスの係数を持っており、前者は10％水準で有意である。つまり、所得減少を予想する人々に比べて、一定ないし上昇を予想する人々は再分配政策の強化に否定的な傾向がある。一方、失業の変数は依然として有意かつ大きな限界効果を持っている。

これらの結果を考慮すると、前述した可能性、すなわち失業の変数は消費・所得の変動以外の要素（たとえば様々な心理的コスト）を代理しているという仮説は、いっそう説得的である[10]。この結果は、所得や消費によってのみ人々の厚生を評価する方法がバイアスを伴っている可能性を示唆している。

なお、ロシアのデータを分析した Ravallion and Lokshin（2000）は、将来の厚生水準が上昇ないし不変であると予想する人々は、所得平準化政策に否定的であると論じている。筆者らのデータからも同様の傾向が観察できた。

所得階層間の流動性

所得格差が大きい社会であっても、階層上昇の可能性が高い（と信じられている）ならば、将来の損失を考慮して、低所得層ですら再分配政策を求めないかもしれない。この点を検証するため、日本における階層上昇の可能性に関するいくつかの設問を利用する。

階層上昇性の変数 PoorGotRich は「過去5年間日本社会で低所得者が高所得者になる可能性が高まったか否か」について、回答者の認識を示すダミー変数である。また、「過去5年間で豊かな人が貧しくなる可能性が高まっ

---

[10] ただし、失業の変数が、所得や資産の変数、またそれらの変動の変数によって正確に捕捉されていない部分を代理している可能性もある。

たか」という問いから階層下降性のダミー変数 RichGotPoor を作成し、推定式に加えた。表5－4によると、これらはそれぞれ対称的に、負、正の係数が推定された。階層上昇性の増大は再分配の不支持につながり、階層下降性の増大は再分配の支持につながっているという意味で、移動性と再分配政策は代替的にとらえられている。しかし、この二つの推定値は統計的には有意ではない。

　他方、「過去5年間に貧困家庭やホームレスが増大したか」との質問への回答からダミー変数 MorePoor（＝1で「増大した」）をつくったところ、その係数は1％水準で正に有意であり、限界効果は13.4％ポイントとなっている。

　このように、「低所得層から高所得層へ上昇するチャンスが増えた」という認識も、「近年裕福な階層から下降して貧しくなる例が多くなった」との認識も、人々の再分配をめぐる選好には影響を与えていない一方、最下層である貧困家庭やホームレスの増加（MorePoor）は再分配支持と密接な関係を持っている。言い換えれば、社会一般の所得階層間移動の程度についての認識は再分配政策への支持に対してはっきりした影響を持たないのに対し、貧困やホームレスなど、通常の社会生活が破壊されるような状況が発生する確率が高まるという認識は、再分配政策支持につながっている。これは、利他主義的動機に由来するものかもしれないが、自分が貧困層に陥る可能性が増したために、再分配強化を求めている可能性もある。

　また、貧困の増大が犯罪や社会不安の増加をもたらす。そのような貧困増加の外部性の存在が、再分配政策の直接の受益者ではない所得階層も再分配政策から間接的な便益を得ることを示している可能性がある。

　なお、自分と親との教育水準の差や、育った家庭の生活水準と現在の生活水準の差といった、個人の階層移動の履歴についても説明変数に入れて分析を行ったが、いずれも有意な影響はなかった。

所得階層別推定

　表5－4は、所得の変動を含むモデルを世帯収入の上下50％ごとに推定した結果も示している。所得階層間で個人属性の再分配政策の支持に対する影

表5-4 不平等に関する認識を含んだ推定結果

	全サンプル		所得下位50%サンプル		所得上位50%サンプル	
	限界効果	標準誤差	限界効果	標準誤差	限界効果	標準誤差
Female	-0.084**	0.040	-0.001	0.054	-0.192***	0.059
NoMarried	0.071	0.062	0.102	0.071	-0.052	0.118
FemNoMarried	0.006	0.079	-0.039	0.092	-0.019	0.160
Age30s	0.142**	0.055	0.152**	0.061	0.092	0.131
Age40s	0.071	0.060	0.177**	0.070	-0.139	0.126
Age50s	0.216***	0.065	0.269***	0.066	0.038	0.129
Age60s	0.295***	0.059	0.310***	0.067	0.165	0.144
College	0.034	0.037	0.032	0.050	0.052	0.061
GradScool	-0.148	0.111	-0.077	0.163	-0.173	0.148
Estate	-0.004	0.006	-0.011	0.010	0.005	0.008
Saving	-0.003*	0.002	-0.003	0.003	-0.002	0.002
HInc2	-0.013	0.039				
HInc3	-0.089*	0.049				
Houseinc			0.004	0.013	-0.021**	0.010
RiskAvs	0.141*	0.081	0.116	0.109	0.117	0.123
SelfEmploye	-0.111*	0.059	-0.069	0.076	-0.183*	0.087
UnemplPast	0.096*	0.049	0.169***	0.057	-0.039	0.083
UnemplFuture	0.054	0.037	0.016	0.045	0.112*	0.058
IncChange	-0.004	0.005	0.000	0.006	-0.005	0.009
ConsChange	-0.010**	0.005	-0.004	0.006	-0.020***	0.007
FIncStable	-0.076*	0.039	-0.073	0.048	-0.060	0.066
FIncUp	-0.034	0.046	-0.077	0.059	0.023	0.073
PoorGotRich	-0.072	0.058	-0.072	0.073	-0.108	0.088
RichGotPoor	0.025	0.034	0.034	0.043	0.027	0.054
MorePoor	0.134***	0.044	0.142**	0.061	0.150**	0.067
サンプルサイズ	1043		607		436	
擬似 R^2	0.072		0.059		0.1197	
対数尤度	-670.496		-390.550		-264.239	

注) ***は1%水準で有意、**は5%水準で有意、*は10%水準で有意であることを示す。

響に大きな違いがある。年代、既婚ダミー、リスク回避度は低所得層でのみ有意である。

　高所得層の自営業者は再分配強化に強く反対しているが、低所得の自営業者の係数は統計的に有意ではない。失業についても対称性がみられ、過去の失業経験から再分配支持へ向かっているのは低所得層、逆に将来への不安から再分配を支持しているのは高所得層である。消費水準の変動と再分配強化の支持に負の相関があるのは高所得層のみである。これは、高所得者層は借り入れ制約に直面していないものが多いと考えられるため、消費の変化が将来所得の予想外の変化を表しているのに対し、借り入れ制約に直面している

ものが多いと考えられる低所得層においては、消費の変化が予想外の将来所得の変化ではなく、予想されたものも含めて今期の所得の変化を表しているという理由が考えられる。

階層移動性と所得平準化政策支持との関係については、全サンプルでの推定結果と同様であり、所得階層間で差がない。すなわち、「階層上昇の可能性が増えた」との認識（PoorGotRich＝1）は、高低どちらの所得階層でも負の符号を持っており、階層下降性については逆である。その意味で、階層移動性の高さと再分配政策強化が代替的であることを示唆しているが、推定された係数の有意性は10％水準でも棄却される。

一方、貧困層の拡大は両階層で再び有意に正の係数が推定されている。この結果は低所得層については利他主義、当事者意識、または負の外部性への対処として、高所得層については利他主義と外部性への対処として解釈できよう。

格差の認識

記述統計でみたように、5割前後の人々が、種々の経済格差はここ数年で拡大したと答えている。このような認識は、彼らを所得再分配強化の支持へと促しているだろうか。表5－5のモデル(1)に、回答者が認識した限りでの、様々な経済格差の過去5年間の推移が、所得平準化政策強化への支持とどのような関係にあるかを推定した結果を示した。所得格差が過去5年間で拡大したと認識している人々（IncomIneq＝1）は、再分配政策を支持ししている。これは公平性意識に由来するもの、あるいは自らの所得リスク上昇への懸念に基づくものとも解釈できよう。

失業の理由、利他主義

失業率が高まったことの原因に関する考え方が再分配政策の支持に与える影響を検討しよう。失業が非自発的なものであると人々が考えているならば、再分配政策の強化を望ましいと考えるであろう。

失業率上昇の理由に関して、回答者の考え方を表す4つのダミー変数を作成した。(1)「新技術の産業構造の変化に適応できない人が増えた」

(NotAdapt)、(2)「能力もありやる気もあるが、不景気で仕事の数が足りないため働く場所がみつからない人が増えた」(NoJobs)、(3)「能力がない人やまじめに働く気のない人が増えてきた」(LazyInabil)、(4)「失業保険や生活保護の支給が増えたため働かない人が増えた」(BenDepend) である。

このうち、NotAdapt と NoJobs は、非自発的失業の増加が原因とみなしていることになり、このような認識を持った回答者は再分配政策を支持すると予想される。一方、怠惰と能力のなさ（LazyInabil）および福祉依存（BenDepend）という認識を持った人々は、再分配政策の強化に否定的であると考えられる。

表5-1の記述統計によれば、NoJoBs の平均が86.6％、NotAdapt の平均が54.5％であり、過半数の人々は、失業増が非自発的であると認識している。しかし、LazyInabil（50％）、BenDepend（28.8％）という自発的な失業増であるという認識を持った人々も多い。表5-5のモデル(2)の推定結果は、符号については、予想どおりであることを示している。しかし、統計的にはどれも有意な影響を与えていない。

次に、「生活に困っている人たちを社会で助けるべき」という利他主義的考えに賛成する回答者（HelpOthers＝1）の再分配政策に対する態度に与える影響を検討しよう。利他主義的考え方を持っている人々は、所得再分配強化を支持する傾向が強いことがみてとれる。ただし、この回答が社会的な負の外部性への対処などの利己的動機に由来する可能性は排除できない。なお、この HelpOthers の平均は、約68％と高い値である。

機会の平等と階層上昇性

表5-5のモデル(2)には、経済的成功の要因をめぐって理想と現実にギャップを感じているか否かを説明変数にした結果を示している。これらの説明変数は、「日本において人々の所得がどのように決まっているか」という現実の所得格差発生理由に関する質問への回答と、「どのように決まるべきか」という所得格差の規範的なあり方に関する質問への回答から作成したものである。

推定結果をみると、実態と規範にギャップがあると感じている回答者は、

表5-5 格差の動向と失業増の原因に関する考え方と再分配政策

	モデル(1)		モデル(2)	
	限界効果	標準誤差	限界効果	標準誤差
IncChange	-0.003	0.006	-0.001	0.005
ConsChange	-0.009*	0.005	-0.008*	0.005
FincStable	-0.077*	0.043	-0.053	0.041
FincUp	-0.012	0.048	0.011	0.046
IncomIneq	0.108**	0.052		
WealthIneq	0.003	0.047		
IneqScool	0.009	0.058		
IneqPart	-0.011	0.045		
IneqFamily	0.060	0.054		
IncomInqFut	-0.054	0.061		
WealthInqFut	-0.025	0.051		
IneqScoolFut	-0.093*	0.055		
IneqPartFu	0.037	0.046		
IneqFamilyFut	0.077	0.054		
NotAdapt			0.007	0.032
LazyInabil			-0.011	0.036
NoJobs			0.071	0.051
BenDepend			-0.023	0.040
HelpOthers			0.292***	0.038
FamilyNR			0.059	0.040
MobilNR			0.071**	0.034
サンプルサイズ	902		1030	
擬似 R^2	0.0698		0.127	
対数尤度	-581.303		-622.455	

注) 推定においては表5-5で示された変数に加えて、表5-2の推定モデルに用いられた変数 (e.g., Female, NoMarried, FemNoMrried, age30s, age40s, age50s, age60s, College, GradScool, Estate, Saving, HInc2, HInc3, RiskAvs, SelfEmploye, UnemplPast, UnemplFuture) が加えられている。
***は1％水準で有意、**は5％水準で有意、*は10％水準で有意であることを示す。

所得再分配政策に賛成する傾向があることがわかる。たとえば、「社会的成功にとって出身家庭の階層が重要であってはならないが、現実にはそれは重要である」と感じている人々（FamilyNR＝1）は、そのようなギャップを感じていない人々よりも再分配政策を支持している。また、「階層上昇の可能性は高くなくてはならない」と回答し同時に「実際には高くない」と答えた人々（MobilNR＝1）は、やはり再分配を肯定する傾向が強い。

これらの結果は、「機会の不平等」を「結果の平等」で補償することを求めているものと解釈できる。言い換えると、「機会の平等」と再分配政策を代替的にみている。この意味では、Alesina and La Ferrara (2001) の結果と同様である。

5　結果とインプリケーション

本章では、独自のアンケート調査を用いて、再分配政策強化に対する支持・不支持を決定する個人属性を計量経済学的に明らかにした。再分配政策強化への支持が強いのは、所得階層でみると低所得者のほうであった。その意味では所得平準化政策による現時点での純便益は、人々の選好をある程度説明している。しかし同時に、所得階層に関係なく利他主義的な考えは再分配支持につながっている。性別では、低所得層において、女性より男性が再分配強化に積極的であった。これは先進諸国の先行研究とは反対の結果であり、その背景の解明は今後の課題である。

再分配をめぐる選好がその人の所得水準だけでは説明し得ない大きな理由は、動学的な考慮が働いているためであることがわかった。雨傘を携行する最低降水確率で測ったリスクに対する態度の指標を用いると、リスク回避度が高い人ほど所得再分配の強化を支持している。これは、社会的セーフティ・ネットとして再分配政策を求めているものと解釈できる。一方で、このリスク態度をコントロールした上でも、自営業者は賛成しない傾向が強かった。

世帯所得や金融資産保有額などの金銭的変数で制御してもなお、失業経験、失業不安を持った回答者は、再分配強化政策を支持している。これは、厚生評価の方法について興味深い含意を持っているといえる。

ただし、高齢者は、失業経験や失業の不安があったとしても、それは所得平準化を求める態度につながってはいなかった。労働市場からの退出が間近であることがこの理由として考えられる。消費水準の落ち込みや、所得の低下予想は、再分配政策支持と正の相関が見出された。

5割前後の人々が様々な経済格差の拡大を実感しているものの、それらの

格差自体が所得平準化政策への選好を左右してはいない。また、日本社会の全体的な階層上昇性および下降性の高まりは有意でなかったが、最底辺層の拡大、すなわち貧困家庭・ホームレスの増加を認識している人々は、再分配の強化に賛成する確率がかなり高い。これは、通常の社会生活が破壊されるような現象に対しては、人々の意識が敏感になっているものと解釈できる。あるいは、人々は貧困が社会不安をもたらすという外部性を持つため再分配政策に賛成している可能性もある。

　他方、日本社会における機会の平等や階層移動性は、それ自体では有意な影響力を持たないが、「階層移動性は高いほうがよいにもかかわらず、実際には低い」といった「規範と現実のギャップ」を感じている人々は、結果の平等としての所得平準化を求める傾向があった。この意味では、機会の平等と再分配政策の間に代替性が想定されているといえよう。

変数の説明

Redistr：ダミー変数。「(税制や社会保障制度を用いた) 豊かな人から貧しい人への所得の再分配の強化」という政策を行う場合に、「1．賛成、2．どちらかというと賛成、3．どちらともいえない、4．どちらかというと反対、5．反対」という5つの選択肢による回答を用いて、「賛成」および「どちらかというと賛成」を所得再分配強化政策への支持者 (1)、それ以外を不支持者 (0) とした。

age20s：回答者が20歳代であれば1をとるダミー変数。同様に、30歳代、40歳代、50歳代、60歳代の年齢階層ダミーを age30s, age40s, age50s, age60s とした。

NoMarried：回答者が未婚である時に1をとるダミー変数。

FemNoMarried：女性で未婚の時に1をとるダミー変数。

DivSep：配偶者と離婚あるいは死別の時に1をとるダミー変数。

Female：女性の場合に1をとるダミー変数。

College：大卒＝1。

GradSchool：大学院卒＝1。

Estate：持ち家・土地の価値（百万円）。
Saving：金融資産（百万円）。
HousInc：世帯年間所得（百万円）。
HIncN：第 N 三分位世帯所得階層。（N＝1，2，3）
RiskAvs：リスク回避度の代理変数：1－（雨傘を携行する最低降水確率）／100「あなたは普段、天気予報の降水確率が何％以上の時に傘を持って出かけますか」という質問に対する回答から算出。
SelfEmployed：自営業＝1。
ConsChange：過去 1 年間の消費額の増加率。
IncChange：過去 1 年間の所得の増加率。
FIncUp：これから 5 年間、所得が上昇することを予想している場合に 1 をとるダミー変数。
FIncStable：これから 5 年間、所得がほとんど変化しないことを予想している場合に 1 をとるダミー変数。
UnemplPast：過去 5 年間に失業を経験した場合に 1 をとるダミー変数。
UnemplFuture：家族の誰かがこれから 2 年以内に失業する可能性を感じている場合に 1 をとるダミー変数。
UnP_ageN：UnemplPast と ageN の交差項。
UnF_ageN：UnemplFuture と ageN の交差項。
Unemployed：回答者が現在失業している場合に 1 をとるダミー変数。
Rich：世帯所得が中位所得以上の場合に 1 をとるダミー変数。
PoorGotRich：過去 5 年間で貧しい人が豊かになる可能性が高くなった、との回答の場合に 1 をとるダミー変数。
MorePoor：過去 5 年間で貧困家庭やホームレスが増えたとの回答で 1 をとるダミー変数。
RichGotPoor：過去 5 年間で豊かな人が貧しくなる可能性が高くなった、との回答の場合に 1 をとるダミー変数。
IncomIneq：過去 5 年間で所得や収入の格差が拡大したとの回答で 1 をとるダミー変数。
WealthIneq：過去 5 年間で貯蓄・株式・土地住宅などの資産保有額の格差

が拡大した、と回答した場合に 1 をとるダミー変数。

IneqSchool：過去 5 年間で学歴の違いによる所得格差が拡大した、と回答した場合に 1 をとるダミー変数。

IneqPart：過去 5 年間で正社員と非正社員（パート・契約社員など）の格差が拡大した、と回答した場合に 1 をとるダミー変数。

IneqFamily：過去 5 年間で出身家庭の階層の違いによる格差が拡大した、と回答した場合に 1 をとるダミー変数。

FutIncDec：今後 5 年間の世帯収入が上昇する、と回答した場合に 1 をとるダミー変数。

IncomeIneqFut：これから 5 年間で所得格差拡大を予想している場合に 1 をとるダミー変数。

WealthIneqFut：これから 5 年間で資産格差が拡大すると予想している場合に 1 をとるダミー変数。

IneqSchoolFut：これから 5 年間で学歴間所得格差が拡大すると予想している場合に 1 をとるダミー変数。

IneqPartFut：これから 5 年間で正社員とパートの間の賃金格差が拡大すると予想している場合に 1 をとるダミー変数。

IneqFamilyFut：これから 5 年間で出身家庭の階層の違いによる格差が拡大する、と回答した場合に 1 をとるダミー変数。

NotAdapt：失業者が増えた原因は、新技術や産業構造の変化に対応できない人が増えたためと回答した場合に 1 をとるダミー変数。

LazyInabil：失業者が増えた原因は能力がない人やまじめに働く気のない人が増えてきたため、と回答した場合に 1 をとるダミー変数。

NoJobs：失業者が増えた原因は、能力もありやる気もあるが、不景気で仕事の数が足りないため働く場所がみつからない人が増えたためであると回答した場合に 1 をとるダミー変数。

BenDepend：失業者が増えた原因は、失業保険や生活保護の支給が増えたために働かない人が増えたためであると回答した場合に 1 をとるダミー変数。

HelpOthers：生活に困っている人たちを社会で助けるべきである、という

意見に賛成した場合に1をとるダミー変数。

FamilyNR：望みの収入や地位が得られるかどうかは出身家庭の階層によって決まるべきでないが、実際にはそうなっていると考えている場合に1をとるダミー変数。

MobilNR：貧しい人が豊かになれる可能性が高い社会であるべきであるが、実際にはそうなっていないと回答した場合に1をとるダミー変数。

第6章　賃金格差は拡大したのか

　成果主義的賃金制度の浸透、企業間の業績格差の拡大で、日本の賃金格差が近年拡大したと多くの人々は感じている。本章では、1980年以降の賃金格差の変動を実証的に分析し、賃金格差の推移とその要因を明らかにする。その結果、統計でみる限り日本では賃金格差の拡大はあまり大きくなかったことが様々な分析から共通して得られる。80年代における全般的な賃金格差の拡大は、労働者の高齢化による要因が大きい。90年代以降は、賃金格差そのものがあまり変化していない。確かに、若年層で見られる学歴間賃金格差の高まり、大卒中高年層で見られるグループ内賃金格差のトレンド的上昇、不況期にみられる企業規模間格差の拡大、正社員とパートタイム労働者の計測的賃金格差といったいくつかの観点からの賃金格差拡大は見られたが、アメリカやイギリスで観察されたような急激な賃金格差の拡大はない。

1　先進諸国の賃金格差

格差拡がる英米

1990年代の終わりから大企業を中心に成果主義的賃金制度の導入が進んで、賃金格差の拡大について、人々の関心が高まった。大企業といえども同業種の中で業績格差が拡大し、「勝ち組」と「負け組」の間での賃金格差が拡大しているのではないか、という認識も広まっている。日本の賃金格差は本当に拡大したのか、拡大がみられるとすればどのような要因なのか、について検証しよう。

賃金格差拡大に関する関心の高まりは、日本固有のものではない。賃金格差拡大は、1980年以降のアメリカの経済問題の中で特に注目されてきた。図6－1は上位10％にあたる賃金と、下位10％にあたる賃金の比率を示したものである。アメリカとイギリスの賃金格差拡大が際立っている（賃金格差の変化についてはKatz and Autor（1999）を参照）。単に賃金格差が拡大しただけではない。アメリカでは、所得下位層の実質賃金は、20年前よりも低下するという事態が生じている（Juhn, Murphy and Pierce（1993））。

しかし、図6－1から明らかなことは、すべての国で一様に賃金格差が拡

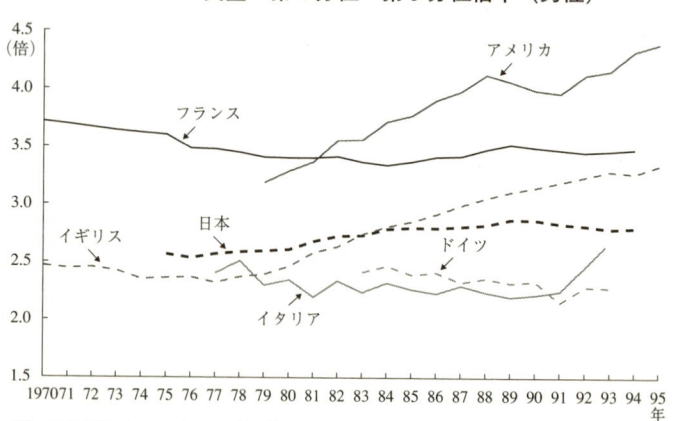

図6－1　賃金の第1分位・第9分位倍率（男性）

注）　OECD, Employment Outlook（1996）

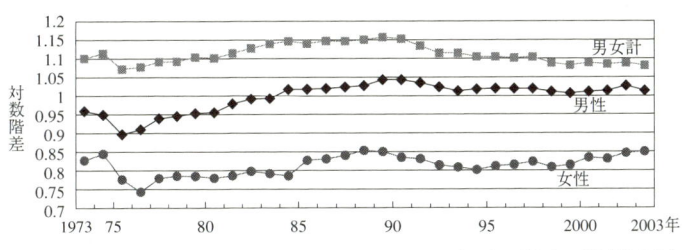

図6-2　賃金格差の推移

注）所定内賃金の第1・十分位と第9・十分位の対数階差。いずれも、常用労働者。『賃金構造基本統計調査報告』（厚生労働省）

大したわけではないことである。フランス、ドイツといった大陸ヨーロッパ諸国では、賃金格差はほとんど変化していない[1]。日本でも賃金の不平等化は多少観察されるが、アメリカやイギリスほど急拡大したわけではない。

『賃金構造基本統計調査報告』に基づいて、賃金格差の推移を分析してみよう。図6-2に、第1・十分位対数賃金と第9・十分位対数賃金の階差を賃金格差の指標として用いて、その推移を示している。正規従業員の全労働者、男性労働者、女性労働者別に賃金格差をプロットした。1970年代半ば以降80年代末まで、日本の賃金格差はゆっくりと拡大したことがみてとれる。

男性、女性それぞれのグループ内の賃金格差については、90年代はじめに縮小したのち、90年代末から再び拡大している。特に、女性における格差拡大が顕著である。90年代後半、女性の中での賃金格差は拡大したが、女性賃金の平均的上昇率が男性賃金に比べて相対的に高かったため、男女計の賃金格差は90年代半ばからほとんど変化していない。

アメリカで不平等が拡大した理由を説明する仮説として、次の五つが挙げられることが多い。

(1) グローバル化仮説：貿易の自由化が進み、未熟練労働者を集約的に雇用して生産した工業製品の輸入が増加した結果、アメリカにおける未熟練労働者需要が低下した。

---

[1] イタリアは1992年までほとんど賃金格差が拡大しなかったが、労働市場改革が行われて、92年から少し拡大している。

(2) 低学歴者増大仮説：アメリカでは教育の質の低下や、移民労働者の流入増大により、高学歴者の比率が80年代に入って低下。そのため、高学歴者の供給が低下し、低学歴者の供給が増えた。
(3) 技能偏向的技術進歩仮説：高学歴者をより多く必要とする技術進歩が生じ、高学歴者に対する需要が増加した
(4) 労働組合組織率低下仮説：伝統的に賃金の平等化を目的の一つとしてきた労働組合の組織率が近年急激に低下してきた結果、賃金格差が拡大しはじめた。
(5) 最低賃金低下仮説：最低賃金率がインフレ率ほど引き上げられなかったため、最低賃金率が実質的に低下して低賃金者層が増加した。

「技能偏向的技術進歩仮説」は、近年の技術進歩が高学歴労働者や技能の高い労働者と補完性の高いタイプのものであり、彼らに対する労働需要をより高めるように働いたと考えるものである。その結果、高学歴労働者や高技能労働者の賃金が低学歴・低技能労働者に比べて上昇したとされている。このような技術革新の例として代表的なものが、コンピューター・IT関連の技術革新である。

デジタル・デバイドは本当に起きたのか

コンピューター使用が賃金格差を拡大したことを実証した最も有名な研究は、Krueger (1993) である。Kruegerは、コンピューターを使用して仕事をする労働者は、そうでない労働者よりも賃金が10％～15％程度高いことを明らかにした。

Kruegerのこの研究には、その後様々な批判がなされた。最も有力な批判は、鉛筆を使って仕事をする労働者もパソコンを使って仕事をする労働者と同様の賃金プレミアムが存在するということを示したDiNaldo and Pischke (1997) の研究である。すなわち、コンピューターによって賃金格差が拡大しているのではなく、技術革新に対応できる優秀な労働者に対する需要が増しており、彼らがコンピューターを用いた仕事を行っていることを反映しているという解釈が有力になっている。

このような問題を解決するために、同一個人を追ったパネルデータによるコンピューターの影響を計測する試みがなされている。たとえば、小原・大竹（2001）は、転職前後のデータを用いてコンピューター使用が賃金に与える影響を計測している（第7章参照）。彼らはパネルデータを用いた場合にはクロスセクションデータを用いた場合と違って、パソコンの賃金効果はより小さいか有意でなくなることを明らかにしており、観察できない個人属性とパソコン使用の間に相関があることを見出している。

「グローバル化仮説」は、貿易の自由化によりアジアを中心とした途上国から低技能労働者を集約的に用いた工業製品がアメリカに輸入されるようになった結果、アメリカ国内における低技能労働者の需要が低下し、彼らの賃金が相対的に低下したと考えている。

「労働組合組織率低下仮説」では、労働組合組織率の低下は二つのルートを通じて賃金格差を拡大する。第一に、労働組合が持つ賃金引き上げ効果が、組織率の低下によって小さくなると、ホワイトカラーとブルーカラー間の賃金格差は拡大する。第二に、労働組合は、伝統的に平等志向が強く、組織内の賃金格差を小さくする働きを持っていた。労働組合組織率の低下は、グループ内の賃金格差を拡大する方向に働く。

実際には、これらの五つの要因が複合して、アメリカの賃金格差が拡大したとみられている。もっとも、日本と大陸ヨーロッパ諸国は、アメリカやイギリスほどの目立った賃金格差の拡大を経験していない。本来、経済の国際化や技術革新は、世界共通の現象のはずである。実際、コンピューターの普及やアジア諸国からの輸入の増大は、日本でも高学歴者に対する需要を増加させた。その意味で、「技能偏向的技術進歩仮説」および「グローバル化仮説」だけでは、世界の賃金格差の動きを説明することはできない。

大陸ヨーロッパと日本

大陸ヨーロッパ諸国では、最低賃金制度や労働組合によって中央集権的に決められる賃金水準が高すぎるために、未熟練労働者の労働市場で決まる賃金が十分に低下していない。その結果、ヨーロッパ諸国は、賃金格差の拡大の代わりに、高い失業率に悩むことになった。これに対し、日本では高学歴

化が不平等化を防ぐ方向に働き、高齢化という別の要因が不平等化を加速させることになったため、両者の影響が相殺する方向で働いたと考えられる。さらに、日本においては、デフレが深刻であったため、名目賃金の下方硬直性が顕在化し、賃金格差の拡大が抑えられた可能性もある。

日本の賃金格差は、1980年代において、英米に比べてゆっくりとしたスピードで拡大を続けた。しかし、この賃金格差の拡大の長期的な動きは、そのほとんどがグループ間賃金格差の拡大でもグループ内賃金格差の拡大でもなく、人口構成の高齢化によって引き起こされてきたことが大竹（1994）によって明らかにされた。その後、篠崎（2001）が80年代から90年代の賃金格差の変化とその要因分解を行った。

篠崎（2001）は、『賃金構造基本統計調査報告』の公表データから「所定内賃金」のジニ係数を79年から99年にかけて算出し、不平等度の推移を分析している。その結果、80年代には格差が拡大したが、90年代初めには格差が縮小し、90年代半ばは格差が横ばいで推移し、90年代末に格差上昇という傾向を見出している。

また、篠崎（2001）は、長期的な賃金格差の拡大の原因として人口高齢化によることを明らかにしている一方で、90年代の賃金格差の変動は、年齢内賃金格差の変化によって説明できることも明らかにしている。特に、男性については90年代の年齢内賃金格差変動の多くが45歳以上の中高年労働者の年齢階層内賃金格差の変動で説明できることも示されている。

さらに、篠崎（2001）は、90年代において賃金格差の拡大が観察されるのは、パート労働者を含んだ場合の女性の賃金格差だけであることを見出し、正社員パート間の賃金格差の拡大がその主要要因であることを明らかにしている。

本章では、次節において、学歴間、年齢間といった労働者の属性グループ間での賃金格差の推移について分析する。次に、第3節で同じ労働者属性のグループ内での賃金格差に関する研究を展望する。第4節で、統計的には賃金格差があまり拡大していないのに、賃金格差の拡大を実感することが多いのはなぜかについて議論する。第5節では、90年代の年間賃金の格差の推移について『賃金構造基本統計調査』の特別集計を用いた分析を行う。

2 グループ間賃金格差は拡大したのか

若年層で拡大する学歴間賃金格差

図6－3に学歴間賃金格差の推移を示した。男子労働者全体、20歳代後半層、40歳代後半層の学歴間賃金格差を、大卒と高卒の平均賃金の対数階差で示している。アメリカと異なり、全労働者でみた学歴間賃金格差は近年拡大傾向にあるとはいえない。しかし、若年労働者においては学歴間賃金格差が拡大している。特に、2000年代に入ってから急激に拡大しているのがわかる。若年層を中心とした学歴間格差の拡大は、その結果、全年齢における学歴間賃金格差をも上昇させている。

一方、中高年労働者においては学歴間格差は1980年代に比べて90年以降は低下した。樋口（1994）は生涯賃金の学歴間格差の推移を分析しており、生涯賃金の学歴間格差が拡大傾向にはないことが示されている。

縮小する年齢（勤続年数）間賃金格差

年齢間賃金格差の推移を図6－4に示した。年齢間賃金格差は、大卒労働者では縮小傾向に、高卒労働者では1980年代に拡大し、その後縮小傾向にあ

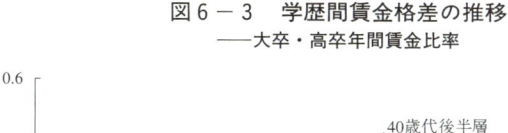

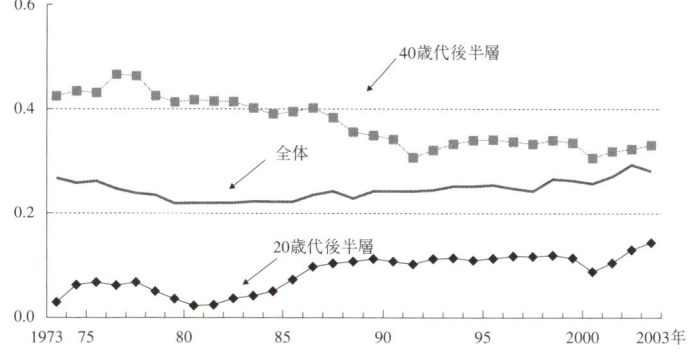

図6－3　学歴間賃金格差の推移
──大卒・高卒年間賃金比率

注）『賃金構造基本統計調査報告』（厚生労働省）

図6－4　年齢間賃金格差の推移
——40歳代後半と20歳代後半の年間賃金比率

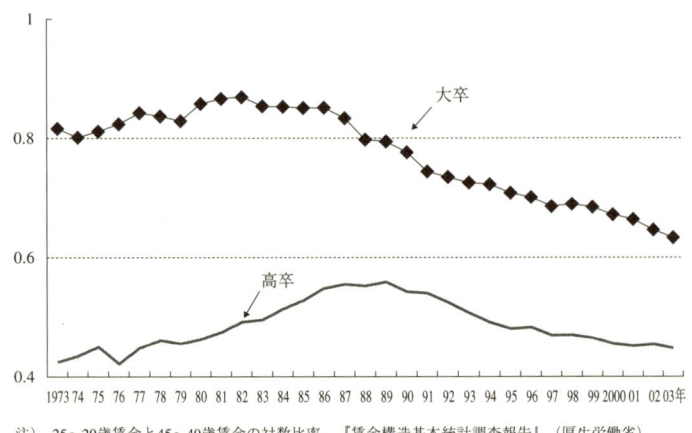

注）25～29歳賃金と45～49歳賃金の対数比率、『賃金構造基本統計調査報告』（厚生労働省）

る。また、勤続年数による賃金格差が80年代を通じて低下していることが、Clark and Ogawa（1992a）、Hashimoto and Raisian（1992）によって確かめられている。ただし、Hashimoto and Raisian（1992）は、小規模企業においては、勤続年数間賃金格差が拡大していることを確認しており、すべての労働者で一様に勤続年数間賃金格差が低下したわけではないことが示されている。

勤続年数間賃金格差が低下した理由として、Clark and Ogawa（1992a, b）は、人口構成が高齢化したことを理由に挙げている。これに対し、Hashimoto and Raisian（1985、1992）は、人口構成の高齢化、製造業からサービス業への産業構造の変化といった長期的な要因に加えて、景気変動の影響という短期的な要因も重なっている可能性を指摘している。

この景気変動と勤続年数間賃金格差の関係については、Higuchi（1989）、石川（1991）、Ohkusa and Ohta（1994）の分析がある。Higuchi（1989）は、有効求人倍率と勤続年数の交差項により労働市場と賃金プロファイルの関係を推定し、この結果、労働市場が逼迫すると賃金プロファイルが緩くなることを示している。また、石川（1991）も年齢賃金プロファイルが、労働市場の逼迫により緩やかになることを示している。

さらに、Ohkusa and Ohta（1994）は、勤続年数間賃金格差が技術革新および景気変動とどのような関係にあるかを分析し、技術革新による生産性上昇が勤続年数間賃金格差を高めるが、労働市場の逼迫は勤続年数間賃金格差を縮小するという結論を導き出している。

縮小した男女間賃金格差

図6-5に男女間賃金格差の推移を示した。この図からわかるように、1990年代に男女間賃金格差は縮小した。

男女間賃金格差の縮小は、どのような要因によってもたらされたのだろうか。

1980年代後半から90年代にかけて、男女間賃金格差に影響を与えるような政策変更が行われた。男女雇用機会均等法が86年に施行され、97年に禁止規定の強化などの改正が行われ、99年4月に施行された。その結果、均等法によって募集、採用、配置、昇進、教育訓練、福利厚生、定年、解雇などにおける女性差別を禁止することになった。特に、結婚、妊娠、出産などを理由にした解雇の禁止は明文化されている。また、91年には育児休業法が施行され、99年には介護休業が加わり、育児介護休業法となった。さらにこの間、雇用保険法が改正され、休業中の所得補償が充実した。

このような男女の機会均等を促すような一連の政策が、この間の男女間賃金格差縮小に貢献したのだろうか。

三谷（1995）は、1982年、87年、92年の『賃金構造基本統計調査報告』の年齢別勤続別集計データを用いて、男女間賃金格差の変化を分析している。それによると、勤続が短い層では男女間賃金格差は縮小したが、勤続の長い層では逆に格差が拡大している。中田（1997、2002）は、中小企業における男女間賃金格差が縮小したことを示している。

また、堀（1998）はJuhn *et al.*（1991）の方法を応用し、1986年と94年の『賃金構造基本統計調査報告』の個票を分析している。それによると、研究者には観測できない「ギャップ効果」で賃金格差縮小のほとんどすべてが説明される。このことから、堀は観測できない女性の相対的地位が向上したと結論している。ただし、「ギャップ効果」の中身がよくわからないという問

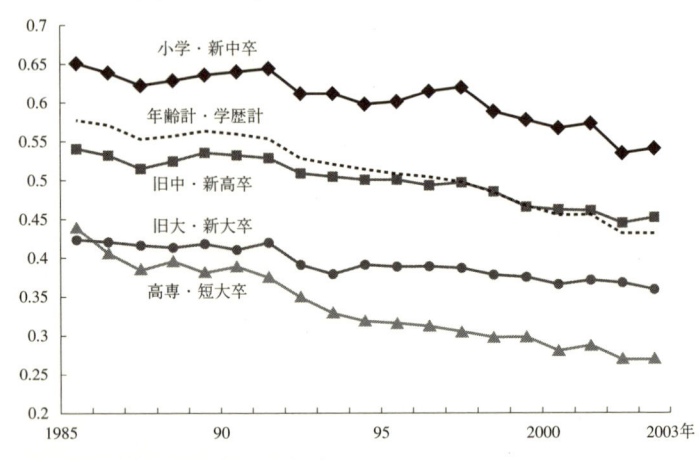

図6−5　学歴別男女間賃金格差（年齢計）

注）　男性平均賃金と女性平均賃金の対数階差
出所：『賃金構造基本統計調査報告』（厚生労働省）

題点が残されていた。

　これに対して、川口（2004）は、1990年と2000年の『賃金構造基本統計調査報告』個票を用いて男女間賃金格差縮小の要因を分析した。その結果、格差縮小に貢献した主要な原因は、女性の勤続年数の延長、年功賃金制度の変容、女性の学歴向上、製造業からサービス業への労働力のシフトであることを明らかにしている。男女雇用機会の均等化が進むことによって改善が予測されていた大企業における女性比率の上昇、女性管理職比率の上昇、勤続に伴う賃金上昇率の男女間格差の縮小といった効果は、観測されないか、観測されても非常に小さな値にすぎなかったことが示されている。

グループ間賃金格差の変動はなぜ生じたのか

　グループ間賃金格差、特に学歴間賃金格差の変動要因については、アメリカにおいて多数の研究が行われており、次の三つの要因が指摘されてきた。(1)供給要因：低学歴者、未熟練労働者の相対的増加、(2)需要要因：貿易自由化の進展によりアメリカ国内における未熟練労働に対する需要が低下、技術進歩が高学歴者や熟練労働に対する需要を増大させるようなバイアスを持っ

て生じた、(3)制度的要因：賃金の平等化を指向してきた労働組合の組織率低下、が大きな要因として挙げられている。このうち供給要因と需要要因についての日本における研究を紹介しよう。

a．高学歴化・高齢化が賃金格差に与えた影響

玄田（1994）は日本で初めて、労働力構成が賃金格差に与えた影響を数量的に分析した。玄田によれば、高学歴化による学歴間賃金格差の縮小と、第一次ベビーブーム世代が高年齢化したことによる年齢間賃金格差が縮小したことが、技術革新や貿易の自由化に伴う熟練労働力に対する需要増による賃金格差拡大効果を相殺したとしている[2]。

野呂（2004）は、年齢グループ間に不完全代替性があることを実証的に示している。年齢グループ間に不完全代替性があれば、特定年齢層の相対的な増加は、そのグループの賃金を低下させる影響を持つ。このような不完全代替性は、賃金に対する世代効果として現れる。大竹・猪木（1997）（本書の第8章として収録）、岡村（2000）は、賃金における世代効果を実証的に明らかにしている。

労働供給要因の一つとして将来的に無視できない要因になる可能性があるのは、外国人労働者の流入である。しかしながら、日本において外国人労働者が賃金格差に与えた影響を実証分析した研究例は少ない[3]。

b．技術革新が賃金格差を拡大したのか

若年層では学歴間賃金格差が拡大しているが、これは、コンピューターを中心とした技術革新により若年の高学歴者に対する需要が相対的に増加していることを示している可能性がある。櫻井（1999）、Sakurai（2001）は、コンピューター投資に積極的な業種ほど非生産労働者の賃金シェアが上昇していることを1980年代のデータで明らかにしている。また、櫻井（2004）は、

---

2) ただし、労働供給要因の分析は男子常用労働者のみを対象に分析されているため、女子労働やパートタイム労働者の供給要因は分析されていない。
3) 例外として、三谷（1993）、大竹・大日（1993）がある。また、関連研究として駿河（1991a）がある。

技能偏向的技術進歩が大卒労働者への需要を高めていること、大卒労働者への需要増がすべての産業内で生じていることを示している。さらに、小原・大竹（2001）は、転職者に対するアンケート調査を用いて、高学歴の若年者については、コンピューター使用が賃金を高めていることを示している（本書第7章参照）[4]。

玄田（1994）は勤続年数とは独立して決定される賃金の部分については、若年層で学歴間賃金格差が拡大していることと、若年者の相対賃金が上昇して賃金格差が縮小していることを示している[5]。この点は、高学歴者と若年労働者に対する需要シフトが生じていることと整合的であり、産業レント、技術革新、国際競争力の変動が大きな影響を与えているとしている。

さきにも述べたように、Mincer and Higuchi（1988）、樋口（1992）、Ohkusa and Ohta（1994）は、技術進歩と賃金プロファイルの間に正の相関があることを示している[6]。

c．グローバル化による賃金格差拡大

経済活動の国際化により、未熟練労働集約的な貿易財を、外国からの輸入によって賄うようになれば、国内における未熟練労働者に対する需要が低下する。このことが、アメリカにおける学歴間賃金格差拡大の一因とされている。日本については、櫻井（2000）が1980年から90年のデータを用いて、輸出入変化が、非生産労働者賃金と生産労働者賃金の比率に与える影響を分析している。この間において、製造業の輸出入変化が、相対賃金（非生産労働者／生産労働者）を1.3％ポイント上昇させたとしている。変化は非常に小さいが、相対賃金そのものの変化も少なかったため、相対賃金の変化に対する割合では大きいという結論を出している。少なくとも80年代においては、

---

[4] ITと雇用・賃金の関係については、櫻井（2004）が簡潔な展望をしている。
[5] この時期の景気拡大により、未熟練労働者に対する労働需要の高まりが、この若年労働者に対する需要増をもたらした可能性があり、Ohkusa and Ohta（1994）のように景気循環的側面と技術進歩の側面を分離して分析する必要がある。
[6] 大沢（1993）は1989年の産業中分類の『賃金構造基本統計調査報告』のデータを用いて、技術進歩が賃金に与える影響を分析している。駿河（1991b）は銀行業におけるコンピューターの導入が労働需要に与えた影響を分析している。

グローバル化が賃金格差に与えた影響は小さいといえる。90年以降のグローバル化やアウトソーシングが賃金に与える影響については、研究の蓄積がない。

3 グループ内賃金格差は拡大したのか

産業間賃金格差

図6－6、図6－7に、各産業の平均賃金の全労働者の平均賃金に対する対数階差の推移を示した。一貫して、金融業、電力・ガス・水道といった規制産業の賃金が高い。バブル期に建設業の賃金が高まり、1990年代の後半から建設業の相対賃金が低下している。

同一学歴、同一年齢のグループ内賃金格差のうち、産業間賃金格差は80年代を通じて拡大傾向にあったことが、多くの研究で確認されている（橘木・太田 (1992)、上島・舟場 (1993)、Higuchi (1989)、Gittleman and Wollf (1993)、中村 (1989) など）。

橘木・太田 (1992) は、『賃金構造基本統計調査報告』の個票データを用いて、1977年と85年の間で、他の要因をコントロールして産業間賃金格差がどの程度あるかを計測している。その結果、産業間賃金格差はこの期間において拡大していることを示している。また、産業間賃金格差をもたらしている要因として、市場収益力の格差を挙げている。市場収益力に大きな影響を与えているものの一つが、規制の強さである。

また、Higuchi (1989) は、産業間格差が70年代半ば以降拡大傾向にあることを指摘している。この産業間格差の拡大要因として、国際競争にさらされている産業では、特に中高年層の賃金が抑制されていることを実証的に示している[7]。

企業規模間賃金格差

グループ内賃金格差のうち、日本で古くから注目されてきたものは、企業

---

7) この国際競争が賃金決定に与える影響については、Ohtake and Tracy (1994) は、輸出産業では、ストライキや労働争議の発生率が有意に低くなっていることを示している。

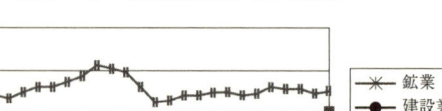

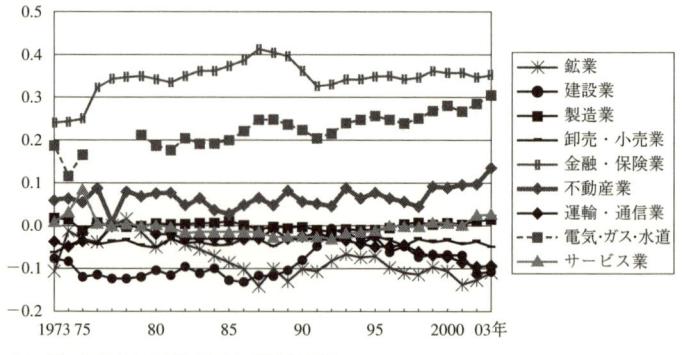

図6-6　産業間格差（学歴計）

注）『賃金構造基本統計調査報告』（厚生労働省）

図6-7　産業間格差（大卒40代後半）

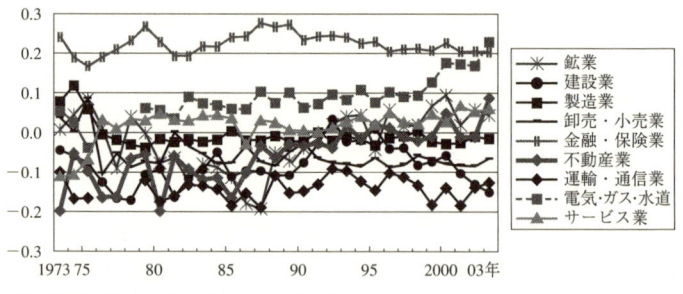

注）『賃金構造基本統計調査報告』（厚生労働省）

規模間賃金格差である。規模間賃金格差の推移を学歴別に図6－8に示した。40歳代後半層における規模間賃金格差は、ほぼ一定で推移してきている。一方、20歳代後半層においては、1980年代に格差が拡大し、バブル期に縮小、その後の平成不況期に拡大している。規模間格差は、好況期に縮小、不況期に拡大してきたといえよう。

　実際、高度成長期を通じて縮小してきたこと、1980年代については企業規模間賃金格差が拡大してきたことが、多くの研究で明らかにされてきた。Rebick（1993）は、アメリカに比べて日本の規模間賃金格差が大きいことと、日本においては70年代半ば以降、規模間賃金格差が拡大傾向にあること

図6-8　規模間賃金格差

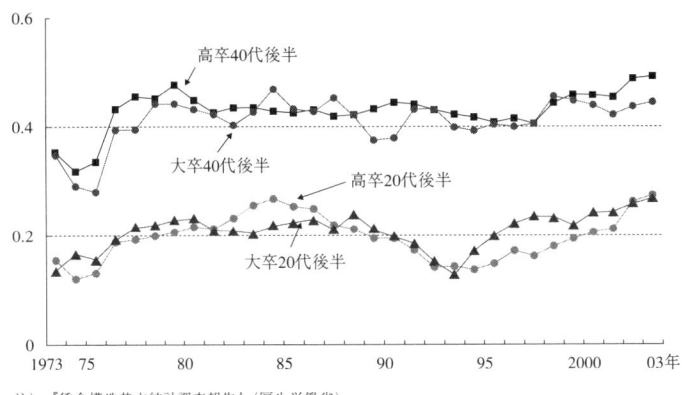

注）『賃金構造基本統計調査報告』（厚生労働省）

を示している。

　Rebickは、労働市場が大企業と中小企業で分断されており、中小企業では地域的な労働市場の影響を受けるのに対し、大企業ではその影響を受けないことを都道府県別データで実証し、この期間において未熟練労働者に対する需要が低下したことが、70年代半ば以降の規模間賃金格差の拡大と失業率の上昇をもたらしたとしている。Rebickの仮説は、1990年代の平成不況における賃金格差拡大とも整合的である。また、Tachibanaki (1996b) は、『賃金構造基本統計調査報告』の個票を利用して、企業規模間賃金格差を推定しており、規模間賃金格差の拡大を報告している。

　これに対し、玄田 (1994) は、規模間格差の拡大は、労働者の属性をコントロールすれば生じていないとしている。このように、規模間賃金格差が拡大したかどうかについては確定的なことがいえない。この理由は、Hashimoto and Raisian (1992) で明らかにされているように、企業規模によって勤続年数間の賃金格差の動きがまったく異なっているためでもある[8]。

---

8) 両者の研究結果の差をもたらした理由として、玄田においては、勤続給と勤続外給与に企業規模が与える影響を区別して推計しているが、Tachibanaki (1996b)、Rebick (1993) においては、勤続外給与のみに企業規模が影響を与えると定式化していること、Tachibanaki (1996b)、Rebick (1993) は労働時間をコントロールしているが、玄田 (1994) では労働時間をコントロールしていないことが考えられる。

産業間・規模間格差はなぜ発生するのか

産業間・規模間格差はなぜ発生するのだろうか。この理由としては、(1)補償賃金格差、(2)労働組合組織率の差、(3)モニタリング費用の違いを強調する効率賃金仮説、(4)レントシェアリング、(5)観察されない能力格差、といった仮説が挙げられている[9]。

労働環境が異なることを補償するように、賃金格差が生じているという補償賃金格差について検討しているのが上島・舟場 (1993) と玄田 (1993) である。いずれも、補償賃金格差では十分に産業間賃金格差を説明できないとしている。

産業間賃金格差・企業規模間賃金格差のいずれにおいても、企業の収益力格差により賃金格差が発生しているというレントシェアリングを要因として挙げる研究が多い (橘木・太田 (1992)、Tachibanaki (1996b)、上島・舟場 (1993)、樋口 (1991) 等)。

また、Kishi (1994) は、規模に関する収穫逓増が規模間収益格差を発生させる一方で、賃金に利潤分配の部分が存在するということを実証的に示し、規模間賃金格差が規模間の収益格差を反映しているとしている。

企業の収益力格差が賃金格差に結びつく理由としては、(1)労働移動のコストが高いこと、(2)企業特殊人的資本が大きく、その投資と収益を労働者と企業で分配している、(3)企業の所有が実質的に従業員によってなされている、(4)労働者のインセンティヴを高めるために利潤分配型の賃金契約が行われている、といった理由が考えられる。

樋口 (1991) は、中高年で産業間賃金格差が拡大した理由として、中高年のほうが労働移動コストが高いためであるとしている。さきに紹介したRebick (1993) は、中小企業ほど労働移動のコストが高い労働者で構成される地域的な労働市場に直面しているため、地域の労働市場の状況に対して感応的に賃金が変化するという仮説をもとに分析を行っている。

企業規模や産業間で、学歴や勤続年数では説明できない労働者の能力格差があるために、産業間・規模間格差が生じている可能性もある。観察できな

---

9) 企業間賃金格差については、岡村 (2002) が簡潔な展望を行っている。

い能力の影響を除去して賃金格差を計測する試みとして、同一個人の追跡調査を使って個人特有の能力が賃金に与える影響を除去するという手法が取り入れられている。玄田（1996）、奥井（2000）はそのような研究の例である。

玄田（1996）は、規模間格差を能力差と職場訓練量の差に分解しており、規模間格差は総じて職場訓練の差によって発生していることを示している。また、奥井（2000）は、男性においては規模間格差は能力をコントロールしても発生しているが、女性においては規模間格差の多くが能力差で説明できるとしている。

労働者構成と賃金格差

労働者の構成の変化は二つの意味で賃金格差に影響を与える。高学歴者や中高年労働者の相対的増加は、学歴間格差や年齢間格差を縮小する方向に働く。一方、もともとグループ内賃金格差が大きい中高年齢層の相対的増加は賃金労働者全体での賃金格差の拡大要因となる。前者の影響が存在すれば、労働者構成を一定としておくと、賃金格差は縮小している可能性さえある。

男子労働者の年齢分布を図6－9に、年齢階層別の賃金格差を図6-10に示した。日本では、規模間賃金格差、産業間賃金格差ともに中高年のほうが大きいため、年齢内賃金格差は、若年層では小さく、高年齢層では大きい。年齢階層別の賃金格差は1980年代を通じて大きな変動は観察されないが、労働者構成の高年齢化が大幅に進んだことが観察できる。この点を数量的に確認したのが玄田（1994）である。

玄田の同論文は労働者を年齢、学歴、産業、企業規模でグループ化し、それぞれの労働者構成の変化が賃金格差にどのような影響を与えたかを分析している。実際、労働者の構成を一定にしておくと、賃金格差は80年代を通じて縮小しているのである。若年よりも中高年で、学歴間格差、規模間格差、産業間格差が大きいが、人口構成の高齢化で、このような賃金格差の大きなグループの比重が大きくなった結果、全体の賃金の不平等度が高まった側面が大きいことをこの研究の結果は示している[10]。

---

10) ただし、同一産業、同一年齢、同一学歴、同一規模といったグループ内の賃金格差まで縮小しているのかどうかについては、公表データから調べることはできない。

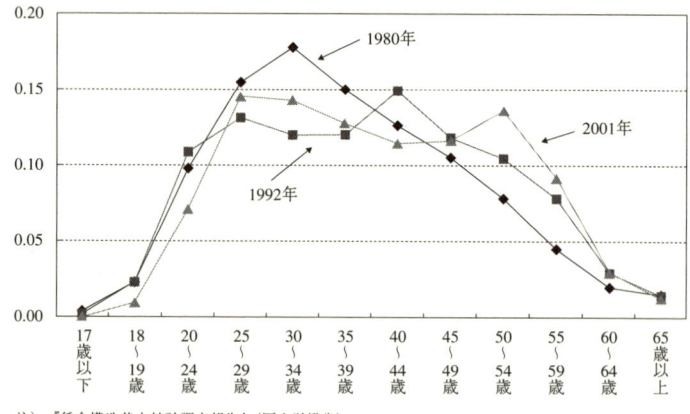

図6－9　男子労働者の年齢分布

注）『賃金構造基本統計調査報告』（厚生労働省）

図6－10　年齢階層別内賃金格差の推移

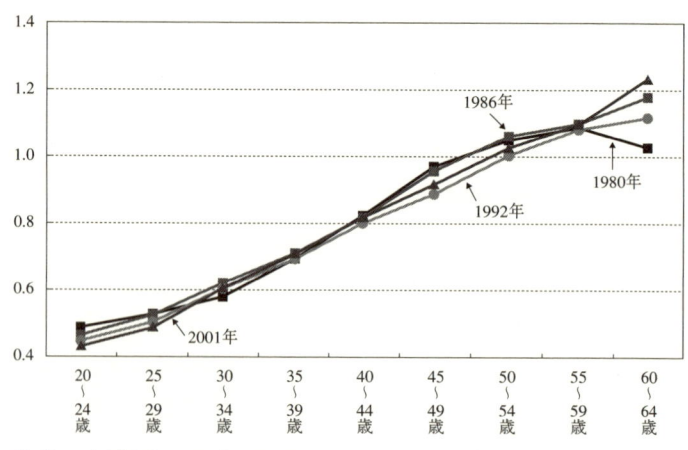

注）第9・十分位と第1・十分位の対数賃金格差
　　『賃金構造基本統計調査報告』（厚生労働省）

　篠崎（2001）は、1980年代から90年代にかけての賃金格差の拡大の要因を、『賃金構造基本統計調査報告』をもとに、人口高齢化要因とそれ以外の要因に対数分散分解を用いて分析している。この研究では、80年代から90年代という長期の賃金格差拡大の主要因が人口高齢化であること、しかし、90年代

では賃金格差の拡大傾向そのものがあまりみられないこともあって、高齢化要因の貢献度は小さくなっていることが示されている。

篠崎は、『賃金構造基本統計調査報告』には含まれていない労働者をカバーするために『就業構造基本統計調査』・『民間給与実態統計調査』の賃金データをもとにジニ係数を計算し、賃金格差の推移を分析している。その結果、90年代において賃金格差は拡大していないことが確認される。しかし、女性においては非正規従業員をサンプルに加えると賃金格差が拡大していること、特に正規従業員と非正規従業員の賃金格差の拡大がその理由になっていることを明らかにしている。

企業間で賃金格差は拡大しているのか

前にも触れたように、産業間・企業間賃金格差の大きな要因としてレントシェアリングの存在を指摘する研究が多かった。もしそうであれば、産業内の企業間賃金格差も存在するはずである。ところが、産業内賃金格差が拡大傾向にあるか否かについて、直接分析した研究はない。ただし、賃金決定のうち個別企業の業績に応じて賃金・ボーナスが決定されている企業の比率を分析してこれに接近することは可能である。利潤分配型の賃金制度が導入されている場合には、産業間、企業間の業績格差が賃金格差をもたらすことになる。

産業別データを用いてこの利潤分配制度の検証を行ったものとしては、Freeman and Weitzman (1987) および駿河 (1987) がある。しかしながら、産業別データでは、産業別に集計された業績は、産業別の労働需要と相関が高く、利潤分配制度の結果産業間賃金格差が生じたのか、産業別労働市場が分断されているために賃金格差が生じたのか、を識別することは困難である。そのために、企業別データを用いた実証研究が行われてきた（ブルネッロ・大竹 (1987)、Brunello (1991)、吉川 (1992)、翁・竹内・吉川 (1989)、大橋 (1990)、Ohkusa and Ohtake (1997) など）。

研究結果をみると、すべての企業で、利潤分配制度が取り入れられているわけではないが、利潤分配型の賃金決定を行っている企業も多く存在することが示されている。

企業内賃金格差

　成果主義的な賃金制度が導入されてきて、企業内の賃金格差が拡大してきたといわれている。しかしながら、企業内の賃金格差が拡大してきたかどうかについての実証研究は少ない。例外的に Tachibanaki (1996b) が、企業規模別、学歴別、職種別（ブルーカラー・ホワイトカラー）、年齢別に賃金分布を計測している。その結果、年齢が高くなるほど、企業規模が小さいほど、そしてブルーカラー労働者よりもホワイトカラー労働者のほうが、同一グループ内での賃金格差が大きいことが示されている。しかしながら、このグループ内賃金格差が1980年以降拡大したのかどうかについて数量的分析は行われていない[11)12)13)]。

　企業内の同一グループ内賃金格差の推移は、近年広まっているといわれる成果主義的な人事制度の導入と密接な関連がある。成果主義的賃金制度の導入が賃金格差を拡大しているか否かについては、都留・阿部・久保 (2003)、中嶋・松繁・梅崎 (2004) が企業の人事データを用いた事例研究を行っている。都留・阿部・久保 (2003) は成果主義導入が賃金格差を拡大する方向に機能していることを、中嶋・松繁・梅崎 (2004) は賃金格差拡大につながっていないことを示している。今後、このような人事データを用いた分析が進むものと思われる。

4　なぜ格差拡大を実感するのか

大卒中高年での賃金格差は拡大

　日本の年齢内賃金格差は安定的であり、経済全体でみた1980年代における賃金格差の拡大は、人口高齢化で説明できることを示した。

---

11) 労働省編 (1994) では、所定内賃金のばらつきを1982年と1992年の間で比較し、中高年齢層における大企業大卒労働者で所定内賃金の拡大を指摘している。
12) 例外として、査定による賃金格差の拡大については石田 (1992)、藤村 (1992) の研究がある。
13) 査定と昇進の関係については、冨田 (1992) と大竹 (1995) の実証研究がある。冨田 (1992)、大竹 (1995) はいずれも査定が昇進決定に対して有意に影響を与えていることを示している。ただし、勤続年数が冨田 (1992) の地方銀行の労働者では有意にプラスの影響を与えるのに対し、大竹 (1995) が用いたエレベーター保守会社では有意な影響を持っていない。

第6章 賃金格差は拡大したのか 159

図6-11 大卒男性の年齢内賃金格差

凡例：20〜24歳、25〜29歳、30〜34歳、35〜39歳、40〜44歳、45〜49歳、50〜54歳、55〜59歳

縦軸：第9・十分位・第1・十分位対数階差

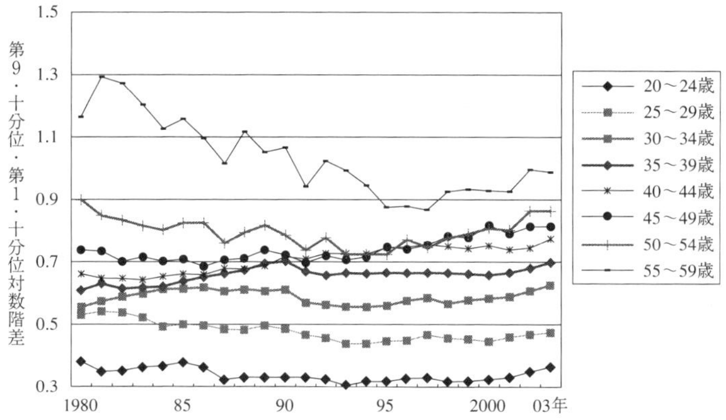

注）『賃金構造基本統計調査報告』（厚生労働省）

　しかし、それではなぜ人々の不平等に関する関心が高いのであろうか[14]。経済企画庁が行った1999年『国民生活選好度調査』では、「所得・収入に関して、その格差が10年前と比べて拡大したと思うか否か」という質問がなされている。回答者全体では、38％の人が格差は拡大したと答えている。一方で、変化していない、あるいは縮小したと答えている者も多い。

　格差が拡大したと答えた者が最も多いのは、30代と40代である。しかも、所得が高い層ほど、格差拡大をより感じている。学歴計で年齢内賃金格差を検討したときには、格差拡大は示されなかった。それでは、学歴別にみるとどうであろうか。

　図6-11には、『賃金構造基本統計調査報告』による大卒男性の年齢内賃金格差の推移を示している[15]。大卒男性の年齢内格差は、40歳を境として特徴的な動きを示している。

　40歳代においては、90年代に入って、年齢内賃金格差は上昇傾向を持っている。また、最近では40歳代以上の年齢内賃金格差の程度は、どの年齢層で

---

14) 「新・階級社会ニッポン」（『文芸春秋』2000年5月号）、「「中流」崩壊」（『中央公論』2000年5月号）にみられるような、所得格差拡大に関する注目は高い。
15) 賃金格差は、第1・十分位賃金と第9・十分位賃金の対数階差を用いている。なお、第1・四分位と第3・四分位階差を用いても傾向は同じである。

もほぼ同じレベルになっている。すなわち、大卒男性の40代における格差拡大の動きが、高所得層、30代、40代の格差拡大の認識ということの背景にありそうである。おそらく40歳代の賃金格差の拡大は、年俸制の導入や業績重視型の賃金の導入といったことを反映しているのであろう。

確かに、大卒グループの中高年齢層では格差が拡大している。しかし、学歴計でみた同一年齢内の格差の動きは安定している。すなわち、多くの人が大学に進学するようになったため、大卒ホワイトカラーの中での人材のばらつきが大きくなったことが、大卒中高年の賃金格差の拡大をもたらしている、といえそうである。実際、高卒男性の年齢内賃金格差は、ほとんどの年齢階層で低下している。すなわち、大卒中高年の成果主義の導入は、人材のばらつきの変化を反映している可能性が高いのである。

ただし、『賃金構造基本統計調査報告』の公表統計には、所定内賃金の分布データは掲載されているが、ボーナスを含んだ年収に関する分布統計は掲載されていない。成果主義・能力主義賃金の導入が、ボーナスを中心に行われているのであれば、このデータによる賃金格差の検証は過小バイアスを持っていることになる（この点については本章第5節を参照）。

賃金格差の拡大を実感する理由として、もう一点考えられるのは、ゼロ・インフレ期に入って、平均的な賃金の引き上げ率が非常に小さくなったことが挙げられる。平均的な賃金の引き上げ率が5％であれば、賃金を据え置かれる者と、10％引き上げられる者があれば、両者の賃金格差を1年間で10％拡大させることができる。ところが、平均賃上げ率ゼロのもとで、同じ程度の賃金格差を維持しようとすれば、5％の賃金引き上げと同時に5％の賃金引き下げを行う必要がある。賃金の引き下げを許すような制度である成果主義・能力主義賃金が、賃上げ率が高かった時代と同じ程度の格差を維持する方法として、取り入れられている可能性がある。

賃金が下方に硬直的であれば、低インフレ期には、賃金格差が縮小する傾向があるはずである。しかし、年齢内の賃金格差が一定であるということは、定期昇給時に昇給率の格差によって賃金格差をつけるという伝統的な方法から、名目賃金の引き下げも含んだ賃金制度への変更が進んでいるということを示している。

図6-12 女性パート労働者の女性フルタイム労働者に対する賃金・雇用比率

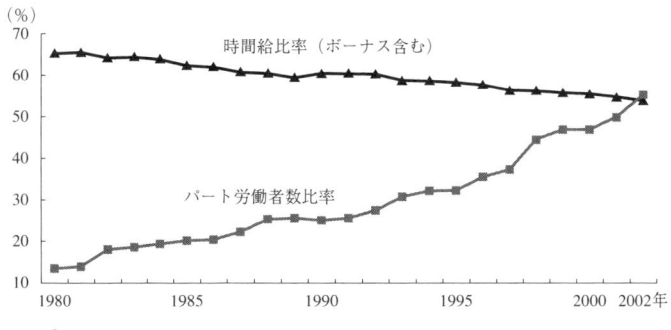

注）『賃金構造基本統計調査報告』（厚生労働省）

残念なことに、こうした可能性を検証できるだけの十分なデータが存在しているとはいえない。昇給率格差の検証をするためには、個々人の年収の1年前との比較をしたデータが必要になる。しかし、現在の賃金統計でそのような公表データは存在しない。今後は、所得格差の拡大や賃金の下方硬直性を分析する上で、個人を追跡したデータの開発が必要である。

パートタイム・フルタイム格差

フルタイム労働者の中での賃金格差は、年齢内で比較する限りほとんど拡大していない。格差拡大がみられるのは40歳代大卒男性であることを示した。ところが、1980年代から一貫して格差が拡大している労働者グループがある。パートとフルタイム労働者の賃金格差である。

パートタイム労働者をどう定義するかはなかなか難しい。ここでは『賃金構造基本統計調査報告』における「1日、あるいは1週間における労働時間が他の一般労働者よりも短い常用労働者」をパートタイム労働者とする。

図6-12には、女性のパートタイム労働者の一般女性労働者に対する賃金率（賞与込み）の推移を示している[16]。80年以降、一貫して賃金比率が低下している。すなわち、パート・フルタイムの間の賃金格差は、一貫して拡大している。では、どうして、パート・フルタイム間の賃金格差は拡大を続け

---

16) 『賃金構造基本統計調査報告』から、年間賞与を12で除したものを給与総額に加え、所定内労働時間と所定外労働時間を加えた総労働時間で除して、時間当たり賃金を算出した。

ているのであろうか。

　第一の可能性は、パートとフルタイムの労働者の能力格差の拡大である。しかし、この点はパートの長期勤続化、高学歴化の進展と矛盾する。

　第二の可能性は、労働需要側の動きで説明することである。仮に、技術革新の結果、未熟練のパートタイムよりも熟練フルタイム労働者に需要がシフトしたとすれば、パートの相対賃金は低下する。しかし、この場合は、パートのフルタイムに対する相対的な雇用量は低下しているはずである。

　図6-12にはまた、女性パート労働者の女性一般労働者に対する雇用者数の比率を示している。明らかに上昇傾向がある。したがって、フルタイム労働者への相対需要の上昇という仮説は否定される。

　第三の可能性は、供給側の動きで説明することである。企業の労働需要には変化がないという条件のもとで、女性のパートタイム就業に対する供給が増加したとしよう。この場合は、供給の増加によって、パートタイム労働の相対賃金が低下し、パートの雇用率も上昇する。すなわちパート需要よりもパート供給の増加が大きいという仮説は事実と整合的である。

　第四の可能性は、フルタイムの労働市場における賃金の硬直性によって割り当てが生じている場合である。この場合に、フルタイム労働者に対する需要低下ショックが生じると、フルタイム労働市場では、フルタイム労働を望みながらも職に就けないという人たちが発生し、その多くはパートタイム労働市場へ参入する。すると、パートタイム労働における供給曲線が右にシフトし、パートタイム労働者が増加すると同時にパートタイム労働者の賃金が低下する。このケースだと、パートタイム労働者の中には、フルタイムを希望しながらパートタイム労働をしている不本意パートタイム労働者が発生する[17]。

　第五の可能性として、低賃金フルタイム労働者がパートタイム労働者に置き換えられたという可能性がある。高原（2003）は、『賃金構造基本統計調

---

17) 永瀬（1997）は、正社員とパートタイム労働者の賃金格差が補償賃金格差で説明できないこと、非自発的パートがパート労働者の15％を占めること、中高年・低学歴・長時間労働者が非自発的パートになりやすいことから、正社員における割り当て現象が賃金格差を生じさせている可能性を指摘している。

査報告』を用いて1995年から99年の間で、低賃金フルタイムからパートへの置き換えが、パート・フルタイム間賃金格差拡大、フルタイム労働者における男女間賃金格差縮小をもたらしたと分析している。

5 1990年代の年間賃金格差

年間賃金の賃金格差は拡大したのか

賃金格差の研究で今まで用いられてきたデータは、『賃金構造基本統計調査報告』の所定内月次賃金の格差である。それは、賃金の分布データが公表統計から得られるのが、所定内月次賃金に限られているからである。

しかし、日本においては、賃金格差を考える上でボーナスの存在を無視することはできない。企業によっては、個人間の成績査定をボーナスにより多く反映させているところもある。したがって、年間賃金ベースでの賃金格差の実態を分析する必要がある。本節では、『賃金構造基本統計調査』の個票から特別集計を行って、年間賃金の格差の推移を分析する。

『賃金構造基本統計調査』では、毎年6月の1カ月間の現金給与総額とその1年前の年間ボーナスが調査されている。そこで、「現金給与総額」を12倍し、ボーナスを加えたものを「年間賃金」として推計した。この推計を行う対象労働者は正規労働者である「一般労働者」[18]とした。ボーナスのデータが1年前のデータであることから、勤続年数が1年以上の労働者のみを対象にした。用いたデータは元のデータから10％ランダムサンプリングによって抽出したものである。

図6-13から図6-15に、年間賃金の不平等度を男性、男女計、女性について1989年から2000年にかけて図示した。ここで示した不平等度は、変動係数、ジニ係数、対数標準偏差である。図6-13では、いずれの不平等度でも

---

18) パートタイム労働者を含んだ分析も行った。その結果、1998年において年間賃金の不平等度に大きなジャンプが観察された。このジャンプの理由として、98年以降のサンプリングに用いられた事業所統計調査の質問票に変更があったため、小規模事業所でパートタイム労働者を雇用している者の回答数が増加し、パートタイム労働者の労働者比率が増加した可能性が指摘されている。そこで本章では、あまりサンプリングに変化がなかったと考えられる一般労働者のデータのみを用いて分析を行う。

図6-13 男性一般労働者 年間賃金の不平等度

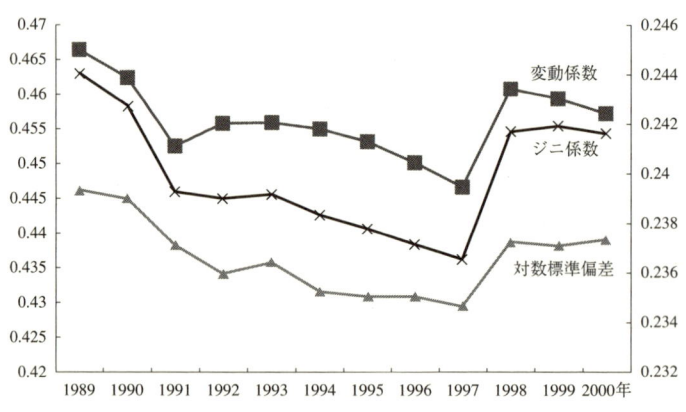

（変動係数、ジニ係数、対数標準偏差）

注）『賃金構造基本統計調査』（厚生労働省）から筆者が特別集計

図6-14 男女計一般労働者 年間賃金の不平等度

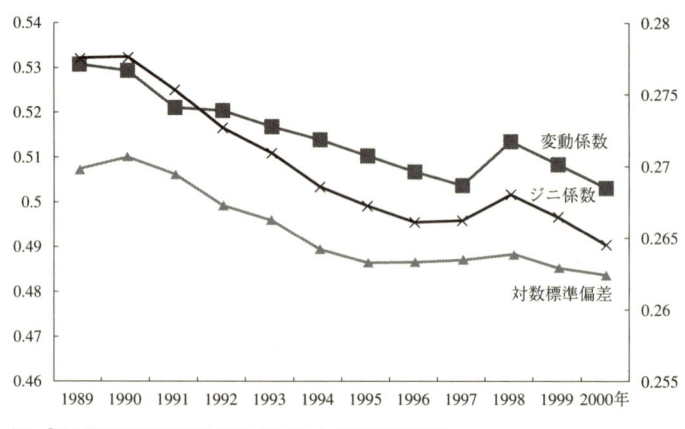

（変動係数、ジニ係数、対数標準偏差）

注）『賃金構造基本統計調査』（厚生労働省）から筆者が特別集計

89年から97年まで不平等度の低下が観察される。これは、篠崎（2001）が『就業構造基本統計調査』を用いて正社員についての年間賃金の不平等度が97年まで低下を続けたことを示したものと同じ結果である。

しかしながら、金融破綻を契機として失業率が急増した1998年において男

図6-15　女性一般労働者　年間賃金の不平等度

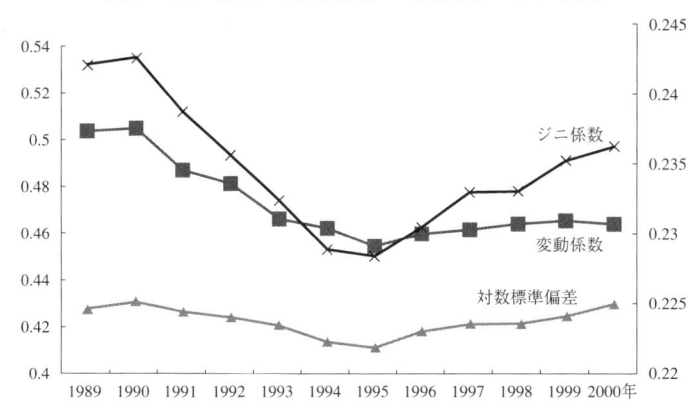

注)『賃金構造基本統計調査』(厚生労働省) から筆者が特別集計

図6-16　男性一般　ボーナス込み時間当たり賃金の不平等度

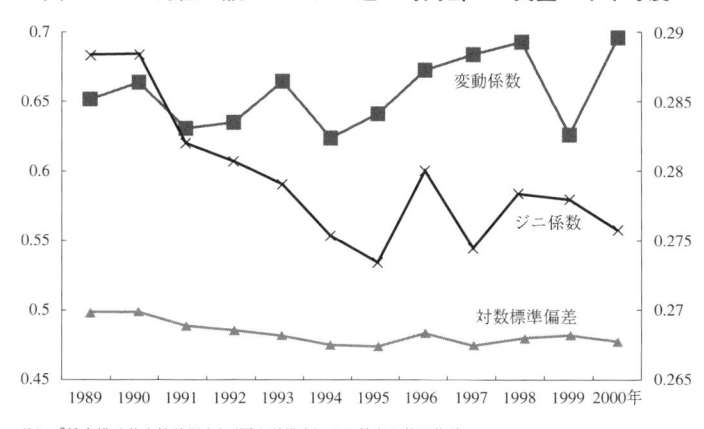

注)『賃金構造基本統計調査』(厚生労働省) から筆者が特別集計

性の賃金格差はジャンプし、その後は横ばいで推移している。これに対し、一般労働者男女計では、賃金格差はトレンド的に低下していることが図6-14からわかる。

さらに、女性の一般労働者内の賃金不平等度は、90年代半ばを底にしてU

字型になっている（図6-15）。男性、女性それぞれのグループ内の賃金格差は90年代はU字形の動きを示しているが、男女合計の賃金格差は低下傾向を続けている。この理由は、本節3項（170ページ）でより詳しくみるが、正社員については女性の賃金が男性の賃金に比べて平均的に上昇率が高かったことが原因である。

図6-16に、男性の時間当たり賃金の不平等度の推移を示している。時間当たり賃金の推計は次のようにした。労働時間は調査月の1カ月の総労働時間が1年間同じであったものとして、さきに推計した「年間賃金」を「推計年間労働時間」（1カ月の総労働時間×12）で除して求め、図6-16にその結果を示した。

不平等度の指標によって少し結果が異なるが、90年代終わりに時間当たり賃金の不平等度が上昇したとはいえない。特に、ジニ係数と対数標準偏差でみた時間当たり賃金の不平等度は、90年代半ばまでトレンド的に低下した後、多少の変動はあるものの一定の水準で推移している。すなわち、1998年に男性の年間賃金の格差が拡大した原因は、労働時間の格差が拡大したことを反映している可能性が高い。

90年代末には、失業率が上昇したが、日本の労働者が一様により少ない仕事に直面したわけではない。リストラによる失業増と同時に、残った少数の労働者が長時間労働をするという労働時間の不平等度が高まり、それが年間賃金の不平等度の拡大をもたらしたと考えられる。

同じ属性を持った労働者における年間賃金格差

前項では、ジニ係数、対数標準偏差をもとに賃金格差の推移を分析した。この項では、グループ内賃金格差を対数賃金関数の残差の第9・十分位－第1・十分位格差の変動によって分析する[19]。

グループ内賃金格差の推移を分析する目的は、成果主義型の賃金制度の導入が賃金格差に与えた影響を分析するためである。賃金格差は、人口構成に加えて、企業規模間格差、産業間格差、年齢間格差、学歴間格差といった

---

19) 本項で用いた賃金関数の残差によるグループ内賃金格差の指標は、Katz and Autor（1999）に基づいている。

図6-17　第9・十分位－第1・十分位対数年間賃金格差

男性
女性

注）『賃金構造基本統計調査』（厚生労働省）から筆者が特別集計

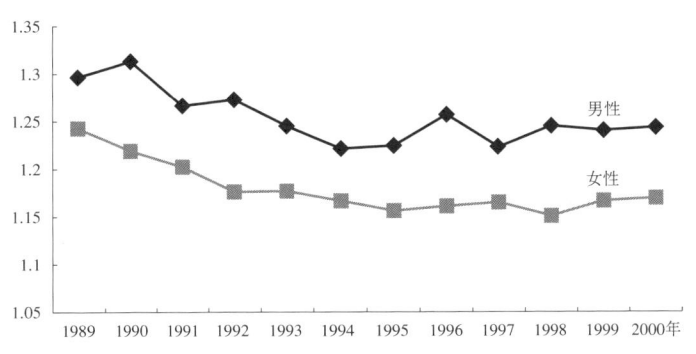

図6-18　第9・十分位－第1・十分位対数時間当たり賃金格差

男性
女性

注）『賃金構造基本統計調査』（厚生労働省）から筆者が特別集計

様々なグループ間の賃金格差の影響を受けて変動する。これらのグループ間賃金格差の変動そのものも重要な分析対象である。

　しかし、成果主義的賃金制度の導入は、同じような属性を持った労働者のグループの中で、より業績を重視したかたちで賃金格差を拡大する影響を持ったはずである。グループ内賃金格差の変動を分析するためには、労働者の属性をコントロールした上で賃金格差を分析する必要がある。

まず、労働者の属性をコントロールする前の年間賃金と時間当たり賃金の不平等度を、第9・十分位と第1・十分位の対数賃金格差で検討しよう。図6−17の年間賃金の格差は、1990年代半ばを底にしてU字型を示しており、図6−18の時間当たり賃金の格差は、90年代半ばまで低下してその後横ばいで推移している。この点は、前節の分析結果と同じである。

　また、年間賃金も時間当たり賃金も女性よりも男性のほうが賃金格差が大きい。いずれにしても正社員労働者を対象として分析する限り、90年代に賃金格差が上昇を続けたということはなく、年間賃金が90年代の後半に上昇したという事実が指摘できる。90年代末における賃金格差の拡大は、成果主義的な賃金制度が導入されはじめた時期と一致する。もちろん、90年代末の失業率上昇を反映している可能性もある。

　次に、同一労働者グループ内の賃金格差の変化を分析するために、毎年の対数賃金を、学歴、年齢、勤続年数の4次関数、産業、企業規模などを説明変数として回帰分析を行い、その残差項の第1・十分位と第9・十分位の格差をとったものをプロットした結果が、図6−19から図6−22である。

　図6−19と図6−20は、学歴、年齢、勤続年数の4次関数、産業、企業規模ダミー変数によって賃金関数を推定した場合の残差項をもとにしている。図6−21と図6−22は、学歴、年齢、勤続年数の4次関数のみによって推定した場合である。それぞれ、男性・女性別に年間賃金と時間当たり賃金を毎年推定して残差の分布をとった。

　労働者の属性をコントロールしないときは、男性のほうが女性よりも賃金格差が大きかったが、グループ内賃金格差は女性のほうが男性よりも大きくなっている。つまり、男性のほうが学歴・年齢・勤続年数で賃金を説明できる部分が大きいのに対し、女性はそれらの要因で説明できない部分が大きい。

　グループ内賃金格差の大きさが男女間で逆転するという違いがあるものの、時系列的な変化については、グループ内賃金格差も全体の賃金格差も、90年代の動きは似ている。90年代の半ばをボトムとするU字形になっている。労働者の属性をコントロールしない場合は、時間当たり賃金は90年代末に上昇していなかったが、グループ内賃金格差では90年代末に上昇傾向にある。

　確かに、90年代末にはそれまでのグループ内賃金格差の平等化傾向は逆転

図6-19 対数年間賃金格差の第1・十分位-第9・十分位格差
（産業・規模ダミーありモデル）

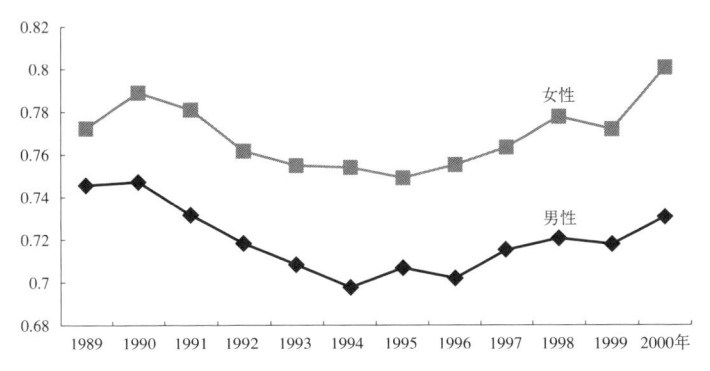

注）『賃金構造基本統計調査』（厚生労働省）から筆者が特別集計

図6-20 対数時間当たり賃金残差の第1・十分位-第9・十分位格差
（産業企業規模ありモデル）

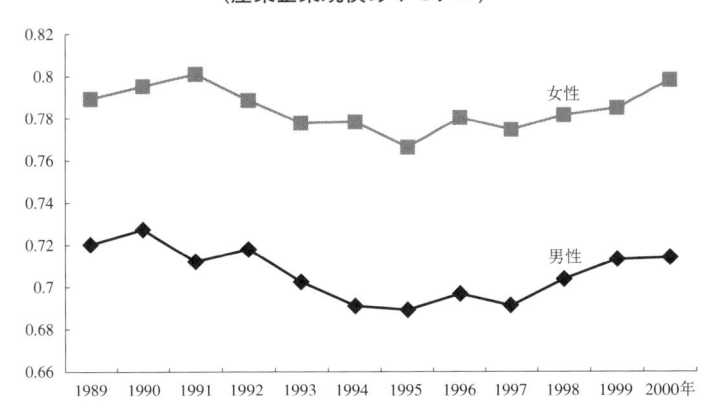

注）『賃金構造基本統計調査』（厚生労働省）から筆者が特別集計

している。それは、成果主義型の賃金制度の導入が増加した時期と一致する。しかし、90年代末の賃金格差の大きさは、90年代前半と同じレベルであり、歴史的にも賃金格差が急激に拡大したとはいえない。90年代を通じてグループ内賃金格差の拡大が続いたわけではない。

図6-21 対数年間賃金残差の第1・十分位－第9・十分位格差
（産業規模ダミーなしモデル）

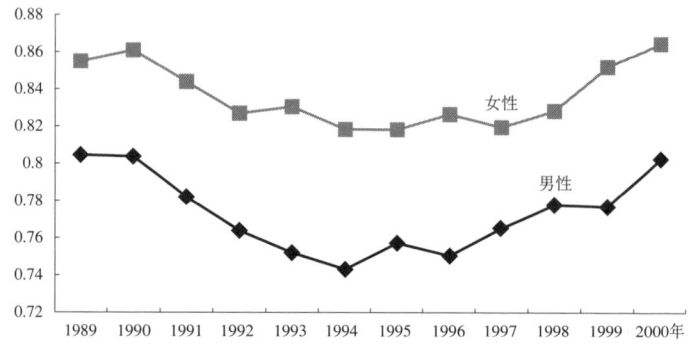

注）『賃金構造基本統計調査』（厚生労働省）から筆者が特別集計

図6-22 対数時間当たり賃金残差の第1・十分位－第9・十分位格差
（産業規模ダミーなしモデル）

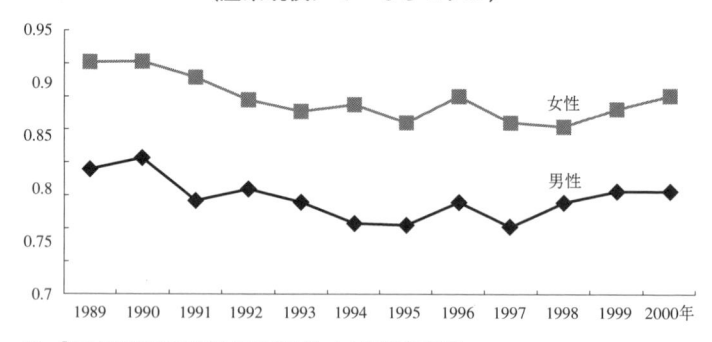

注）『賃金構造基本統計調査』（厚生労働省）から筆者が特別集計

1990年代における男性の実質賃金は全階層で低下

　男女それぞれのグループ内では1990年代の賃金格差は上昇を続けたわけではなく、90年代半ばまで格差が縮小し、90年代末になって上昇したこと、その傾向は労働者の属性をコントロールしたグループ内賃金格差でも変わらないことを示した。さらに、正規従業員男女計の賃金格差は90年代を通じて縮小傾向にあったことも明らかにした。

　90年代における賃金格差の変動は、低賃金層の賃金変動によるものなのか

高賃金層の賃金変動によるものなのだろうか。この項では、Juhn, Murphy and Pierce（1993）の実質年間賃金階層の百分位別に上昇率を分析するという手法で、その点を明らかにしていく。

ただし、『賃金構造基本統計調査報告』はパネルデータではないため、相対的な賃金階層が一定のままで推移したという仮定を置く。つまり、ある年において年間賃金が上から10%目の労働者は5年後においても上から10%の水準であったと仮定し、その両者の実質上昇率を求めるのである。実際には、多くの労働者は昇給することで賃金階層も上昇していくので、本節の推定は個人を追跡した場合よりも賃金上昇率が過小になっている。

図6-23は、横軸に賃金階層の百分位を示し、縦軸に消費者物価指数で実質化した1989年から2000年にかけての実質年間賃金の上昇率をとったグラフである。まず、すべての賃金階層で男性の実質賃金の上昇率に比べて、女性の実質賃金の上昇率が高かったことがわかる。次に、男性においては低賃金グループほど実質賃金の上昇率が高く、この間に賃金格差が縮小したことがわかる。女性については、最下位層と最上位層の賃金上昇率が中位層に比べて低めになっている。

図6-24には90年代前半の動きを示した。90年代前半は、男女とも低賃金層の賃金上昇率が高賃金層のそれを上回り、賃金格差縮小をもたらしたといえる。図6-25には90年代後半の動きを示した。90年代後半においては、男女とも高賃金層ほど実質賃金の上昇率が高かったことがわかる。しかも、男性においてはほとんどの賃金階層で、実質賃金が低下している。

さらに最近の動きを示すために、97年から2000年にかけての動きを示したものが図6-26である。女性については、この間の実質賃金上昇率はプラスであり、その大きさは賃金水準にかかわらず一定である。つまり、97年以降は、女性については賃金格差は一定で推移したと考えられる。しかし、男性については97年以降について、すべての賃金階層で実質年間賃金はマイナスになった上、低賃金層のほうがより大きな実質賃金の低下に直面している。男性については、90年代末の賃金格差拡大は低賃金層の実質賃金がより大きく下がるというかたちで生じていたのである。

1990年代を通じて、女性正規従業員の実質賃金の上昇率はすべての賃金階

図6-23　百分位別対数実質年間賃金の増加額（1989-2000年）

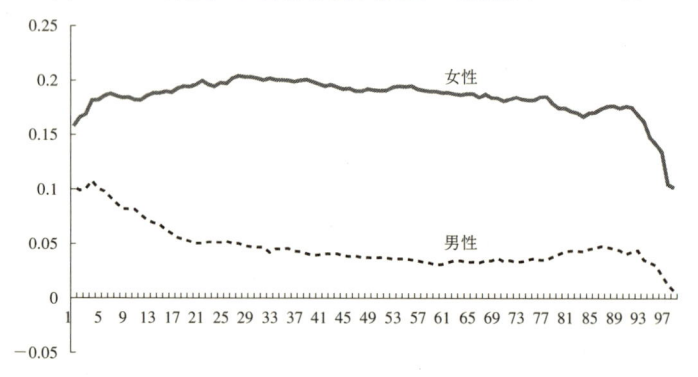

注）『賃金構造基本統計調査』（厚生労働省）から筆者が特別集計

図6-24　百分位別実質年間賃金上昇率（1989-94年）

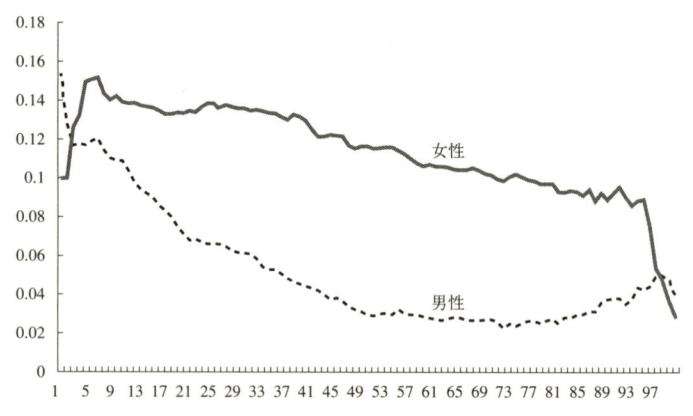

注）『賃金構造基本統計調査』（厚生労働省）から筆者が特別集計

層で男性の実質賃金上昇率を上回ってきた。この結果、正規従業員の男女間賃金格差が縮小を続けた。1990年代末における男性低賃金労働者の賃金低下が拡大したことは、女性の正規従業員の賃金上昇と比べると特徴的である。一つの可能性として、男女雇用機会均等法以降女性正社員の賃金水準が高まるとともに、男性の低賃金労働者から女性正規労働者への代替が生じたこと

図 6-25　百分位別実質年間賃金上昇率（1995-2000年）

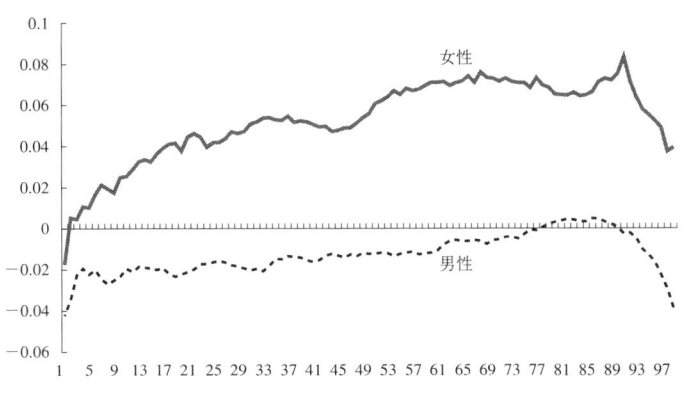

注）『賃金構造基本統計調査』（厚生労働省）から筆者が特別集計

図 6-26　百分位別実質年間賃金上昇率（1997-2000年）

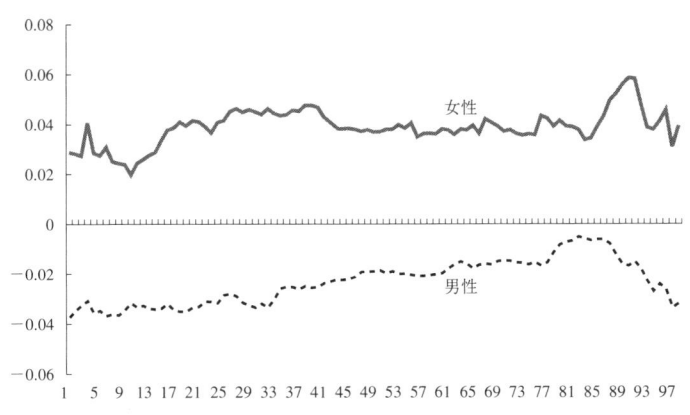

注）『賃金構造基本統計調査』（厚生労働省）から筆者が特別集計

が考えられる。

6　賃金格差拡大の幻想と未来

本章では、1980年以降の賃金格差の推移を実証的に分析してきた。賃金格

差の拡大は、統計でみる限り日本ではあまり大きくなかったことが様々な分析から共通して得られた。

　80年代における全般的賃金格差の拡大は、労働者の高齢化による要因が大きかった。90年代以降は、賃金格差そのものがあまり変化していない。確かに、若年層でみられる学歴間賃金格差の高まり、大卒中高年層でみられるグループ内賃金格差のトレンド的上昇、不況期にみられる企業規模間格差の拡大、正社員とパートタイム労働者の計測的賃金格差といったいくつかの観点からの賃金格差拡大はみられたが、アメリカやイギリスで観察されたような急激な賃金格差の拡大はない。

　こうした事実は、多くの人々が抱いている格差拡大感とは異なる。どうして、そのような乖離が生じるのかについては、本書第2章で議論したことと関わる。第一に、大卒中高年内での賃金格差は拡大を続けている。第二に、90年代末における実質賃金の低下が男性正規労働者すべてについて生じ、その程度が低賃金労働者ほど大きかったことは、低賃金労働者の生活水準の低下につながり、分配上大きな問題を引き起こしたと考えられる。第三に、90年代後半から増えた成果主義的賃金制度導入による賃金格差拡大の動きは、今後の賃金格差を拡大する可能性があり、40歳未満の労働者にとっては、将来の賃金格差拡大を予想していることが、生涯賃金の格差拡大と受け止められている可能性がある。

第 7 章　IT は賃金格差を拡大するか

　　ＩＴ化は、労働市場にどのような影響を与えるのだろうか。ＩＴ化が進むと職業紹介の効率性が高まり失業はなくなるのだろうか。ＩＴ化が進むとデジタルデバイドと呼ばれる賃金格差の拡大をもたらすのだろうか。本章は、ＩＴ化にともなってネット上では伝わらない情報について、それを仲介する機関の発達が職業紹介機能を高める上で不可欠になってくること、求人・求職コストの低下から発生する過剰な情報の選別のための新たなハードルを企業が設けることになることを指摘する。また、パソコンの使用が賃金格差に与える影響について、転職前後の賃金変化のデータを用いて実証分析を行う。この方法により、分析者には観察不可能な能力が賃金に与える影響を除いて、パソコンの使用が賃金に与える影響を計測することができる。パソコンの使用が賃金を上昇させる影響は、学歴が高い35歳未満の男性正社員に顕著に観察されるが、それ以外のグループでは小さいことが示される。また、転職時にコンピューターに関するトレーニングを行った者は、学歴にかかわらず、コンピューターを使用する職につく確率が高まるが、賃金の上昇にはつながっていない。

1　ITが労働市場に与える影響

IT革命が経済・社会に大きな影響を与えることが多くの人によって指摘されている。IT革命のプラスの側面として、情報関連投資の増加による経済の活性化・生産性の向上、企業活動における取引や経営のスピード化、顧客重視の経営の遂行、企業組織のフラット化による新たな雇用創出、インターネットによるオンライン直販の増加などが指摘されている。

一方、IT革命のマイナスの側面として、デジタル・デバイドといわれるITの利用可能性やITの操作能力の差がもたらす情報格差や賃金格差の拡大、産業構造や職種構造の大幅な変化に伴う雇用のミスマッチといったものが指摘されている。

本章では、ITが労働市場に与える影響の中で、賃金格差と職業紹介に注目して分析を行う。ITの利用可能性が賃金格差をもたらしているのか、ITが賃金格差拡大の原因であるなら、ITのどのような側面が賃金格差拡大を引き起こしているのであろうか。第2節では、こうした疑問について既存の研究を展望することで明らかにする。

IT革命は労働市場の様々な側面で変化をもたらしている。その中で、大きな変化は職業紹介機能におけるIT化である。第3節では、IT革命が職業紹介機能に与える影響について、Autor (2000) の議論を紹介する。

第4節では、コンピューターが賃金に与えた影響を、同一個人の二時点の情報を活用することで、コンピューターの使用と観察不可能な能力との相関を取り除いて推定する。この方法により、コンピューターの使用状況と観察不可能な能力で賃金にプラスの影響を与えるものとに相関がある場合でも、より正確にコンピューターの影響を計測することができる。また、賃金上昇効果が属性グループ、特に学歴グループ別で異なるかについて追跡する。さらに、コンピューターの訓練が賃金上昇につながるかについて分析する。第5節で結論を述べる。

2　ITと賃金格差

　1980年代から90年代にかけて、アメリカ、イギリス、カナダといった国々でみられた賃金格差の拡大も、IT革命が熟練労働者への需要を急激に増やすような技術進歩として機能したことが一つの要因として考えられている（図7－1）。

　技能労働者や高学歴労働者にバイアスのある技術進歩が生じたという主張をする研究の中で、コンピューターの使用の有無が重要な役割を果たしていることを実証的に示したのは、第6章で紹介したようにKrueger（1993）である。

　Kruegerは、コンピューターを使用して仕事をしている労働者は、使用していない労働者よりも賃金が10～15％ほど高いことをアメリカのデータを用いて示した。また、高学歴者のほうがコンピューターを使用している比率が高いことも示した。彼はアメリカにおける学歴間賃金格差拡大のうち半分近くをコンピューター使用率の学歴間格差で説明できるとしている。

　しかしながら、コンピューターの使用そのものが賃金格差をもたらしているという主張に疑問を投げかける研究もある。DiNardo and Pischke

図7－1　高技能労働者に対するバイアスを持った技術革新が賃金格差に与える影響

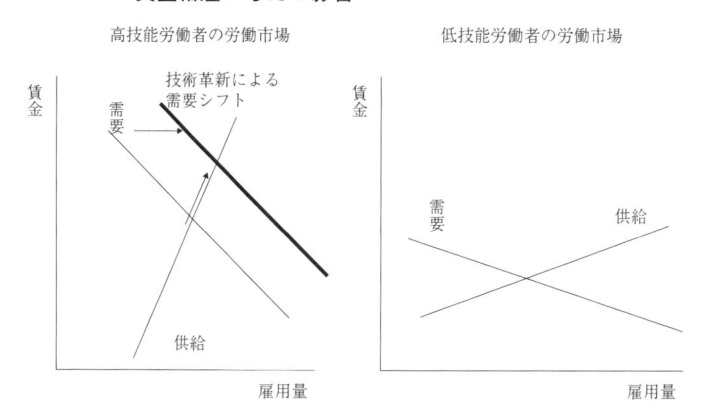

(1997) は、ドイツのデータを用いて Krueger (1993) とまったく同一の分析をし、コンピューターの使用については Krueger (1993) と同様の結果を得た。その上で「コンピューターの使用」を「計算機の使用」「電話の使用」「鉛筆の使用」「椅子に座って仕事」に代えて推定しても、ほぼ同じぐらい賃金が高まるようにみえることを示したのである。

このことは、コンピューターの使用が他の能力を代理していることを示唆している。考えられる理由としては、データから観測不可能な優れた能力を持った労働者は、コンピューターを用いるような仕事をしている可能性が高いということがある。つまり、Krueger (1993) の分析結果はコンピューターの使用が賃金を高めているのではなく、コンピューターを使用するという変数が、ブルーカラー労働者ではなくオフィス労働者であることや、未熟練労働ではなく熟練労働であることの代理変数となり、賃金を高めるようにみせかけているにすぎないと DiNardo and Pischke (1997) は批判している。

コンピューターの使用が賃金を高めているのか、能力が高い人々がコンピューターを使って仕事をしているのか、このどちらであるかは、政策的には非常に重要である。仮に、Krueger が主張するように、コンピューターの使用そのものが賃金を高める原因になっているのであれば、コンピューターを誰もが使用できるようになれば、コンピューターによる賃金格差は消滅してしまう。デジタル・デバイドの解消には、コンピューターの使用を訓練することが有効だということになる。しかし、新しい技術に対応できるという意味で優秀な人がコンピューターを使って仕事をしているのであれば、技術革新が続く限り、賃金格差は縮小しないことになる。

この両者を区別する一つの方法は、同一の労働者を追跡し、その労働者のコンピューターの使用状況が変化したときに賃金の変化があるか否かを検定することである。この方法だと観察不可能な労働者の資質は一定であるから、純粋なコンピューターの影響を取り出すことができる。本章第4節では、この方法を用いてコンピューターの賃金への影響を分析している。

その結果、コンピューターの使用によって賃金が上昇するのは、大卒の35歳未満の男性に限られている。それ以外の学歴、年齢層におけるコンピューターを通じた賃金格差とみえる部分は、技術変化に適応できる能力をコンピ

ューターが代理した結果生じていることになる。

　それでは、なぜコンピューターは高学歴の労働者がそれを使った時にのみ賃金を引き上げるのであろうか。コンピューターに代表されるIT技術の特徴を考えてみよう。

　IT化によって急速に発達した能力は、記憶能力、情報伝達能力である。一方で、得られた情報の中から本当に必要な情報を選び出す能力、その情報を解析し判断する能力、情報をビジネスに生かし、そのための組織を設計するような能力は、まだまだ人間に頼っている。つまり、IT化によって情報解析、判断能力に大きなボトルネックが発生している。これらの能力を持っているか否かが、所得格差を生み出しているのである。

　このような情報解析能力や判断能力を持っている労働者は、高学歴労働者に多い。そのために、高学歴者に限りコンピューターの使用が賃金を高めていると考えられる。したがって、IT化による所得格差の拡大を防ぐためには、単なるIT教育ではなく、より高度な情報解析、判断能力や自律的に仕事ができるような能力を育成する教育が必要なのである。

　IT化が高学歴者の賃金を高めるルートをもう少し議論しよう。Bresnahanほか（1999）は、IT化・高学歴労働者・組織改革の間には補完関係が存在していることを実証的に示している。特に、IT化と人的資本の高さ（学歴）の間には、高いIT化と高い人的資本（高学歴）の組み合わせが高い生産性を生み出すだけでなく、低いIT化と低い人的資本（低学歴）という組み合わせも、どちらか一方のレベルだけが高い組み合わせの場合よりも生産性を引き上げるということを発見している。

　経済企画庁（2000）は、Bresnahanほか（1999）とほぼ同じアンケート調査を日本の企業について行っており、アメリカと似た結果を見出している。つまり、高学歴者の比率が高い企業ほどより高いコンピューターの利用率を示している。企業組織についても、権限が下部に委譲されている程度が高いほど、従業員の自己管理型の程度が高いほど、チームワーク重視の程度が高いほどIT化が進んでいることが示されている。

　また、生産性についても、IT化の進展と高学歴比率の高さ、企業組織の改革が同時に進んでいるほど生産性が高くなることを示している。

Acemoglu (1998) によれば、情報技術労働者の多い所に技術導入が進み、それがさらに技術労働者の需要を増やし、彼らの賃金を上昇させる。

IT化によって個人の成果に関する情報がより容易に得られるようになると、常に労働者を監督する必要性が小さくなる。労働者に求められるのは、より自律的な働き方のもとで成果をあげることになる。

Autor (2000) は、このIT化と人的資本の高さの補完性に加えて、ITにより高学歴者を識別して採用するコストが低下したことが、企業が採用する生産技術にも影響を与えることを主張している。すなわち、IT化が進んだ企業では高学歴者がより多く需要される一方で、IT化が進んでいない企業では低学歴者がより多く需要される。このどちらの組み合わせも、高学歴者と低学歴者が混在する場合よりも生産性が高いというのがITと人的資本の補完性の議論である。

IT化が進む以前において、求人費用が高かったゆえに限定された地域からしか労働者を採用できなかったため、企業は十分な数の高学歴者が採用できず、低学歴者と高学歴者の両方を雇わざるを得なかった。その場合、企業は、両方の学歴の者が従業員に混在していることを前提にして生産方法を選ばざるを得ず、生産性も低く、学歴間賃金格差も小さくなっていた。しかし、IT化によって、企業が望むタイプの労働者だけを広範囲から採用できるようになれば、採用した労働者に最も適した生産方法を選択することが可能になり、生産性を高めることができる。

このように、労働者のタイプを絞った採用が容易にできるようになることが、生産方法そのものの選択にも影響を与えるために、ITを利用できる高学歴者の賃金と利用できない労働者の賃金格差が拡大するのである。

Cappelli and Carter (2000) は、企業組織のあり方とコンピューターの使用が賃金に与える影響について、興味深い研究結果を報告している。特に、製造業の第一線の生産労働者に対して、コンピューターとチームワーク重視の働き方が賃金上昇をもたらしていることを示している。

また、コンピューターの使用は、管理職の賃金を高めることが示されている。しかも、それは管理職自身のコンピューターの使用ではなく、部下のコンピューターの使用なのである。管理職の生産性の上昇は、本人がコンピュ

ーターを使用することから発生しているのではなく、部下がITによって情報を収集し、蓄積した結果をビジネスに生かす判断能力、分析能力から生じているのである。

しかし、一般労働者自らがコンピューターを使うことと管理職がコンピューターを使うことは、一般労働者の賃金に同じ程度の影響を与えている。したがって、管理職がコンピューターを使う必要がないというわけではない。

コンピューターに代表される技術革新は、程度の差はあれ、世界共通のものである。そうであるならば、日本においても賃金格差拡大要因となっている可能性がある。

清水・松浦（2000）は、独自の調査により、日本におけるコンピューターの賃金上昇効果について分析している。コンピューターの利用に教育や賃金が与えるという逆の効果も同時に考慮して分析すると、家と職場の両方でコンピューターを使用する労働者は、そうでない労働者よりも約30％賃金が高くなるという。

彼らの結果はまた、学歴が高いとコンピューターを家と職場の両方で使うという可能性を高めるが、賃金には直接的な影響をまったく与えないことも示している。学歴が高いこと自体が賃金を高めているのではなく、学歴が高いことはコンピューターを使用するという可能性を高め、そのような技術革新に耐えうる能力（努力）が賃金を高めると指摘している。

清水・松浦（2000）は、教育の賃金上昇効果とコンピューターの賃金上昇効果を同時に研究した点において優れている。しかしながら、Krueger (1993) の研究と同様に、分析はクロスセクションのデータを使用した一時点の推定であり、コンピューターを使用するようになったことが（観察できない能力を含めた）能力と相関している可能性を、完全には取り除くことができていない[1]。

計量経済学者には観察不可能な能力とコンピューター使用（所有）の相関を除去する一つの方法は、同一の労働者を追跡して調査したパネルデータを利用して分析することである。Kawaguchi (2004) は、日本の労働者のパ

---

[1] コンピューターが賃金格差に与える影響についてのアメリカにおける研究については、石原 (2000) を参照。

ネルデータを用いて、コンピューターの購入がその後の労働力参加や賃金にどのような影響を与えたかを実証分析している。コンピューターの所有と賃金の間には正の相関があるが、労働者固有の固定効果を考慮した推定を行うと、コンピューターの所有から賃金への因果関係は検出されていない。

本章の第4節でも、パネルデータを用いることによってコンピューターの利用が賃金変化に与える影響を分析する。日本では同じ企業に勤務していると、コンピューターを使用できることがすぐに賃金に反映されるとは限らない。むしろ、転職時における賃金の変化にコンピューターの使用能力がより反映される可能性がある。そのため、本章では転職前後における賃金の変化を、コンピューターの使用の変化で説明できるかどうかについて分析する。

その結果、コンピューターの使用によって賃金が上昇するのは、大卒の35歳未満の男性に限られていること、それ以外の学歴、年齢層におけるコンピューターを通じた賃金格差とみえる部分は、技術変化に適応できる能力をコンピューターが代理した結果生じていることが明らかにされる。

3 ITは職業紹介をどう変えるか

IT化の進展で大きく変貌すると考えられているのは、職業紹介の分野である。本節ではAutor (2000) の議論をもとに、ITが職業紹介にどのような影響を与えるか考察しよう。

ITは情報費用を大幅に低下させることから、職業紹介の効率性を大幅に上昇させる。職業紹介に関して規制が厳しかった日本でも、すでに公共職業紹介所の求人情報はインターネットで公開されている。また、2001年4月からはインターネットを通じた職業紹介についてより多くの規制緩和が行われた。職業紹介のインターネットでの規制緩和が行われる以前から大卒の新規採用については、インターネットの使用を前提とした求人活動が行われてきた。

それでは、インターネットを通じた職業紹介が進展することは、労働市場にどのような変化をもたらすであろうか。

第一に、求人・求職のためのコストがより低くなると、多くの求人・求職

情報からより適切な仕事と労働者のマッチングが行われる可能性がある。よりよいマッチングが速く行われるようになると、失業期間が短くなると予想される。よりよいマッチングが可能になれば、離職率は低下するかもしれない。逆に、求職情報が容易に得られるようになると、仕事に就きながら求職活動を行う人が増えて、離職率が上昇する可能性もある。

第二に、ITによって外注化の進展や、SOHOのように遠隔地での仕事が可能になると、企業も労働者も地域の労働市場の制約を受けなくなり、地域間の賃金格差が縮小する可能性がある。

ITがなければ企業は地域的な労働市場に直面するために、地域的に人手不足になると賃金引き上げ圧力がかかりやすい。逆に、地域的な失業率の上昇は、賃金率の下落を導きやすい。しかし、ITによって職住近接の必要性が低下すれば、そのような賃金変動要因は低下することになる。

もちろん、この点については、IT化が必ずしも遠隔地労働をもたらさないという議論もある。Gasper and Glaeser（1998）や八田（2001）で議論されているように、IT化はフェイス・トゥ・フェイスの交流を促進する可能性がある。しかし、すでに生じているようにインドでのソフトウェア開発のアウトソーシングのような働き方を容易にし、それが遠隔地勤務が容易な職種における地域間の賃金格差を縮小することに貢献するであろう。

職業紹介がIT化されることで、本当に効率的なマッチングが行われるようになるか否かについては、二つの問題点がある。

第一に、ITによる求人・求職費用の急激な低下は、求人企業にとって、膨大な量の応募者を抱えることになる。そのとき、応募費用が安ければ、逆選択の問題を深刻にする。日本でも大卒者の就職用のサイトを通じての応募数は、かつての資料請求はがきによる応募数をはるかに超える数になっている。

急激に増大した応募者の履歴書を検討していくことは、企業にとって莫大なコストがかかることを意味する。それに対応するために求人側が取る行動は、より質の高い学生だけにしぼるために様々なハードルを設けることである。エントリーシートと呼ばれる申込書に比較的長文の文章を書かせるのもその一つである。また、英語の能力を基準にしたり、なんらかの資格をとっ

ていることを基準にしたりするという新たなシグナルを要求することも生じてくる。企業が課すシグナルを持っている求職者は、すぐに就職が決まるが、シグナルを持っていない求職者はいつまでも第一次選抜で撥ねられて、就職が決まらないという二極化が生じることになる。

　求める能力とシグナルとの間に必ずしも相関が高くなければ、かえって適切な労働者を採用できなくなる。実際、インターネットを採用に使う人気大企業には、1万人を超える応募者があり、その第一次選抜を行う人材コンサルティング会社がすでに存在しているという（「教育を問う：就職迷子」、『日本経済新聞』2001年2月3日）。

　第二の問題点は、ITによって伝わる情報は、文字情報や画像情報に限られており、実際会ってみて初めて得られるような情報のほうが非常に多いということである。IT化される前なら、求人に応募してくる求職者数が限られていたために、企業は最善の人を取ることはできなかったかもしれないが、応募者全員と面接してみてITでは伝わらない情報をもとに採用を決定することもできた可能性がある。仕事によっては、そのような情報が決定的に重要な場合もあろう。

　また、仮にITによって労働者の技能の内容について情報を伝えることができたとしても、それが正しいものか否かをチェックする必要がある。これらの問題点を克服するためには、労働者の技能情報を評価して蓄積しておくような組織や制度が必要になってくる。一つの可能性は、技能の標準化である。標準化された資格をもとに、労働市場を形成することである。もう一つの可能性は、個々の労働者の技能に関する情報を公開することである。現実的には、派遣業のような仲介組織が発達することになる。

4　コンピューター使用は賃金を高めるか

　本節では、大阪府による『今後成長が期待される産業分野における人材の確保・育成に関する調査』(1999) の個票データにより、同一個人の転職前後二時点の情報を活用することでコンピューターの使用と観察不可能な能力との相関を取り除いて、コンピューター・プレミアムを再検討する。これに

より、コンピューターの使用状況と賃金にプラスの影響を与える観察不可能な能力に相関がある場合でも、より正確にコンピューターの影響を計測することができる。また、賃金上昇効果が属性グループ、特に学歴グループ別で異なるかについて追跡する。さらに、コンピューターの訓練が賃金上昇につながるかについて分析する。

以下、(1)で推定モデルを、(2)で推定に用いるデータを、(3)で推定結果を示す。この節では、コンピューター・プレミアムを様々な方法で過大バイアスを取り除いて計測する。さらに、学校教育の効果、トレーニングの効果についても分析する。

推定モデル

現職と前職の賃金は、職場でコンピューターを使用しているかを含む、就労時点での個人属性と勤務先の事業所属性で表されるとする。賃金の対数値が、

$$\ln w_{it} = \alpha_i + \beta' X_{it} + \beta_c \cdot COM_{it} + \varepsilon_{it} \tag{1}$$

という式で表されるとしよう。α_iは時点を通じて変わらない個人の属性で、観察可能な個人の能力を含む。Xは時点を通じて変化する個人と事業所の属性で、COMは職場でコンピューターを使用しているかどうかを表す。職場でコンピューターを使用していることが有意に賃金を高めているのであればβ_cが正になる。(1)式はKrueger (1993)が行った最も基本的な推定である。

この方法に対し、DiNardo and Pischke (1997) は、個人の能力が観察できない上、個人の能力はコンピューターの使用と相関していると批判している。(1)式のレベル推計では、観察不可能な能力はすべて誤差項に入ってしまう。観察不可能な能力がコンピューターの使用と相関する可能性は大きく、この場合には、推定や検定結果はバイアスを持ってしまうのである。もし能力の高い人がコンピューターを使用しているのであれば、コンピューターの係数は正のバイアスを持つことになる。そうすると、仮にコンピューターが賃金に対してプラスの影響を持つという推定結果が得られたとしても、コン

ピューターを使用していることで賃金（生産性）が高いのか、もともとコンピューターを使用している人の能力（生産性）が高いから賃金が高いのかを識別できない。

この問題を解決する一つの方法は、コンピューターの使用を説明するが能力とは直接相関しない操作変数を用いた推定を行うことである。コンピューターの使用に関する操作変数として、t時点のコンピューター利用を説明し、t時点の誤差項とは相関しない適切な変数をみつけることができれば、この方法によりコンピューターによる純粋な賃金上昇効果を計測できる。

しかしながら、本章で使用するデータのようにt-1時点の個人の情報を入手できたとしても、適切な操作変数をみつけることは難しい。適切な操作変数がない場合、観察不可能な能力に代表される個人の異質性は取り除けない。操作変数についてはそのほかにも問題があるが、それらについては結果の解釈の際に言及する。

これに対し、同一個人の異時点の情報を用いて個人の固定効果を除くことができれば、より適切にコンピューター・プレミアムを測定できる。(1)式を前職と現職の差としてとると、

$$\Delta \ln w_{it} = \delta' \Delta X_{it} + \delta_c \cdot \Delta COM_{it} + \eta_{it} \qquad (2)$$

と表すことができ、観察可能な能力はもちろん、誤差項に含まれていた観察不可能な能力も、それが時点を通じて不変であれば取り除かれる。注目すべき説明変数はコンピューターの使用状況の変化 ΔCOM であり、純粋に現職と前職でのコンピューターの使用状況の階差（$COM_a - COM_b$）をとったものである。

個人が再就職にあたりコンピューターを使用する職を選択し、その結果、所得が上昇しているかもしれない。この場合には、次のような操作変数を作成することでこの問題に対処できる。まず、現職でコンピューターを使用しているかどうかを、現・前職と個人の属性で説明できる。この推定の予測値と過去の状況との差が賃金変化に影響しうる。したがって、(1)式の操作変数法で述べた現職でのコンピューター使用の決定式を推定し、その予測値を得た上で、これと前職でのコンピューターの使用状況の差（$COM_a^e - COM_b$）

を ΔCOM として用いる。

これら二つの階差推定により、観察不可能な能力が賃金と相関している時にも正しくコンピューターの賃金上昇効果を推定できる。コンピューターを使用するようになったことが賃金を有意に増加させていれば ΔCOM の係数は正になる（コンピューター・プレミアムの存在）。

データ

推定には、大阪府による『「成長が期待される産業分野における人材の確保・育成」に関するアンケート調査1999』[2]（以下、『大阪府調査』と呼ぶ）の従業員調査を使用する。調査対象は、大阪府下の事業所に調査時点で就業していて、（原則として）1996年10月1日から99年9月30日までに転職の経験を持つ者である。調査対象事業所は、福祉・医療、情報・通信、生活・住宅、環境・エネルギー、教育・文化の各産業に関連する事業所である。これらの事業所に従業者数規模に応じて、1〜4通を各事業所に送付し、その事業所に勤めている転職経験がある従業員に調査票を配布してもらい、直接本人から郵送による回答を受けた。送付総数は4809であり、回答数は725であった。

大阪府調査では、転職前後における賃金の変化とコンピューター使用の変化の両方を、同一個人について尋ねている。賃金としてはボーナスを含めた勤め先からの年収（税込み）を尋ねている。推定では対数の変化をとり被説明変数とする。

前職と現職でのコンピューターの使用状況については、コンピューターを1）毎日よく使用、2）ほぼ毎日使用、3）週に2、3度使用、4）月に2、3度使用、5）めったに使わない、6）まったく使わない、の中から回答される。

以下の分析では1）をコンピューター使用者とする。階差をとるモデルでは、前職でコンピューターを使用していないが現職で使用するようになった場合は1、逆の場合は−1、前職、現職ともに使用していないかともに使用

---

[2] 本調査は、大阪府産業労働政策推進会議の委託を受けて、大竹文雄・大日康史・小滝一彦・小原美紀の4名で行ったものである。調査の概要については、大阪府（2000）を参照。

している場合は 0 となる変数を用いる。なお、1) と 2) を使用者とした分析も試みたが、主要な結果は以下と同じである。

コンピューターの使用以外の説明変数には、年齢、勤続年数、役職、産業、事業所規模、正社員かどうかを入れる（年齢と勤続年数については二乗項、互いの交差項をとる）。個人属性として、性別ダミー、教育年数を加える。学歴ダミーではなく教育年数としたのは既存研究との比較のためである。階差モデルではこれらの差をとるが、年齢と勤続年数は現時点と離職する時点の差とする。また、二時点の差をとるので、X には時間に依存しない定数項が含まれる一方、性別ダミーや教育年数は落ちる（学歴は二時点で変わらないと仮定する）。学歴別に推定する場合には、中・高卒のグループ（以下、『低学歴』と呼ぶ）と、高専・短大・専門・専修学校・四年制大学・大学院卒（『高学歴』と呼ぶ）のグループに分ける[3]。

職種として「デスクワークかどうか」をコントロールする分析も行う。これは、「仕事の内容」の回答から、専門職、管理職、技術職、企画・編集、経理などをデスクワークとし、接客に関する仕事（レストラン等の接客サービス、受付、看護、理・美容、ホームヘルパー、介護、運転手、清掃）と、生産に関する仕事（製造現場の作業、建設・土木作業、調理・コック）をデスクワークではないとした。全体の約57%がデスクワークとなる。

また、職業経験をコントロールするものとして、「今までの職業経験が今の会社で活かされているかどうか」の回答を用いた。かなり・ある程度活かされている・どちらともいえない・あまり・ほとんど活かされていないという回答のうち、かなり活かされていると回答した者（33%）を「経験が活かされている者」とした。

現職でのコンピューター使用の操作変数には、X_{it} に入る個人属性に加えて、現職・前職での役職、産業、事業所規模、正社員だったかどうか、勤続年数、対数賃金、コンピューターを使用していたかどうかを用いる。

最も基本的な推定について必要な変数がすべて存在するものに限定すると、

---

3) 四年制大学卒以上を『高学歴』と分類して分析しても以下の主要な結果は変わらない。また、理科系か文科系かを区別すればより望ましい属性のコントロールができるが、データからはわからない。

レベル推定では521サンプル、階差推定では475サンプルとなる。

表7-1に使用する変数の記述統計を、表7-2に現職でコンピューターを使用している者の割合を属性別に示している。特に男性の使用者は、属性グループに広く分布しているといえる。正社員か否かという雇用形態に関する変数については、昇進の可能性、労働時間、労働時間の変更のしやすさなど、雇用条件等の差が賃金格差に与える影響を除くために入れている。

このように、大阪府調査は、転職を機とした同一個人の賃金の変化とコンピューター使用の変化の両方を尋ねている。このようなデータは他に類がなく分析に用いることの意義は大きいが、転職者に限定された分析結果であることは否定できない。しかしながら、転職という契機をとらえていることで、コンピューターの使用状況が変化した者の数が限定的でない。また、同一企業に勤続し続けている場合には、コンピューターを使用するようになったからといって、賃金を上昇させるということは人事管理上困難かもしれない。転職においては、これらの問題が少なく、コンピューターの効果を計測する上で利点となる。

推定結果

コンピューターの使用は賃金を上昇させるか？

① コンピューター・プレミアムの計測

表7-3パネルaの(1)列は(1)式で示されるレベル推定の結果である[4]。コンピューター使用者の対数賃金は、使用していない者に比べて6.29％（exp(0.061)-1）高い。この結果はKrueger（1993, Table IV）で示されている家と職場の両方でコンピューターを使用する者は約9％賃金が高いという結果や、清水・松浦（2000，表7-3）で示した職場でのコンピューター使用の係数（0.079）より若干小さい。

しかしながら、DiNardo and Pischke（1997）が批判するように、コンピ

---

[4] 分散不均一性について、Glesjer（1969），Cook and Weisberg（1983）のテスト（$Var(\varepsilon_i) = \sigma^2 \exp[\alpha' z_i]$（zとして予測値を用いる）において$\alpha = 0$をテスト）を行った。統計量は3.27となり、自由度1のχ二乗分布より均一分散であるという帰無仮説は棄却される。よって、White修正を行った共分散行列により検定する。

表7-1 記述統計

		(1)現職				(2)変化			
		平均	標準偏差	最小値	最大値	平均	標準偏差	最小値	最大値
対数所得		6.016	0.513	4.094	7.313	−0.013	0.364	−1.609	1.522
コンピューター使用		0.486	0.500	0	1	0.113	0.505	−1	1
年齢		35.987	10.986	21	67	1.608	1.790	−0.667	16.813
男性		0.639	0.481	0	1				
学歴	中卒	0.012	0.107	0	1				
	高卒	0.203	0.403	0	1				
	専修学校卒	0.152	0.359	0	1				
	短大卒	0.146	0.353	0	1				
	四大卒	0.488	0.500	0	1				
教育年数 (年)		14.51	1.67	9	16				
転職回数		2.073	1.406	0	10				
勤続年数 (月)		21.72	25.81	1	221	−61.40	103.55	−464	162
正社員かどうか		0.858	0.349	0	1	0.025	0.413	−1	1
役職	役員	0.015	0.123	0	1	−0.025	0.213	−1	1
	部長	0.050	0.218	0	1	−0.004	0.242	−1	1
	課長	0.088	0.284	0	1	−0.017	0.329	−1	1
	係長	0.073	0.260	0	1	−0.025	0.302	−1	1
	専門職	0.234	0.424	0	1	0.010	0.339	−1	1
	一般	0.539	0.499	0	1	0.061	0.381	−1	1
産業	建設	0.073	0.260	0	1	−0.002	0.278	−1	1
	製造	0.334	0.472	0	1	0.092	0.480	−1	1
	エネルギー	0.015	0.123	0	1	−0.002	0.177	−1	1
	通信	0.017	0.130	0	1	−0.021	0.223	−1	1
	小売	0.073	0.260	0	1	−0.075	0.340	−1	1
	金融	0.031	0.173	0	1	−0.077	0.311	−1	1
	不動産	0.006	0.076	0	1	−0.013	0.158	−1	1
	サービス	0.451	0.498	0	1	0.098	0.498	−1	1
規模	1000人以上	0.255	0.436	0	1	−0.008	0.553	−1	1
	500-999	0.136	0.343	0	1	0.048	0.443	−1	1
	300-499	0.157	0.365	0	1	0.054	0.445	−1	1
	100-299	0.205	0.404	0	1	0.031	0.546	−1	1
	30-99	0.119	0.324	0	1	−0.010	0.455	−1	1
	1-29	0.127	0.333	0	1	−0.115	0.463	−1	1
サンプルサイズ		521				479			

注) 役職、産業、規模、正社員かどうかはダミー変数である。変化の推定においては、現職と前職のダミー変数の差をとる。

ューターの使用状況の変数が、職種の差、特にデスクワークかどうかを代理しているならば、係数は真のコンピューター・プレミアムを示さない。そこで、「職務経験が活かされているか」をダミー変数として追加することでコ

表7－2　現職でコンピューターを使用する者（割合）

		女性	男性
	デスクワーク	0.83	0.76
	それ以外	0.17	0.24
役職	一般職	0.83	0.40
	それ以外	0.17	0.60
産業	建設	0.10	0.05
	製造	0.42	0.43
	エネルギー	0.00	0.02
	通信	0.01	0.02
	小売	0.09	0.05
	金融	0.06	0.02
	不動産	0.00	0.01
	サービス	0.32	0.41
規模	1000人以上	0.41	0.34
	500-999	0.12	0.16
	100-499	0.12	0.16
	30-99	0.17	0.21
	29以下	0.19	0.13
雇用形態	正社員	0.80	0.94
	非正社員	0.20	0.06
学歴	大学卒	0.74	0.84
	それ以外	0.26	0.16

注）大学卒には短大卒と高専卒を含む。

ンピューターという技術がある特定の職種に使われていることをコントロールする場合（パネルaの(2)）と、「デスクワークか否か」をコントロールする場合（パネルaの(3)）の推定を行った。デスクワークの係数は有意ではないが、経験の係数は正で有意となっている。コンピューター・プレミアムは職種をコントロールすると、5％の有意水準で係数が0であることを棄却できない。

　コンピューター・プレミアム以外の係数については、役職の高い者、規模の大きい企業に勤める者、正社員の者で所得が高い。建設や通信産業では製造業よりも所得が高く、サービス業では低い。コンピューター・プレミアムはこれらの影響をコントロールした上での計測値である。

　次に、操作変数法を用いて過大バイアスを取り除いた結果を表7－3のパネルbに示す。パネルaにおいて、「経験が活かされているか」の変数を含

表7－3　コンピューター使用が所得に与える影響1（レベル分析）

被説明変数：対数所得　　パネルa．最小二乗法

		(1)		(2)		(3)	
		係数	標準誤差	係数	標準誤差	係数	標準誤差
コンピューター使用		0.061	0.031**	0.058	0.031*	0.056	0.033*
経験が活かされている				0.069	0.027**		
デスクワークである						0.015	0.030
年齢		0.038	0.011***	0.039	0.011***	0.039	0.011***
年齢二乗		0.000	0.000***	0.000	0.000***	0.000	0.000***
男性		0.309	0.031***	0.311	0.031***	0.311	0.032***
教育年数		0.042	0.010***	0.041	0.010***	0.042	0.010***
転職回数		−0.006	0.012	−0.007	0.012	−0.006	0.012
勤続年数		0.001	0.003	0.001	0.003	0.001	0.003
勤続年数二乗		0.000	0.000	0.000	0.000	0.000	0.000
年齢＊勤続年数		0.000	0.000	0.000	0.000	0.000	0.000
正社員かどうか		0.337	0.051***	0.328	0.051***	0.337	0.051***
役職	役員	0.800	0.221***	0.783	0.213***	0.795	0.221***
	部長	0.667	0.082***	0.644	0.083***	0.661	0.082***
	課長	0.488	0.061***	0.470	0.061***	0.483	0.061***
	係長	0.334	0.045***	0.320	0.044***	0.331	0.045***
	専門職	0.290	0.035***	0.272	0.037***	0.292	0.036***
産業	建設	0.089	0.043**	0.093	0.043**	0.089	0.044**
	エネルギー	−0.073	0.091	−0.077	0.097	−0.073	0.092
	通信	0.246	0.104**	0.240	0.108**	0.247	0.104**
	小売	−0.068	0.064	−0.069	0.063	−0.067	0.064
	金融	−0.170	0.140	−0.167	0.140	−0.172	0.140
	不動産	−0.080	0.115	−0.063	0.118	−0.082	0.115
	サービス	−0.052	0.030*	−0.058	0.030*	−0.051	0.030*
規模	1000人以上	0.139	0.049***	0.136	0.049***	0.139	0.049***
	500-999	0.133	0.056**	0.133	0.056**	0.133	0.056**
	300-499	0.007	0.052	0.004	0.051	0.006	0.052
	100-299	0.028	0.050	0.031	0.049	0.027	0.050
	30-99	0.057	0.054	0.058	0.054	0.056	0.054
定数項		3.840	0.218***	3.847	0.215***	3.836	0.218***
サンプルサイズ		521		521		521	
F値		46.32		45.67		44.53	
決定係数		0.692		0.695		0.692	

注1）　性別、役職、産業、規模はダミー変数であり、比較ベースはそれぞれ、女性、一般職、製造業、29人以下である。
注2）　***、**、*はそれぞれ1％、5％、10％水準で係数が有意であることを示す。
注3）　White (1980) による分散不均一性を修正した標準偏差を掲載している（以下すべての表について同じ）。

表7-3 (レベル分析) つづき

被説明変数：対数所得　パネルb．操作変数法
(コンピューター使用と所得の内生性を考慮)

		係数	標準誤差
コンピューター使用		0.147	0.066**
経験が活かされている		0.058	0.028**
年齢		0.032	0.013**
年齢二乗		0.000	0.000**
男性		0.309	0.031***
教育年数		0.037	0.011***
転職回数		−0.003	0.012
勤続年数		−0.002	0.003
勤続年数二乗		0.000	0.000
年齢＊勤続年数		0.000	0.000
正社員かどうか		0.340	0.055***
役職	役員	0.607	0.221***
	部長	0.609	0.088***
	課長	0.461	0.063***
	係長	0.303	0.046***
	専門職	0.300	0.038***
産業	建設	0.032	0.044
	エネルギー	−0.110	0.102
	通信	0.241	0.100**
	小売	−0.074	0.069
	金融	−0.167	0.139
	不動産	−0.061	0.128
	サービス	−0.068	0.031***
規模	1000人以上	0.083	0.055
	500-999	0.110	0.060*
	300-499	−0.043	0.055
	100-299	−0.002	0.054
	30-99	0.020	0.057
定数項		4.030	0.263***
サンプルサイズ		475	
F値		41.10	
Hausman検定 (χ^2)		160.4	

注1) 表7-3パネルaの注を参照。
注2) コンピューター使用の操作変数は、上記説明変数である現職の属性および前職の属性、前職の所得、前職のコンピューター使用である。

むことが統計的に支持されるので、この変数を含むモデルを推定している（以下同様）。係数は最小二乗法より大きくなる。

操作変数法による係数は、しばしば最小二乗法よりも大きく計測される。モデルが重要な説明変数を落としている場合や、操作変数にダミーで変数が含まれていてそれに測定誤差がある場合には、操作変数の係数は過大評価となる。また、ここでの使用データのように、サンプルサイズが限定的で操作変数が多い場合には、推定値はバイアスを持ったものとなり、誤った値となる。そもそも、操作変数が適切でないならば、観察されない能力との相関を十分に取り除けない[5]。

表7−4では、階差をとることで観察されない個人の能力を取り除いた。(1)列は、現職でのコンピューター使用を予測したもの（表7−3パネルbの操作変数法による予測値）と前職でのコンピューター使用の階差をとるケース（以下、「予測値との階差をとるケース」と呼ぶ）を示し、(2)列は純粋に階差をとるケースを示している。

コンピューターを使用するようになったことによる賃金増加は4.3%から4.7%にとどまっている。また、(1)では10%の有意水準、(2)では5％の有意水準でも係数が0であることが棄却されない。このコンピューター・プレミアムは、本節のレベル推計や、Krueger（1993）や清水・松浦（2000）など過去の研究の推計と比べて、半分以下であることがわかる。5％、1％水準で有意である表7−3の結果や過去の研究結果よりも、賃金上昇効果は小さい。

ただし、説明変数に測定誤差がある場合に階差推定を行うと、係数が過小となる可能性がある（Angrist and Krueger（1999））。観察されない能力を固定効果として取り除いたことが係数を小さくさせたのではなく、コンピューター使用の変数に測定誤差があることが原因である可能性もある。そのため、現在のコンピューター使用について予測値を用いた分析も行った。純粋

5）Hausman（1978）の特定化テストにより、説明変数が外生であるという帰無仮説は棄却される（統計量は160.4で自由度29の χ 二乗分布）。しかし、Hansen（1982）の過剰識別性の検定により操作変数が適切であることは棄却される（統計量は15483で自由度25の χ 二乗分布）。したがって、ここでの操作変数法は適切でない可能性がある。

表7-4 コンピューターの使用の変化が所得変化に与える影響2（階差分析）

被説明変数：対数所得の変化

		(1)		(2)	
		コンピューター使用の変化について			
		予測値との階差をとるケース		純粋な階差をとるケース	
		係数	標準誤差	係数	標準誤差
コンピューター使用変化		0.043	0.041	0.047	0.026*
経験が活かされているか		0.021	0.029	0.028	0.029
年齢		0.047	0.022**	0.045	0.021**
年齢二乗		−0.003	0.002	−0.003	0.002
勤続年		0.000	0.000	0.000	0.000
勤続年二乗		0.000	0.000*	0.000	0.000*
年齢＊勤続年		0.000	0.000*	0.000	0.000**
正社員変化		0.275	0.047***	0.268	0.047***
役職変化	役員	0.357	0.093***	0.403	0.102***
	部長	0.272	0.081***	0.286	0.084***
	課長	0.139	0.058**	0.147	0.059**
	係長	0.079	0.051	0.078	0.054
	専門職	0.104	0.045**	0.085	0.050*
産業変化	建設	0.006	0.047	0.000	0.046
	エネルギー	−0.014	0.069	−0.015	0.070
	通信	0.011	0.074	0.007	0.075
	小売	0.005	0.047	0.027	0.050
	金融	−0.112	0.064*	−0.115	0.064*
	不動産	−0.096	0.083	−0.104	0.083
	サービス	−0.032	0.035	−0.028	0.036
規模変化	1000人以上	0.125	0.039***	0.121	0.038***
	500-999	0.102	0.038***	0.098	0.038***
	300-499	0.015	0.038	0.023	0.038
	100-299	0.048	0.036	0.036	0.036
	30-99	0.033	0.036	0.022	0.037
定数項		−0.039	0.037	−0.044	0.038
サンプルサイズ		475		479	
F値		9.84		9.33	
決定係数		0.383		0.371	

注1) 表7-3の注を参照。
注2) (1)において、コンピューター使用の状況の変化は、表7-3パネルbで操作変数により推定された現在のコンピューター使用の予測値と、前職でのコンピューター使用との階差をとっている。
注3) 予測値との階差をとる場合(2)は説明変数と同時に操作変数を必要とする（表7-3パネルbの推定サンプルに限定される）ため、純粋な階差をとる場合(1)よりサンプル数が少ない。

な階差モデルと現在のコンピューター使用について操作変数を用いたモデルとの間で、ほとんどの推定値がほぼ同じとなっている。したがって以下では、純粋な階差をとるケースのみを掲載する。

② 過大計測の可能性

　表7－3のレベル推定の結果や表7－4の階差推定の結果では、コンピューター使用の変化のほかに、正社員かどうかの変化が賃金を大きく増加させている。この雇用形態の変化とコンピューター使用の変化の関係については注意が必要である。

　まず、雇用形態自体がコンピューターを使用している（していた）ことに直接影響される可能性がある。この場合、コンピューター使用の変化の係数はコンピューター使用の純粋な賃金上昇効果を必ずしも示さない。そこで、現在および過去のコンピューター使用状況が現在正社員である確率に影響するか、もしくは、過去に非正社員であった人のサンプルで現在正社員となる確率に影響するかをプロビット分析した。分析により、コンピューター使用が雇用形態の決定には影響を与えないことを確認した（分析結果は省略）。

　コンピューター使用が雇用形態の決定に影響しないとしても、比較的大きい雇用形態の変化の影響をダミー変数だけでとらえるのは不十分かもしれない。雇用形態の変化したグループごとにコンピューター使用の賃金上昇効果が異なる可能性もある。そこで雇用形態の変化したグループ別に推定を行った。転職前に非正社員だった者が現職で正社員になる場合、その逆、転職前も現職も正社員の場合、どちらも非正社員の場合の4グループに分けられ、それぞれ47、35、369、28サンプルとなる。転職前も現職も正社員であるグループ以外では、サンプル数が少なく検定の信頼性が低いので、転職前後を通して正社員のままであるサンプルに限定して(2)式の階差モデルを推定した（表7－5）。

　コンピューター使用の変化の係数は表7－4の階差推定の結果よりさらに小さくなり、10％の有意水準で係数が0であることを棄却できない。表7－4で部分的に示された階差モデルでの賃金上昇効果も、雇用形態をコントロールすればなくなる。コンピューター使用の変化が、正社員かどうかの変化

---

6) 同様の議論が役職の変化についてもできる。役職を、一般職のグループとそれ以外（専門職、係長、課長、部長、役員）のグループに分け、転職前後で一般職からそれ以外に移った場合（20サンプル）、その逆（58サンプル）、一般職のまま（242サンプル）、一般職以外のまま（229サンプル）を作り、(2)式を推定した。その結果、コンピューター使用による賃金上昇効果は、どのサンプルでも有意でなくなった。

表7-5 雇用形態を正社員に限定

被説明変数：対数所得の変化（純粋な階差をとるケース）

		係数	標準誤差
コンピューター使用変化		0.040	0.026
経験が活かされているか		0.010	0.030
年齢		0.049	0.027*
年齢二乗		−0.003	0.003
勤続年数		0.000	0.000
勤続年数二乗		0.000	0.000***
年齢＊勤続年数		0.000	0.000*
役職変化	役員	0.295	0.111***
	部長	0.358	0.090***
	課長	0.185	0.059***
	係長	0.087	0.053*
	専門職	0.085	0.056
産業変化	建設	0.005	0.050
	エネルギー	0.009	0.074
	通信	0.051	0.076
	小売	0.058	0.061
	金融	−0.004	0.046
	不動産	−0.047	0.087
	サービス	−0.022	0.039
規模変化	1000人以上	0.099	0.040**
	500-999	0.075	0.040*
	300-499	0.013	0.045
	100-299	0.039	0.039
	30-99	0.030	0.042
定数項		−0.022	0.037
サンプルサイズ		366	
F値		7.51	
決定係数		0.341	

注1）「経験が活かされているか」以外の説明変数はすべて前職と現職の変化をとっている。

注2）「コンピューター使用変化」は、表7-3パネルbにおいて、操作変数によって予測された現在のコンピューター使用の状況と前職でのコンピューター使用との階差をとったものである。

で表される要因を代理していた可能性がある[6]。

レベル推計でコンピューターが賃金を上昇させているようにみえていた部分は、コンピューターを使用する人がコンピューターという新しい技術に対

応できる能力を身につけている人であり、そのような人の賃金が高まっていることを代替していたといえる。このとき、コンピューター・プレミアムは過大評価されていたことになる。これまでの研究では取り除かれなかった部分が、同一個人の異時点の情報を用いたならば消えてしまうか、かなり小さくなる。

学歴とコンピューター・プレミアム

コンピューター・プレミアムは、サンプル全体でみれば小さいか、ほとんどないことがわかった。これはすべてのグループにあてはまるだろうか。特に学歴の高さとの関係はあるだろうか。次に、このことについて調べてみる。

表7－6では、コンピューター・プレミアムが学歴ごとに異なることを考慮し、説明変数に、教育年数とコンピューター使用の交差項を加えて、レベルモデルを推定した。コンピューター使用の係数は負であるが、交差項は正で有意である。教育年数の短い者ではコンピューター使用による賃金上昇効果はないものの、教育年数の長い者では効果があるといえる。教育年数の長い者ほどコンピューター・プレミアムは大きくなる（表7－6に掲載した「学歴別コンピューター使用の係数」を参照）。

表7－7では、階差モデルを高学歴と低学歴のグループに分けて推定した。予測値との階差をとるケースと純粋な階差をとるケースのどちらにおいても、高学歴と低学歴で結果が大きく異なる。高学歴グループでは、コンピューター使用により約8.4％の賃金上昇効果が有意に確認されるのに対し、低学歴グループでは係数は有意でない。

同様の分析を様々なグループについて検証し、特徴的に表れた結果を表7－8にまとめた。サンプル数が減少するという問題はあるが、高学歴の男性や若年層（35歳未満）、正社員において、コンピューター使用の係数が正で有意となる。表には示していないが、OLSや操作変数法によるレベル推定を行うと、ほとんどのグループでコンピューター使用が賃金を高めるようにみえる結果を得る。

女性ではなく男性でコンピューター・プレミアムが観察されるのは、性別がコンピューターを使用する職種や仕事内容の差をとらえているからだろう。

表7-6 学歴とコンピューター・プレミアム1（レベル推定）

被説明変数：対数所得

		係数	標準誤差
	コンピューター使用	−0.475	0.287*
	教育年数＊コンピューター使用	0.037	0.020*
	教育年数	0.029	0.012**
	経験が活かされているか	0.070	0.027**
	年齢	0.039	0.011***
	年齢二乗	0.000	0.000***
	男性	0.300	0.031***
	転職回数	−0.008	0.012
	勤続年数	0.001	0.003
	勤続年数二乗	0.000	0.000
	年齢＊勤続年数	0.000	0.000
	正社員	0.324	0.050***
役職	役員	0.809	0.217***
	部長	0.655	0.084***
	課長	0.473	0.061***
	係長	0.310	0.044***
	専門職	0.271	0.036***
産業	建設	0.099	0.043**
	エネルギー	−0.072	0.093
	通信	0.253	0.109**
	小売	−0.072	0.063
	金融	−0.144	0.138
	不動産	−0.079	0.120
	サービス	−0.054	0.030*
規模	1000人以上	0.130	0.049***
	500-999	0.127	0.056**
	300-499	−0.001	0.051
	100-299	0.029	0.049
	30-99	0.050	0.054
	定数項	4.029	0.234***
	サンプルサイズ	521	
	F値	43.33	
	決定係数	0.699	

学歴別コンピューター使用の係数

中学卒	−0.151
高校卒	−0.040
短大卒	0.034
四大卒	0.107

注）推定されたコンピューター使用の係数および教育年数とコンピューター使用の交差項の係数から、学歴別にコンピューター・プレミアムを計算している。

表7－7　学歴とコンピューター・プレミアム2（階差推定）
被説明変数：対数所得の変化

		学歴の低いグループ		学歴の高いグループ	
		純粋な階差をとるケース		純粋な階差をとるケース	
		係数	標準誤差	係数	標準誤差
コンピューター使用変化		−0.030	0.051	0.081	0.032**
経験が活かされているか		0.025	0.053	−0.001	0.034
年齢		0.086	0.041**	0.013	0.027
年齢二乗		−0.008	0.004*	0.002	0.003
勤続年数		0.001	0.001	0.000	0.001
勤続年数二乗		0.000	0.000	0.000	0.000**
年齢＊勤続年数		0.000	0.000*	0.000	0.000
正社員		0.222	0.067***	0.345	0.074***
役職変化	役員	0.438	0.143***	0.287	0.112**
	部長	0.508	0.124***	0.118	0.087
	課長	0.382	0.106***	0.033	0.063
	係長	0.196	0.119*	0.025	0.052
	専門職	0.155	0.106	0.091	0.047*
産業変化	建設	−0.014	0.083	0.037	0.056
	エネルギー	0.037	0.101	−0.139	0.100
	通信	−0.028	0.120	0.032	0.092
	小売	−0.048	0.069	0.021	0.062
	金融	−0.251	0.121**	−0.056	0.074
	不動産	−0.292	0.125**	0.037	0.116
	サービス	−0.102	0.068	0.015	0.039
規模変化	1000人以上	0.162	0.070**	0.113	0.049**
	500-999	0.134	0.067**	0.082	0.051
	300-499	0.022	0.065	0.006	0.046
	100-299	−0.031	0.055	0.080	0.047*
	30-99	0.011	0.057	0.003	0.048
定数項		−0.065	0.065	−0.012	0.049
サンプルサイズ		177		300	
F値		10.79		6.22	
決定係数		0.488		0.384	

注1）　学歴の高いグループには、高専・短大・四大・大学院卒の者が含まれる。
注2）　合計サンプル数が479（純粋に階差をとる場合のサンプル数）にならないのは、階差をとる場合に必要な変数で、学歴が欠値である者が2サンプル存在するためである。

コンピューターの使用により生産性の差が出るような仕事に男性のほうが多く就いている可能性がある。中高年で有意な影響を確認できないことは、サンプルが転職者に限定されていることが影響しているかもしれない。コンピューターという技術に対応できなかった者が失業している可能性がある。特

表7－8　様々なグループでのコンピューター・プレミアム（階差推定）
純粋な階差推定でのコンピューター・プレミアム（コンピューター使用の係数）を掲載
被説明変数：対数所得の変化

	学歴の低いグループ	学歴の高いグループ
35歳未満 ［サンプルサイズ、F値、決定係数］	−0.047（0.55） ［97、2.95、0.303］	0.064（0.033）* ［172、20.60、0.352］
35歳以上 ［サンプルサイズ、F値、決定係数］	−0.038（0.124） ［80、7.41、0.628］	0.062（0.060） ［128、6.33、0.493］
男性 ［サンプルサイズ、F値、決定係数］	−0.016（0.055） ［99、13.74、0.630］	0.095（0.039）** ［206、8.13、0.438］
女性 ［サンプルサイズ、F値、決定係数］	0.109（0.112） ［78、11.95、0.442］	0.029（0.062） ［93、10.54、0.589］
正社員・男性・35歳未満 ［サンプルサイズ、F値、決定係数］		0.109（0.047）** ［86、3378、0.299］

注1）　特徴的に表れた結果について、コンピューター使用の係数のみを掲載している。
注2）　学歴の高いグループには短大・高専・四大・大学院卒の者が含まれる。
注3）　［　］内は、順に、それぞれの推定におけるサンプル数、F値、決定係数を表す。
注4）　（　）内は標準誤差を示し、*、**、***は10％、5％、1％の有意水準で有意であることを示す。
注5）　正社員・男性・35歳未満で学歴の低いグループは、サンプル数が非常に少ない（40サンプル）ので結果を掲載しないが、推定を行うと係数（標準偏差）：−.147（.082）となる。

に中高年でこのことがみられるならば、転職したサンプルだけを追跡しても、コンピューター・プレミアムは確認できない可能性が高い。

　高学歴（特に男性で正社員の若年層）以外においてコンピューターを通じた賃金格差とみえる部分は、実は、コンピューターを使用しているという変数によって代理される能力（技術変化に適応できる能力）を示しているにすぎない。言い換えれば、高学歴の、特に男性、正社員、若年層において、コンピューター・プレミアムが存在する。

コンピューター・トレーニングの効果

　一部のグループを除いて、コンピューターの使用が賃金を上昇させるのではなく、固定効果でとらえられた観察不可能な能力差がクロスセクション分析で観察されたコンピューターの賃金効果の原因であった。コンピューターという技術に対応できる者の賃金が高いという結果は、清水・松浦（2000）が別の方法を用いて、「コンピューターという技術そのものよりも、そのよ

うな技術に適応できるよう努力した者が賃金を高めている」とする結果に近い。

しかしながら、本章で得られた結果を「労働者が努力すれば生産性が上昇するが、努力しなければ生産性は上昇しない」という努力と生産性の間の因果関係として解釈すべきではない。。コンピューター技術に対応できるように投じた努力の賃金上昇効果についてはさらに検証する必要がある。これまでの議論では、

トレーニング＝(A)＝＞現職でのコンピューター使用＝(B)＝＞賃金上昇

という関係において(B)の経路のみを検証してきたが、ここでは(A)の経路も加えて考察する。

『大阪府調査』はこの分析に適している。調査サンプルは転職経験者であり、現職の就職前にどのような能力開発をしたか（しなかったか）を尋ねている。ここでは、「パソコンなどの新しい技術」のトレーニングを行ったならば1、行わなかったならば0となる変数を用いてプロビット分析を行う。トレーニングを行った者は全体の約27%であり、このうち、前職でコンピューターを使用していた者は56%、学歴の高い者は76%、男性が66%、35歳未満の者は52%である。

トレーニングから賃金上昇への経路が最も簡単なかたちとして(A)、(B)の影響の順に表されるとして分析を行うことにする。はじめに現在のコンピューターの使用状況を、トレーニングを行ったかどうかや前職の勤務先の属性、前職におけるコンピューターの使用状況、個人属性で説明しよう。

結果を表7－9の「1．経路(A)」に示している。全体のサンプル ((1)列)でみると、トレーニングを行ったほうが現職でコンピューターを使用している可能性が高い。また、前職でコンピューターを使用していた者、若年の者、学歴の高い者がコンピューターを使用している可能性が高い。(2)列はこれを学歴の低いグループでみた場合で、トレーニングによりコンピューターを使用する可能性が大きく増加する。(3)列は学歴の高いグループでみた場合で、トレーニングの係数は正であるが10%の水準でも有意ではない。

ここで、学歴の高い者はトレーニングを行っても現職でのコンピューター

表7－9　コンピューター・トレーニングの効果

1．経路（A）トレーニングが現職でのコンピューター使用に与える影響
プロビット分析，被説明変数：現職でのコンピューター使用

	(1) サンプル全体		(2) 学歴の低いグループ		(3) 学歴の高いグループ	
	限界効果	標準誤差	限界効果	標準誤差	限界効果	標準誤差
トレーニングをしたかどうか	0.196	0.063***	0.517	0.138***	0.103	0.069
前職でのコンピューター使用	0.447	0.050***	0.191	0.105**	0.499	0.055***
年齢	0.082	0.027***	0.102	0.030***	0.065	0.034*
年齢二乗	−0.001	0.000***	−0.001	0.000***	−0.001	0.000***
性別	−0.006	0.067	−0.061	0.073	0.075	0.084
教育年数	0.066	0.020***				
転職回数	−0.046	0.026*	−0.020	0.024	−0.057	0.035*
サンプルサイズ	475		177		298	
擬似決定係数	0.341		0.386		0.355	
尤度比	224.7		75.2		138.8	
対数尤度	−216.8		−59.7		−126.4	

2．経路（B）コンピューター使用の変化が所得変化に与える影響
被説明変数：対数所得の変化

	(1) サンプル全体		(2) 学歴の低いグループ		(3) 学歴の高いグループ	
	係数	標準誤差	係数	標準誤差	係数	標準誤差
コンピューター使用変化	0.093	0.039**	−0.007	0.066	0.137	0.049***
経験が活かされているか	0.024	0.029	0.026	0.054	0.003	0.035
年齢	0.038	0.022*	0.072	0.044*	0.002	0.029
年齢二乗	−0.002	0.002	−0.006	0.004	0.004	0.003
勤続年	0.000	0.000	0.001	0.001	0.000	0.001
勤続年二乗	0.000	0.000*	0.000	0.000	0.000	0.000**
年齢＊勤続年	0.000	0.000*	0.000	0.000	0.000	0.000
正社員変化	0.275	0.047***	0.223	0.065***	0.353	0.074***
定数項	−0.036	0.037	−0.048	0.067	−0.004	0.049
サンプルサイズ	475		174		297	
F値	10.43		10.60		7.30	
決定係数	0.388		0.493		0.390	

注1）経路（A）の推定は説明変数に、現職の勤続年数、その二乗、その年齢との交差項、正社員かどうか、役職、産業、規模も含む。経路（B）の推定は説明変数に役職変化、産業変化、規模変化を含む。説明変数はすべて前職と現職の差をとっている。

注2）学歴の低いグループと高いグループでサンプル数の合計がサンプル全体に一致しないのは、グループに分類するとサンプル数が減少し、必要な説明変数が落ちるためである。

使用につながらないという結果には注意が必要である。すでに技術を得ている者はトレーニングをする必要がなく、学歴の高い者にその可能性が高い。「1．経路(A)」において、前職でコンピューターを使用していた者（トレーニングの必要性の低い者）は現職でもコンピューターを使用している確率が

高い。つまり、高学歴グループではトレーニングを行う必要がなかった可能性がある。この点を厳密に検証するためには、トレーニングの決定も含めた分析が必要である。本節における実証結果は、むしろ、学歴の低いグループにおいてもトレーニングを行った者はコンピューターを使用する職に就く確率が高まると解釈される。

「1．経路(A)」の推定から得られる現職でのコンピューター使用の予測値と前職でのコンピューター使用の階差を用いて、「2．経路(B)」では、トレーニングを考慮した場合のコンピューター・プレミアムの計測を行った。これは、前節の「学歴とコンピューター使用の関係」において述べた結果とほぼ同じである。学歴の高いグループでは、係数は大きく1％の有意水準でも支持される（(3)列）が、学歴の低いグループでは約半分となり、10％の有意水準でプレミアムの存在は棄却される（(2)列）。

「1．経路(A)」の推計において、低学歴グループでもコンピューター関係の仕事に就く確率が高まるという意味では、清水・松浦（2000）の主張のように「努力は報われている」といえる。しかしながら、それだけでは生産性（賃金）の増加にはつながらない。コンピューターを使用することで純粋に賃金が高まっているのは高学歴者のみである。

ただし、ここでの結果から、学歴の低いグループについてトレーニングをしても賃金が上昇しないことを強調することはできない。分析に使用しているデータのサンプルは、転職に成功して現職をみつけた者である。したがって、トレーニングをしたことでより高い確率で再就職できた可能性がある。学歴の低い者についてもトレーニングの意義を否定するものではない。

結果の解釈

多くのグループについてコンピューター・プレミアムが存在しないこと自体は驚きではないかもしれない。むしろ、プレミアムを持つグループを確認したことが興味深い。

なぜ男性で高学歴の若年、正社員グループにプレミアムが存在するのだろうか。本章の目的はプレミアムを計測することであり、その存在理由を検証するものではないが、考えられる可能性について触れておく。

コンピューター技術は情報の蓄積や呼び出し能力の拡大をもたらすが、それが生産性の上昇につながるためには、得られた情報を分析し判断する能力が必要になる。もともとそのような能力を持っていた者が、コンピューターを使用することで力を発揮できるようになる。高学歴グループでこのような特性が観察される可能性がある。

また、ここでは単純に「コンピューターの使用」と呼んでいるが、使用範囲や使用目的が高学歴グループ（特に若年の男性正社員）とそれ以外のグループで異なりうる。これを吟味するために、コンピューターの使用範囲や目的がより高度だと予想される、アナリストなど専門職や研究開発などの生産技術職、SE・プログラマーなどのソフト技術職かどうかをダミー変数として加え、属性をコントロールする推定も行ったが、ここで示される主要な結果と大きく変わらなかった。

もちろん、この推定は、高度な技術かどうかを完全にコントロールするものではない。データからはコンピューターの使用目的や内容を識別できない[7]。Acemoglu（1998）やBresnahanほか（1999）、Autor（2000）らは、コンピューターを使う仕事が高度な技術を必要とする限り、コンピューターの導入は高学歴者をより多く需要することになり、彼らの賃金を上昇させるという。調査時点でこのような技術者に対する需要が逼迫していた可能性は否定できない。

5 技術変化への対応力の有無が格差を生む

本章では、ITが賃金に与える影響をITが賃金格差に与える影響とITが職業紹介に与える影響という二つの観点から議論した上で、パソコンの使用が賃金格差に与える影響について、転職前後の賃金変化のデータを用いて実証分析を行った。

ITが賃金格差の拡大につながる可能性については、ITを利用できるかどうかという側面よりも、人々がITと補完的な能力を持っているか否かがよ

7）ただし、「職場で」の使用に限定されている。

り大きな問題であることを指摘した。

　ITが職業紹介に与える影響については、ネット上では伝わらない情報について、それを仲介する機関の発達が不可欠になってくること、求人・求職コストの低下から発生する過剰な情報の選別のための新たなハードルを設けることになることを議論した。遠隔地勤務や外注化は、地域間の労働市場の不均衡を緩和する要因となる。

　コンピューターの使用が賃金格差に与える影響についての本章の分析は次のようにまとめられる。分析には、1999年に大阪府が行った『今後成長が期待される産業分野における人材の確保・育成に関する調査』で調査されている、同一個人の転職前後における賃金変化とコンピューター使用の変化を使用した。これにより、コンピューターの使用状況と観察不可能な能力で賃金にプラスの影響を与える要因との間に相関がある場合でも、コンピューターの影響を正しく計測することができた。

　コンピューターの使用が賃金を上昇させる影響は、一時点のレベル推定においては確かにみられたものの、様々な属性をコントロールし階差をとることで、小さくなるか、統計的に有意ではなくなることが示された。レベル推定でコンピューターを通じた賃金格差とみえた部分は、技術変化に適応できる能力をコンピューターが代理した結果生じたものといえる。

　さらに、新しい技術を身につけようとコンピューターに関するトレーニングを行った者は、学歴にかかわらず、コンピューターを使用する職に就く確率が高まっていた。ただし、それにより単純には賃金の上昇にはつながっていない。唯一、学歴が高い者（特に35歳未満の男性正社員）については、技術革新についていけるような能力を持っているだけではなく、実際にパソコンを使う仕事に就いていることが賃金を高めていた。トレーニング効果の検証については、より精密な分析結果が待たれる。本研究で用いたデータは、転職に成功した労働者だけに限られているため、トレーニングが就職率を高めたか否かの検定はできなかった。この点は今後の課題である。

　正社員の大卒35歳未満の男性以外では、パソコンを仕事で使っていること自体は賃金格差の拡大要因にならない。重要なのは、パソコンを使っている人の多くが、新しい技術に対応できる能力を身につけていることである。仮

に、パソコンを使っていなかったとしても、それ以外の技術革新に素早く対応できる能力を持っている人は、そうでない人よりも高い賃金を得ている。今後の教育や能力開発は、パソコンの操作だけでなく急激な技術変化に耐えられるような柔軟性を高めることが重要である。

　本章の分析で、若年の高学歴者についてのみ、コンピューターの賃金引上げ効果があったのはなぜであろうか。一つの可能性は、現在の中高年管理職の多くは、情報伝達能力を持っていて、情報解析能力や判断能力を持っていないのではないか、というものである。

　第二の可能性は、分析に用いられたデータが、転職者に限られていたため、中高年のサンプルが情報解析能力や判断能力に欠けていてそのために職を失ったものにバイアスがかかっていた可能性がある。仕事を持ち続けている中高年高学歴者の場合には、コンピューターが賃金引き上げ効果を持った可能性もある。

第 8 章　労働市場における世代効果

　学校卒業時点がたまたま不況で就職状況が悪かった世代や人口が多い世代は、それ以外の世代に比べて労働市場で損をしているのではないだろうか。労働市場が学校卒業時点に限られていたり、昇進や仕事の決定において年齢が重要な要素であれば、学校卒業時点の就職の状況や世代別の人口が生涯賃金の重要な決定要素になるはずである。本章では、この仮説を実証的に検証する。得られた結論は、おおむね仮説どおりである。第一に、労働市場における賃金の「世代」効果は、戦後一貫して上昇トレンドを持つ。第二に、同一世代の就業者数は、賃金に対する「世代」効果にマイナスの影響を与える。第三に、「世代」が就職した時点での採用動向は、賃金に対して永続的な影響を与える。すなわち、好況時に就職した世代は、不況時に就職した世代よりも生涯賃金が高くなる。

1　世　代　効　果

　1980年代末のバブル景気と90年代の長期不況は、日本の労働市場にも大きな影響を与えた。日本の労働市場はバブル時代の人手不足、特に若年労働力不足と平成不況における就職難と中高年の雇用不安という急激な変化を経験した。特に中高年の雇用不安は、長期雇用の慣行や年功的処遇の見直しと関連している。

　このような中高年の雇用不安、賃金不安が、バブル崩壊という景気循環的要因によって発生したのか、それとも構造的要因によって発生したのかということは、今後の日本の雇用制度を予測する際に重要な論点となろう。

　構造的要因の中には、技術革新を重視する立場もあれば、団塊の世代が管理職年齢になったこと、高学歴化が進展したこと、といった人口的要因を重視する立場もある。本章では、このような構造的要因のうち、人口構成、学歴、就職時点（どんな年に就職したか）等で規定される世代の効果に注目して、雇用と賃金の分析を行う。世代の効果が、日本の労働市場にどのような影響を与えてきたかを分析することが、これからの日本の雇用制度や賃金制度の変革の必要性を議論する際の基礎となるからである。

　「世代」の効果を検討するにあたって、本章では、次の三つの点に特に注目する。第一に、世代要因は循環要因に比べて、どの程度重要な影響を賃金に与えているのか。第二に、世代のどのような側面が労働市場に影響を与えているのか。第三に、高校卒と大学卒で、世代の効果に差があるのか。

　本章ではまず、実質賃金の変動を、世代効果、年齢効果、時点効果の三つに分解する。そして、そのうちの生涯所得の世代別変動を示す世代効果を、就職時点の景気動向と世代サイズの影響で説明する。

　労働市場における世代効果は、主に次の三つの影響から構成される。第一に、賃金における世代効果は、トレンド的上昇を持つと考えられる。技術革新の影響のため後世代ほどトレンド的に人的資本の質が向上すると考えられるからである。第二に、同一世代に属する就業者数の多寡は、同一レベルの人的資本を持った労働者の供給量、訓練機会や昇進機会などに影響を与える

ため、その世代の賃金に影響を与える。第三に、「世代」が就職した時の採用動向も永続的な影響を持つ可能性がある。

　本章で得られた結論を要約しておこう。第一に、労働市場における賃金の「世代」効果は、戦後一貫して上昇トレンドを持つ。第二に、同一世代の就業者数は、賃金に対する「世代」効果にマイナスの影響を与える。第三に、「世代」が就職した時点での採用動向は、賃金に対して永続的な影響を与える。すなわち、好況時に就職した世代は、不況時に就職した世代よりも生涯賃金が高くなる。

　本章の構成は次のとおりである。まず第2節において、世代の違いが賃金に与える影響について理論的な整理を行う。第3節では、世代効果の推定方法とデータについて述べる。第4節で推定結果を紹介し、第5節で結論を述べる。

2　世代の違いが賃金に与える影響

　日本においては、新しい世代ほど、古い世代に比べて実質賃金所得が、トレンド的に上昇していると考えられる[1]。しかし、世代の違いが賃金や生涯賃金に与える影響は、このようなトレンド的影響にとどまらない。たとえば、第一次ベビーブーム世代（1947～49年生まれ）は、世代そのもののサイズが大きい。この場合には、就職市場での超過供給要因となったり、管理職適齢期になった場合においてもポスト不足に直面するため、生涯を通じた賃金が低下するかもしれない。

　また、日本の場合、就職機会が学校卒業時点に集中し、その後の転職機会は相対的に少ない。そのため日本の労働者は卒業時点を同じくする者によって形成される就職市場を経て、所得機会を獲得していくことになる。つまり、世代ごとの学卒時点における就職市場における雇用機会の程度が、その後の生涯賃金に長く影響を及ぼすことになる。世代の違いが、生涯賃金に影響を与える可能性は、次の三つの側面にまとめることができる[2]。

---

1) これは、アメリカにおいては、必ずしもそうはいえない。アメリカでは、低賃金所得者の実質賃金が、低下していることがわかっている（Juhn, Murphy and Pierce (1993)）。

(1) 各世代のトレンド的な質の変化
(2) それぞれの世代に属する就業者数のサイズ
(3) 各世代が学卒時点で就職したときの採用動向

(1) 世代のトレンド的な質の変化

　新しい世代であるほど、技術革新や訓練システムの充実などの長期的な生産性向上の効果を受ける可能性も高く、かつその恩恵を受ける労働期間も長い。この場合、新世代ほど労働の質は高まり、賃金はトレンド的に上昇する傾向が生まれる。

　一方で、世代の労働の質の低下によって、賃金の世代効果に下方トレンドが生じる可能性もある。たとえば、かつては一部の資質の高い人のみが大学卒であったのが、大学進学者数の長期的増加に伴い、新しい世代ほど、大学卒の平均的な質的低下をもたらした可能性がある。もしそうなら、新しい世代の大学卒業者の平均賃金に抑制傾向をもたらしていることになる。

　同時に、大学卒業者の賃金のばらつきが大きくなっているはずである。1980年以前なら経済的理由で高校卒業後すぐに就職せざるを得なかった質の高い人々が、現在では大学に進学できるようになっている。この場合も、高校卒業者の平均的な質が低下し、新しい世代の高校卒業者の平均的賃金水準には、抑制傾向がみられる可能性がある。この場合には、高校卒業者の賃金のばらつきは、最近ほど小さくなっているはずである。

(2) 世代のサイズが賃金に与える影響[3]

　世代のサイズが賃金に与える効果を計量的に分析した例としては、アメリカでの1970年代のベビーブーム世代の労働力化の影響を分析したWelch (1979) が挙げられる。Welchは、ある時点で異なるキャリア段階にある各世代グループを不完全代替な生産要素とすることで、ベビーブームや進学率

---

2) 本研究は賃金世代効果に焦点を当てている。賃金に加えて社会保障や個人間の世代間移転をも考慮した生涯所得の世代効果は、より広い概念である。この生涯所得に関する分析はSaito (2001) で行われている。
3) 玄田 (1994) は、勤続賃金プロファイルの形状との関連で、同様の議論をしている。

の上昇などによる労働者構成の変化が世代間賃金格差に影響を与えるというモデルを提示し、実証分析を行っている。Welchのモデルは、キャリア世代ごとに競争的な外部労働市場が機能していると仮定している点に特徴がある。

しかし、内部労働市場の中でも世代のサイズは各世代の平均報酬に影響を与える。昇進ポストの不足問題も、その一つの現象である。

かつて壮年大学卒者が企業内で稀少であった頃は、一定勤続年数を経た大学卒労働者を管理職ポストに配置することが比較的容易であった。それが、第一次ベビーブーム世代の大学卒者が管理職適齢期になった1980年代後半以降、その世代サイズが以前の世代に比べて大幅に拡大したため管理職ポストが不足した。その結果、同じ世代の中で管理職プレミアムを受ける割合が低下し、ベビーブーム世代の壮年大学卒の平均賃金は、それ以前の世代の壮年大学卒に比べて低下する傾向が生じたのではないだろうか。この世代サイズが昇進を通じて賃金に与える効果は、実際の労働現場では強く認識されているにもかかわらず、数量分析は少ない（例外はArigaほか（1992）、Brunelloほか（1995）、Genda（1996a, b）、岡村（2002））。

さらに、世代サイズの大きさは、職場における訓練密度に影響を与える。たとえば、世代サイズが前の世代より大きいと、上司から部下への訓練の密度が低下する可能性がある。教員の数が短期間に変化しないとすれば、世代サイズの変動は教員1人当たりの学生数の変動をもたらし、学校教育における教育の質にも影響を与え、世代の人的資本の水準にも影響を与える。その結果、人的資本の程度が世代により異なり、賃金水準が異なってくる可能性がある。

(3) **世代による学卒就職時点での採用動向が賃金に与える影響**

世代による学卒就職時点での採用動向は、就職直後の初任給に影響を与えるだけにとどまらず、その世代が生涯を通じて受け取る賃金全体に影響を及ぼす可能性がある。多くの説明が可能であるが、代表的なものとしては、企業規模間格差を重視する考え方、参入料支払いとして年功賃金をとらえる考え方、ジョブマッチングの質を重視する考え方、の三つである。

①企業規模間格差

大企業においては長期雇用制度が堅持される上、中小企業に比べて賃金が高い。就職時に景気がいい場合に大企業への就職率が高くなるのであれば、その世代の平均的生涯所得は高くなる。

理論的背景としては、次のようなモデルを考えることができる。大企業では、長期雇用を前提とした豊富な訓練が施されるのに対し、中小企業では人的資本に対する訓練が限られており、大企業の採用市場が不完全競争的で数量割当によって採用が行われていると考えよう。

このモデルにおいては、好況時に就職するものは、大企業における高い人的訓練を受けることができるため、生涯賃金が高くなる[4]。しかし、企業規模間賃金格差の理由としては、労働者の資質が大企業と中小企業で異なることから発生していると考えることもできる。賃金を決定する要素の中で、企業内訓練による人的資本の蓄積の差よりも労働者の入社以前における資質の差が重要であれば、景気変動が労働者の企業規模分布の世代間格差をもたらしても、そのことが世代による賃金格差を発生させることにはならない。

②参入料徴収としての年功賃金制度と景気変動

年功賃金制度の一つの経済学的解釈は、労働者の努力や就業意欲の継続を確保するための手段として、採用の際に企業に保証金を支払っているというものである。すなわち、労働者が予定の勤続期間中に怠業して解雇されたり、自ら転職する場合には、保証金は企業に没収される。そして、保証金は、労働者が一定水準以上の努力を定まった期間を通じて発揮した場合に、年功賃金あるいは退職金として労働者に返済されるというのである[5]。また、内部労働市場での高い賃金を獲得するために、労働者が参入料を支払っているという解釈もある。

このような参入料・保証金は、労働市場の逼迫度によって変動すると考え

---

4) この割当現象の存在やそれによる賃金格差の実証分析としては、石川・出島（1994）、宮川・玄田・出島（1994）がある。
5) この保証金制度として年功賃金をとらえる考え方の代表的な論文として、Becker and Stigler（1974）、Lazear（1979）が挙げられる。

られる。たとえば、人手不足の状況では、企業は採用数の確保を優先するため、初任給を引き上げることによって参入料・保証金を低下させるだろう（詳しくは、石川（1991）を参照）。

したがって、就職時点の労働需要が旺盛であったために、支払う参入料・保証金が少額であったりマイナスであった世代の平均生涯賃金は、労働需要が減退していたときに就職した世代に比べて高くなっている可能性がある。

③ジョブマッチングの質と景気変動

労働者の賃金や転職行動を、仕事と労働者のマッチングの質から説明する理論として、Jovanovic（1979）がある。マッチングの質が良ければ、労働者はその職場で高い生産性をあげることができるので、賃金は高くなり、転職する必要が少なくなるため勤続年数は長くなる。ところが、景気が良くなったときに仕事と労働者のマッチングの質が良くなるのか否かについては、理論的にははっきりしない。

労働者サイドからみると「不景気のもとで職探しをする労働者は、職探しに精一杯で、仕事との相性には注意を払えない」と考えることができる。逆に、企業サイドからみると「不景気の場合には、企業はより多くの就職希望者からじっくりと適任者を選択できる」ということになる[6]。前者は、賃金、勤続年数などに示されるマッチングの質と景気の間には正の相関がみられることを示唆しており、後者は負の相関があることを示唆している。

どちらの関係が成り立つかは、きわめて実証的な問題である。採用時の景気とマッチングの質との間になんらかの相関関係があれば、就職時の景気とその世代の平均生涯賃金に相関が生じるはずである。Bowlus（1995）は、アメリカのデータでこの関係をテストしており、マッチングの質と景気の間

---

6) 似た概念として、Reder（1955）の景気循環と労働者の質の関係を挙げることができる。Rederは次のような仮説で、景気循環と熟練労働者と未熟練労働者の賃金格差の間の負の関係を説明している。景気逼迫期には、企業はトレーナビリティの低い質の悪い労働者まで雇い入れざるを得ない。そのため低い質の労働者もトレーニングを受けるため、未熟練労働者の供給が低下し、未熟練労働者の賃金が上昇する。一方、熟練労働者の質が平均的に低下する。このため、労働市場逼迫期には、熟練・未熟練の賃金格差が縮小するというのである。企業側が、景気の動向によって賃金でなく労働者の質を変えるという点では似た議論である。

に正の相関をみつけている。太田 (1999)、黒澤・玄田 (2001) は、日本の若年者の離職行動を分析し、景気が悪い時に就職した世代の離職率が高いことを実証的に示している。

(4) 賃金以外の世代効果

世代が賃金に与える影響には、直接的な効果と間接的な効果の二つがある。世代効果として、ここで検討しているのは、世代の質、世代のサイズ、世代の就職状況の三つである。これらは、直接、賃金の水準に影響を与えるものもあれば、雇用システムへの影響を通じた間接的な経路から賃金に影響を与えるものもある。

世代が賃金に与える間接的な影響には、勤続年数への影響を通して賃金に影響を与えるもの（マッチング仮説および規模間格差仮説）、大企業への就職状況を通じて賃金に影響を与えるもの（規模間格差仮説）、昇進確率への影響を通じて賃金に影響を与えるもの（昇進確率仮説）等がある。これらの間接的な影響を通じて、世代による賃金の高さやばらつきが影響を受ける。

本章では、このような世代効果の間接的効果についても分析を行う。間接効果の分析から、世代効果の理論的な可能性を部分的に明らかにすることができる。たとえば、規模間格差が採用動向と世代の賃金の関係を規定しているかどうかは、就職時点の景気変動とその世代の平均的企業規模の関連を分析することで検定できる。

マッチング仮説については、採用時点の景気動向と平均的勤続年数の世代別相違を分析することで検定できる。しかし、規模間格差の仮説が受容された場合には、大企業比率が高まることが、長期勤続化をも同時に意味するため、マッチング仮説を識別することはできなくなる。

3 推定方法とデータ

本章では、賃金、企業規模、勤続年数、賃金分布の世代効果が世代サイズと学卒時点の採用動向にどのように影響されるかを実証的に明らかにする。推定にあたっては、まず、それぞれの世代効果を推定し、その推定された世

代効果を、世代サイズと学卒時点の採用動向で説明するという二段階の方法をとる。

データ

『賃金構造基本統計調査』の年齢階級別データから、世代別データを構築する。『賃金構造基本統計調査』は、毎年6月に、雇用者についてその月の賃金、勤続年数、企業規模、労働時間および、昨年1年間のボーナスについて調査している。『賃金構造基本統計調査』(1980-1993)の10％ランダムサンプリングデータから、各調査年ごとに特別集計し、学歴別1歳刻みの年齢別対数賃金、対数勤続年数、対数企業規模に関する平均値と分散のデータを作成した[7)8)]。

『賃金構造基本統計調査』の調査サンプル数は、毎年約150万人であるため、10％サンプルで、学歴別の1歳刻みの年齢階級データを作成しても、各セルには十分大きなサンプル数が確保されている。1980年と81年については、企業規模10人以上のものについてしか調査が行われていないため、すべての年について10人以上の企業規模に勤務しているものにサンプルを限定している。さらに、労働市場からの退出を考慮しないため、対象を男性の常用労働者のみに絞った。また、大学卒については、年齢は22歳から65歳まで、高校卒については18歳から65歳を対象とした。

世代効果の推定

本章では、Deaton and Paxson (1993、1994a、b) で用いられた方法で、賃金、勤続年数、企業規模の平均と分散を、世代効果、年齢効果、年効果に分解する。具体的には、次の式を推定する。

$$x_{at} = \sum_{a=18(22)}^{65} b_a Agedum_a + \sum_{c=1933(37)}^{1992} c_c Cohortdum_c + \sum_{t=80}^{93} d_t Yeardum_t \quad (1)$$

---

7) このような特別集計を行ったのは、公表データにおいては、1歳刻みの年齢階級別データが得られないためである。
8) 平均値と分散の推定においては、層別抽出法で用いられている復元倍率をウエートとして用いている。

ただし、x_{at} は t 年における a 歳の対数実質賃金、対数勤続年数、対数企業規模の平均およびその分散である。$Agedum_a$ は年齢ダミーであり、そのデータの年齢 a が当該年齢を示す年齢ダミーと等しい場合にのみその年齢ダミーは 1 をとり、他の場合はゼロとなる変数である。

年齢は、高校卒については18歳から65歳、大学卒については22歳から65歳が対象である。$Cohortdum_c$ は卒業年ダミーであり、大学卒であれば22歳であった年、高校卒であれば18歳であった年 c が卒業年を示すダミーと等しい場合にのみ、その卒業年ダミーは 1 をとり、他の場合はゼロとなる。

卒業年ダミーの対象は、高校卒については1933年から1992年であり、大学卒については、1937年から1992年である。$Yeardum_t$ はデータの年ダミーであり、1980年から1993年である。ここで注意すべきは、卒業時点は大学卒は22歳、高校卒は18歳としており、実際の卒業時点と必ずしも一致しないことである。

高校卒については、それほど大きな差は出ないと考えられるが、大学卒では浪人生、留年生も無視できないため、注意する必要がある。93年卒業者については、一時点のデータしかないため、世代効果に分解することができない。93年卒業者は、年齢効果と時点効果だけに分解されている。

賃金としては、調査月である6月の現金給与総額にその前年のボーナスの12分の1を加えて、消費者物価指数で実質化したものを用いている。勤続年数については、ゼロ年のものがいるため、勤続年数に1を加えて対数をとっている。

卒業年、年、年齢ダミーの間には線形従属の関係がある。すなわち、データに存在するトレンド的変化は、年効果のトレンドとしても、世代効果と年齢効果におけるトレンドとしても解釈できる。というのは、年は、年齢から卒業年を引き定数を足したものである。このため、年効果についてはなんらかの基準化が必要である。ここでは、Deaton and Paxson (1993) に従って、係数の合計がゼロとなるという制約を設けることで、この問題に対処した。したがって、トレンド的変動については年齢効果と卒業年効果に帰することになる。なお、年効果をなくした分析でも、結果はほとんど変わらない。

(1)式で推定される世代ダミーの係数は、c 年卒業世代の賃金の世代効果を

示す。この世代効果は、生涯賃金を近似していることにも注意すべきである。なぜなら、ここでは年齢賃金プロファイルの形状が、すべての世代で同じと仮定しているため、世代ダミーによる賃金プロファイルの上下移動は生涯賃金の変動を示すことになる。

本章の方法は、賃金、企業規模、勤続年数の平均と分散の年齢プロファイルが、世代を通じて一定であるという仮定のもとで、世代効果を分析している。この仮定によって、比較的短いサンプル期間にもかかわらず、多くの世代の世代効果を分析することができ、統計的な検定が可能になる。

しかし、これらの仮定には問題があることも確かである。たとえば、年齢・賃金プロファイルを考えてみよう。世代サイズの拡大が人的訓練の密度を低下させるのであれば、年齢・賃金プロファイルは平坦化することになる。企業規模間格差の仮説であっても、大企業就職比率が高くなれば、その世代の年齢・賃金プロファイルの傾きは急になるかもしれない。本章では、このような傾きの変化をすべて、水準の変化でとらえている。この近似が、問題かどうかについては、後で年齢・賃金プロファイルの傾きに注目した研究と比較することで検討する。

世代効果の要因分析

世代効果を、学卒時点の景気状況を示す変数と労働供給要因である新規学卒就職者数で説明し、マクロの需要変動と人口要因が生涯所得に与える影響を分析する。具体的には、

$$\ln(世代効果) = \alpha + \beta \ln(同時期新規学卒就職者数) + \gamma \ln(就職前年の労働市場の逼迫度) \quad (2)$$

という式を高校卒、大学卒別に推定する。

同時期新規学卒就職者数のデータとして、『学校統計基本調査』から、高校、大学別の就職者数をとり、その対数値を用いた。労働市場の逼迫度の指標として、二つのものを用いた。第一は、1年前の年間平均失業率であり、第二は、日銀の『主要企業短期経済観測』の雇用人員判断指数である。

雇用人員判断指数とは、雇用が過剰であると答えた企業比率から不足であ

ると答えた企業の比率を差し引いた指数である。この雇用人員判断指数については、前年の8月のものを用いた。いずれも採用の前年のものを用いているのは、新規学卒者の就職活動が、採用の前年に行われることを反映している。

4 推 定 結 果

(1) 世代効果の時系列的推移
①実質賃金の世代効果

(1)式を対数実質賃金に関して推定し、対数実質賃金の世代効果(各世代を大学卒に関しては22歳、高校卒に関しては18歳の時点で示している)を、大学卒については図8－1に、高校卒については図8－2に示した。

まず、図8－1では大学卒者の実質賃金の世代効果をプロットしている。1970年代にトレンドからの下方乖離が観測されるが、景気循環に相当するようなトレンドからの乖離は明瞭にはみられない。

次に、図8－2に高校卒者の実質賃金の世代効果をプロットしている。大学卒に比べて、トレンドからの乖離に循環的な要素が、よりはっきりとみてとれる。戦前の旧制大学、中学の卒業者の世代効果が非常に大きいことが注目できる。進学率が非常に小さかったことを反映していると考えられる。年齢効果については、ここでは示していないが、高校卒、大学卒とも50歳代半ばでピークを持つ年功賃金として推定されている。

②勤続年数の世代効果

大学卒者については図8－3、高校卒者については図8－4に、対数勤続年数の世代効果を図示した。勤続年数の世代効果は、大学卒者については1945年以降上昇トレンドを持っており、そのトレンドの周りを循環的に変動しているようにみえる。

これに対し、高校卒者の勤続年数の世代効果には、1960年代から下方トレンドがあり、その周りを循環的に乖離しているようにみえる。これまでのデータをみる限り、大学卒者に関して雇用の流動化という現象は観察されない。

図8−1　実質賃金の大卒世代効果

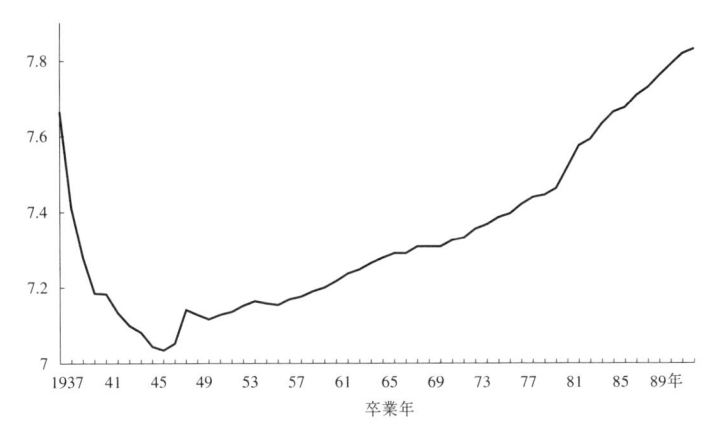

注）『賃金構造基本統計調査報告』（厚生労働省）

図8−2　実質賃金の高卒世代効果

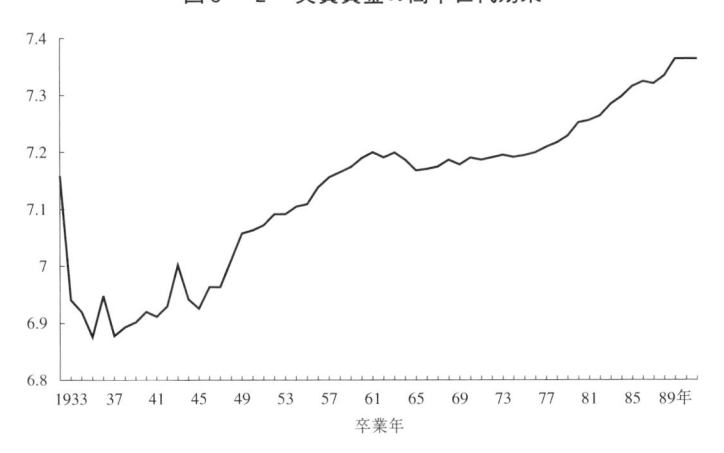

注）『賃金構造基本統計調査報告』（厚生労働省）

しかし高校卒業者に関しては、傾向的には流動化が高まってきたといえる。

③企業規模の世代効果

　企業規模について世代効果は、図8−5、図8−6に示されている。世代

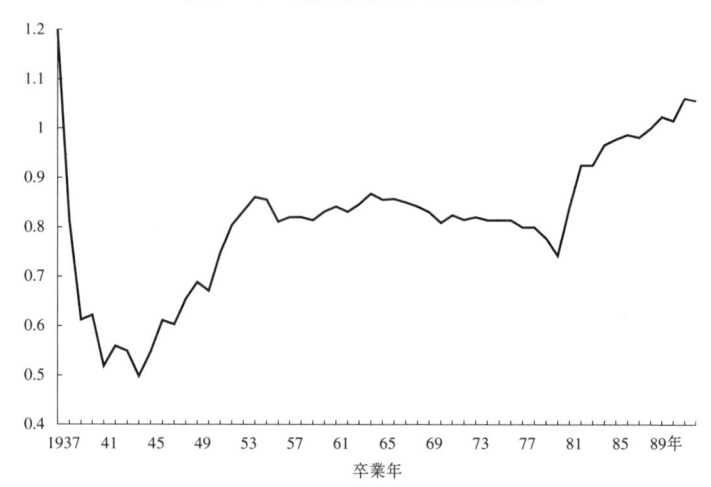

図8－3　勤続年数の大卒世代効果

注）『賃金構造基本統計調査報告』（厚生労働省）

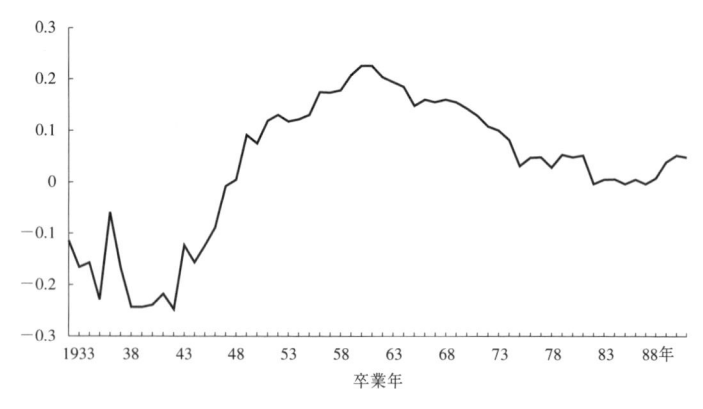

図8－4　勤続年数の高卒世代効果

注）『賃金構造基本統計調査報告』（厚生労働省）

効果の特徴は、大学卒と高校卒で異なる。大学卒者が勤務する平均企業規模は戦後トレンド的に低下してきた。しかし、1980年代半ばに大学卒者の平均企業規模は急上昇している。この時期の大企業における大学卒者に対する需要が高まったことを反映しているのかもしれない。

第 8 章　労働市場における世代効果　223

図 8 − 5　企業規模の大卒世代効果

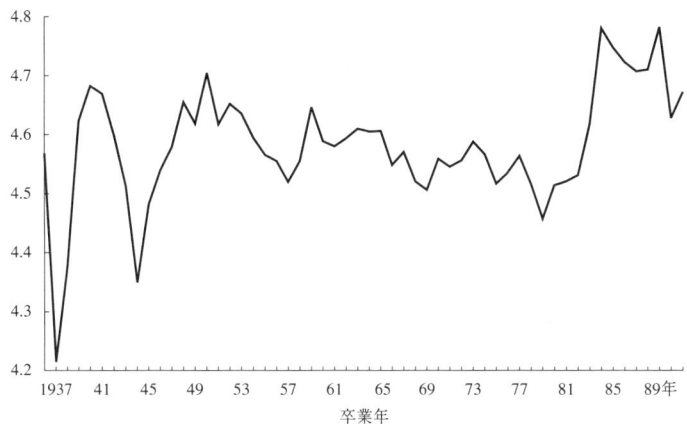

注）『賃金構造基本統計調査報告』（厚生労働省）

図 8 − 6　企業規模の高卒世代効果

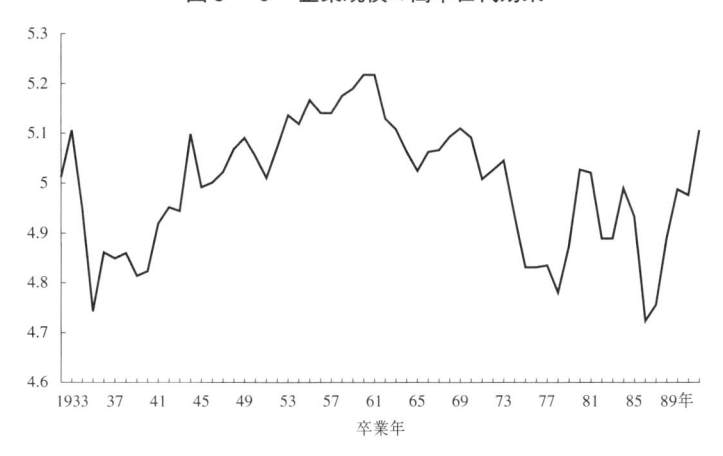

注）『賃金構造基本統計調査報告』（厚生労働省）

　これに対し、高校卒業者の世代別平均企業規模は戦後1960年まで上昇を続けたが、その後の世代では低下傾向にある。大学卒業者でみられたような80年代後半における企業規模の世代効果の急上昇はみられない。

④対数賃金分散の世代効果

対数賃金分散の世代効果は、大学卒と高校卒で大きな差がある。大学卒者の世代効果（図8－7）は、1960年以降拡大傾向にあるのに対し、高校卒者の世代効果（図8－8）は戦後一貫して縮小傾向にある。また、大学卒、高校卒とも戦争中から戦争直後に就職した世代の賃金格差は非常に大きい。

この点は、賃金水準の世代効果の結果とあわせて分析すると非常に興味深い。先にみたように、戦後の実質賃金の世代効果は高卒・大卒の両グループで上昇していた。しかしその分布では、高卒と大卒の間で大きな違いがある。

大学卒者の場合の賃金分散の世代効果の拡大は、次の理由が考えられよう。第一に、大学進学率の上昇に伴い卒業者の質のばらつきが拡大した可能性である。第二に、大学卒者の大量採用に伴って、企業が能力主義的な賃金の要素を高めていった可能性である。第二の現象は、大学卒者の資質のばらつきの拡大ということに企業が対応していることを反映しているにすぎないのかもしれない。

高校卒者の賃金分散の世代効果の縮小の解釈は、大学卒者の場合とちょうど逆のことがいえるかもしれない。大学進学率が低かった頃には、学力的に優秀であったとしても、家計の経済状態などの理由から、進学を断念した高校卒者も比較的多かった。その分、過去においては高校卒者の資質のばらつきは大きかったと考えられる。しかし、進学率の上昇に従って、上位の質の高卒者が大学に進学する割合が高まったため、高校卒業者の資質のばらつきが小さくなっていったと考えられる。実際、過去においては良質な高校卒ホワイトカラーを採用していた大企業が、最近では高校卒ホワイトカラーの採用をやめているものが多いという事実も、ここでの分析結果と一致する。

(2) 世代サイズと採用動向が世代効果に与える影響

実質賃金、企業規模、勤続年数の平均値と分散に関する世代効果を(2)式を用いて、世代サイズの効果、学卒時点の労働市場の逼迫度、トレンドで説明した結果が表8－1から表8－3に示されている[9]。誤差項に系列相関が認

---

9) なお、高校卒については、賃金分散、勤続年数分散、企業規模分散のいずれも、同時期卒業者数、労働市場の逼迫度、トレンドでは説明力がなかった。

図8-7　対数賃金分散の大卒世代効果

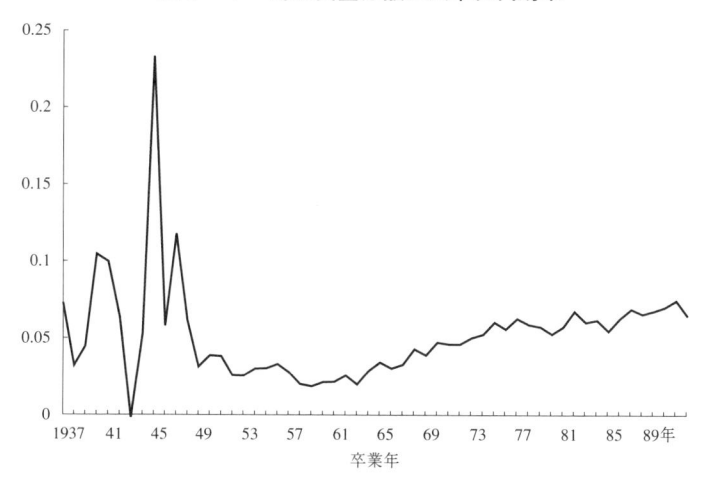

注)『賃金構造基本統計調査報告』(厚生労働省)

図8-8　対数賃金分散の高卒世代効果

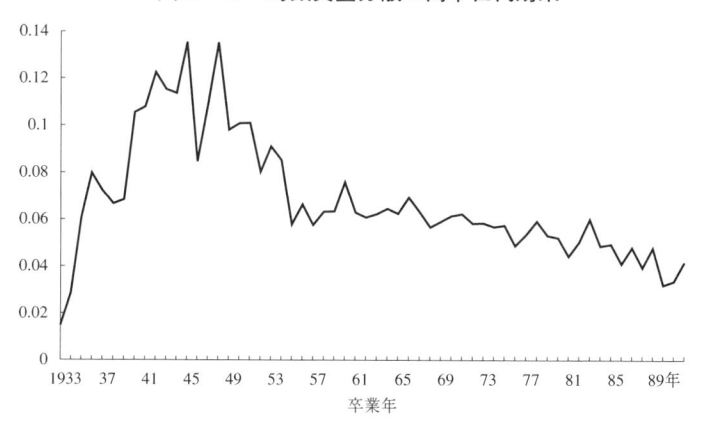

注)『賃金構造基本統計調査報告』(厚生労働省)

められたため、推定はすべて AR1 によって行った[10]。

[10) この誤差項の系列相関の源泉は、一つには卒業年を算出するにあたって、浪人や留年を無視したことから発生していると考えられる。

表8-1　大学卒労働者の世代効果に関する回帰分析の結果

被説明変数	対数実質賃金	対数実質賃金	対数勤続年数	対数勤続年数	対数企業規模	対数企業規模
定数項	9.1905	10.8312	5.4754	6.2267	8.7176	10.066
	(15.7046)**	(20.393)**	(7.4177)**	(6.35038)**	(7.122)**	(5.7206)**
対数大学卒就職者数	−0.195193	−0.34586	−0.42126	−0.4872	−0.37586	−0.49194
	(−3.69057)**	(−7.4354)**	(−6.4161)**	(−5.678)**	(−3.462)**	(−3.195)**
失業率$_{t-1}$	−0.009798		−0.026759		−0.00735	
	(−1.2075)		(−1.776)*		(−0.28098)	
主要企業雇用人員過不足$_{t-1}$		−0.000522		−0.000909		−0.00057
		(−2.602)**		(−2.2662)**		(−.779)
トレンド	0.026137	0.03252	0.02339	0.024023	0.018775	0.02145
	(10.0996)**	(19.9047)**	(7.73659)**	(8.0633)**	(3.73661)**	(4.0224)**
擬似 R^2	0.998	0.999	0.868	0.877	0.967	0.970
D-W	1.86	1.722	1.88	1.803	1.866	1.82
サンプル期間	54-92(39)	64-92(29)	54-92(39)	64-92(29)	54-92(39)	64-92(29)

注）　推定はAR1で行った。
　　**は5％水準で有意、*は10％水準で有意であることを示す。

表8-2　大学卒労働者の世代効果に関する回帰分析の結果（対数分散）

	対数実質賃金	対数勤続年数	対数企業規模
定数項	−0.3159	−2.8079	8.919
	(−2.912)**	(−5.643)**	(2.56)**
対数大学卒就職者数	0.02896	0.2549	−0.5254
	(3.057)**	(5.862)**	(−1.726)*
主要企業雇用人員過不足$_{t-1}$	0.00003	0.000568	0.00053
	(.566)	(2.515)**	(.362)
トレンド	0.000405	−0.00416	0.00418
	(1.264)	(−2.795)**	(.3979)
擬似 R^2	0.859	0.749	0.802
D-W	1.89	1.96	1.75
サンプル期間	64-92(29)	64-92(29)	64-92(29)

注）　推定はAR1で行った。同じモデルによる推定を高校卒労働者についても行ったが有意な結果は得られなかった。**は5％水準で有意、*は10％水準で有意であることを示す。

　大学卒については、その年の大学卒就職者数が多いと生涯賃金が低下するという世代サイズの効果が確認される。採用動向の影響については、失業率を用いた場合には有意な影響を確認することはできないが、主要企業雇用人員過不足判断指数でみた労働需要の変数は有意であり、大企業における労働需要が高くなると生涯賃金が上昇することを意味している。さらに、経済成長を反映して賃金の世代効果は年率2％から3％上昇してきたことがわかる。

表8−3 高校卒労働者の世代効果に関する回帰分析の結果

被説明変数	対数実質賃金	対数実質賃金	対数勤続年数	対数勤続年数	対数企業規模	対数企業規模
定数項	7.2655	7.58194	−0.41005	0.2161	5.800	5.210
	(27.53)**	(23.49)**	(−0.913)	(.4389)	(3.685)**	(3.1817)**
対数高校卒就職者数	−0.01442	−0.0375	0.0499	0.00326	−0.0376	−0.0063
	(−0.7128)	(−1.564)	(1.46)	(0.0903)	(−.318)	(−0.0531)
失業率$_{t-1}$	−0.01182		−0.031212		−0.0874	
	(−1.723)*		(−2.519)**		(−1.885)*	
主要企業雇用人員過不足$_{t-1}$		−0.000222		−0.00113		−0.00462
		(−1.421)		(−4.339)**		(−5.122)**
トレンド	0.00702	0.00605	−.003905	−0.00612	−0.00450	−0.00492
	(6.911)**	(4.814)**	(−3.409)**	(−7.905)**	(−1.4257)	(−2.236)**
擬似 R^2	0.999	0.999	0.423	0.811	0.961	0.949
D-W	1.57	1.82	2.00	2.09	1.475	1.68
サンプル期間	54-92(39)	64-92(29)	54-92(39)	64-92(29)	54-92(39)	64-92(29)

注) 推定は AR1 で行った。**は5%水準で有意、*は10%水準で有意であることを示す。

これに対して高校卒では、高校卒就職者数は有意な影響を与えない。労働市場の逼迫度については、失業率が有意にマイナスの影響を持っている。

大学卒について、新規学卒就職者数が多いと生涯賃金にマイナスの影響を与えるという事実は、Welch (1979) によるアメリカのベビーブーム世代の賃金が低下するという発見と同じである[11]。Welch (1979) がいうキャリア段階説あるいは内部労働市場説が日本の大学卒労働者にもあてはまると考えられる。管理者と被管理者の相対的な数と、キャリア段階が固定されている場合に、ある年次の労働者が多いとその世代だけの賃金が低下してしまうという可能性が考えられる。高校卒者について、この効果が観察されないのは、高校卒者にとっては、それほど厳密な年齢別のキャリア管理が行われていないことを反映している。

高校卒についても、大学卒についても学卒時点の景気変動が賃金の世代効果にプラスの影響を与えることが確認された。この効果が、好況時に大企業により多く就職できることから生じているのかどうかは、企業規模の卒業年効果と景気の関係を分析することで検定できる。

---

11) もっとも、Welch (1979) は、世代サイズが大きいことが、参入時点の賃金を低下させるが、その後比較的速いスピードで、賃金の上昇を経験するとしている。これに対して Berger (1985) は、世代サイズが大きいことによる賃金低下効果は長期間続くという結果を出している。

表8−1の大学卒者についての企業規模の推定結果をみると、景気変動の項は、失業率、雇用判断とも有意ではない。企業規模に影響を与えるのは、新規大学卒就職者の数だけである。したがって、景気がよくなると、大企業がより多くの大学卒者を採用することから、その年の卒業者の平均的生涯賃金が高くなるという仮説は棄却される。

　一方、勤続年数についての推定式をみると、労働需要が高い時期に就職した世代は平均勤続年数が長くなっている。このことは、景気がいいときに就職した者のほうがマッチングの質がよくなって、生涯賃金が高くなるという仮説と整合的である。

　この点は、表8−2に示されているように、対数勤続年数の分散の世代効果が景気が悪い時期に就職した世代ほど大きくなることと対応している。また、世代サイズの増加は、実質賃金、勤続年数に対してばらつきの上昇をもたらし、企業規模のばらつきを低下させている。

　また、勤続年数の分散の世代効果には低下傾向が存在している。大学卒の勤続年数の世代効果には、世代サイズ、採用動向を考慮しても、上昇トレンドがあったことを考え合わせると、トレンド的に労働市場の流動化が進んでいるとは考えにくい。流動化が進んでいるようにみえるのは、団塊ジュニアによる世代サイズの上昇という構造的要因、採用動向の停滞といった一時的要因が大きい。若年人口の低下と景気の回復が生じれば、勤続年数の長期化がみられる可能性が高い。

　高校卒については、表8−3にみるように、勤続年数の推定式のみならず、企業規模についても、労働需要の変数は有意である。労働需要が高い時期に就職した高校卒労働者は、生涯賃金が高くなる傾向がある。この場合には、二重構造仮説とマッチング仮説の双方の可能性が残る。おそらく景気がよい場合に大企業における高校卒労働者に対する労働需要が上昇し、大企業就職比率が高まることを通じて、勤続年数の長期化と生涯賃金の上昇がみられると考えられる[12]。

---

12) 学歴別生涯賃金の推移については、樋口（1994）がある。

(3) 賃金プロファイルの傾きと世代効果

　本章の分析方法の問題点として、世代ごとの年齢・賃金プロファイルの傾きが同じであるという仮定を先に議論した。この仮定を正当化するためには、年齢・賃金プロファイルの傾きの変化が、水準の変化として近似的にとらえられている必要がある。この点を確認するために、Genda（1994）が行った勤続・賃金プロファイルの傾きの世代別分析と、ここで得られた結果を比較することにしよう。

　Genda（1994）は、『賃金構造基本統計調査』の公表データを用いて、学歴別の世代別、勤続年齢プロファイルの傾きを推定している。彼は、高校卒、大学卒ともに学卒就職後転職をしていない「標準労働者」を対象としている。「標準労働者」について世代別に、高校卒（大学卒）男子について勤続5～6（5～7）年から15年後の勤続20～21（20～22）年の時点にかけての賃金上昇率を計算し、そこから学歴別男子雇用者全体の15年間にわたる平均賃金上昇率を差し引いたものを、「世代別の賃金プロファイルの傾き」と定義している。この方法は、賃金プロファイルの傾きを世代別に計算できるという利点を持っている半面、勤続年数が20年以上の労働者の世代データが必要なため、1970年代初頭以前に就職した世代しか、現在のところ分析できないという欠点を持っている[13]。その意味で、本章の分析と補完的である。

　Genda（1994）による「世代別賃金プロファイルの傾き」の推移を図8－9に示した。横軸は、各世代を就職年で示したものである[14]。対象期間は、1960年から72年に就職した標準労働者である。この期間中には、昭和40年不況といわれた65年における不況があり、採用時点の景気動向の影響を検討できる。

　世代サイズの効果としては、1947年から49年に生まれたベビーブーム世代が就職する年に注目しよう。高校卒については、ベビーブーム世代は1966年から68年に就職した世代に相当し、大学卒では、主に1969年から71年に就職した世代に相当する。

---

[13] また、勤続年数を外生変数として扱っている点も、本章とは異なる。
[14] ただし、公表データの集計の方法から、高校卒については、その年と次の年に就職したものの平均的数字、大学卒については、その年の前後3年間の平均が示されている。

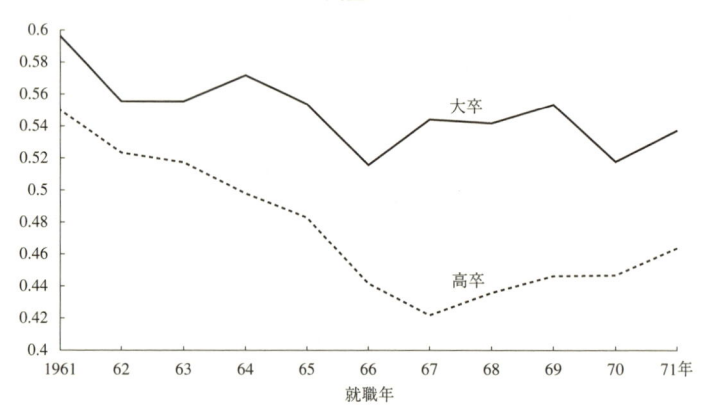

図8-9　世代別賃金プロファイルの傾き

　高校卒については、昭和40年不況の直後であり、かつベビーブーム世代の就職年にあたる1966～67年前後の就職世代で賃金プロファイルの平坦化がみられる。大学卒においても、不況直後の1966年前後に就職した世代や69～70年前後に就職したベビーブーム世代の賃金プロファイルの傾きの鈍化がみられる。Genda（1994）の賃金プロファイルの傾きからみた世代効果も、不況期と世代サイズの増加期に世代でみたときの賃金上昇率が低下するという傾向が読み取れる。その意味で、本章の賃金の世代効果の分析と整合的である。

5　就職時点の景気が生涯賃金を左右する

　本章では、労働市場における世代効果を実証的に明らかにした。大学卒、高校卒とも学卒時点の採用動向は賃金の世代効果に永続的な影響を与え、好況時に就職した世代の生涯賃金は、そうでない世代に比べて高い。また、大学卒、高校卒ともに、好況時に就職した世代は、そうでない世代より平均的に勤続年数が長い。大学卒では、企業規模と学卒時点の採用動向との関係がないことから、好況時には、仕事と労働者とのマッチングの質が高くなると考えられる。その結果、勤続年数が長くなり、賃金も高くなっている可能性が高い。

さらに、大学卒については、世代サイズが大きいことは生涯賃金を低下させる。10％世代サイズが大きいと、賃金を２％から３％低下させることになる。たとえば、1994年の大学卒就職者数は、1980年の大学卒就職者数より14％多い。この場合、賃金のトレンド的上昇による相殺がなければ、1994年の大学卒者は、1980年の大学卒者に比べて、３～４％賃金が低くなる。
　また、世代サイズが大きいことは、平均的企業規模も低下させる上、勤続年数も低下させる。おそらく、大学卒者に対する大企業の労働需要は少なくとも1992年以前については毎年大きく変動していなかったことを反映している。
　これに対し、高校卒の結果は、大学卒といくつかの点で異なる。大学卒には、学卒時点の景気と大企業就職率の間に一定の関係が見出せないのに対し、高校卒では、好況時には大企業に就職する比率が増えることを通しても、賃金の増大に寄与している。高校卒では大企業への就職がより可能になることを通じて、長期雇用の職への就職機会が好況時に高まる効果も存在する。ただし、高校卒については、大学卒と異なり世代サイズの大小は、生涯賃金に影響を与えない点も特徴的である。
　すなわち、労働者の賃金、企業規模、勤続年数などの雇用状況に影響を与えているのは、その時点の景気変動だけではなく、世代サイズ、その世代が就職した時点における採用動向などが長期間影響を与えていることがわかる。
　第一次、第二次ベビーブーム世代は、特に大学卒の労働者について、世代サイズが大きいことを通じて生涯賃金の低下を被っている。また、バブル不況における採用動向が悪化したことは、大学卒、高校卒双方について、賃金に対して長期的な影響を与える。大学卒については、この影響は、就職の選択機会が狭まったことによって生じている。この時期の大学卒業者は、景気回復期により多い転職を経験する可能性がある。また、高校卒者については、景気悪化に伴い、大企業への就職機会が少なくなったことが生涯賃金の低下をもたらすと予想される。
　本章で得られた結果は、雇用流動化の議論についても、一つの回答を与えてくれる。大学卒の勤続年数の世代効果には、世代サイズ、採用動向を考慮しても、上昇トレンドがあり、勤続年数のばらつきも小さくなってきている。

したがって、大学卒労働者について、トレンド的に労働市場の流動化が進んでいるとは考えにくい。流動化が進んでいるようにみえるのは、団塊ジュニアによる世代サイズの上昇という構造的要因、採用動向の停滞といった一時的要因が大きい。

若年人口の低下と景気の回復が生じれば、勤続年数の長期化がみられる可能性が高い。これに対し、高校卒者においては、確かに雇用の流動化がトレンドとして進んでいることは、注意する必要がある。

第 9 章　成果主義的賃金制度と労働意欲

　成果主義的賃金制度への変更は労働者の労働意欲にどのような影響を与えるだろうか。成果主義導入が失敗する例も多いが、何が原因だろう。本章では、アンケート調査を用いて、成果主義的賃金制度への変更が労働意欲に与える影響を実証的に明らかにする。得られた結論は次の通りである。成果をより重視する賃金制度に変更する場合には、労働意欲を高めるために必要な働き方の変化が重要である。具体的には、「仕事の分担や役割を明確化すること」、「仕事に対する責任を重くすること」、「能力開発の機会を増やすこと」の三つがホワイトカラーとブルーカラー共通に必要な変化である。ホワイトカラーについては、「仕事の裁量の程度が大きくなること」も労働意欲を高めることにつながる。成果主義を導入した場合は、その情報公開も重要になる。賃金レベルが同期入社の中で上位の者には上司からの情報提供が有効であり、下位の者には労働組合からの情報提供機能が重要である。成果主義の導入は職位の高い従業員、大企業従業員、技術職従業員については導入と同時に働き方もそれに見合うものとなったケースが多く、労働意欲の向上につながっている。しかし、一般従業員、製造職種、中小企業においては、成果主義的賃金制度に見合った働き方の変化がなかったために、従業員の労働意欲を低下させる要因となっていた。

1 成果主義的な賃金制度

　1990年代末から、個人ごとの発揮能力や短期成果を重視する個別的労働条件の決定が企業に浸透してきた。果たして、成果主義的な賃金制度の導入は、労働者の労働意欲を高めているのだろうか[1]。

　成果主義的な賃金制度の導入に対する批判も多い（たとえば、高橋(2004)）。一方で、第2章で検討したように、高学歴層や高所得層の中には格差拡大を問題視しない人々も存在する。確かに、拙速な制度変更はこれまでの労使関係や能力開発の機会を奪う可能性がある。成果主義的な賃金制度を労働者のやる気に結びつけるためには、労働者に自由裁量の余地を持たせることが必要だともいわれている。また、評価システムをどのように整備すべきかということも大きな課題になっている。

　本章の目的は、成果主義的な賃金制度の導入が職場や労働者に与える影響について計量分析を行うことである。制度変更は労働者の働く意欲を高めたか、制度変更が機能するためには、評価システムはどのように整備されるべきか、といった観点から分析を行う。具体的には、中部地域の企業で行ったアンケート調査（労働者1823人、企業83社）を用いて、最近3年間の仕事に対する労働意欲の変化に対し、成果主義的な賃金制度の導入がどのような影響を与えたかについて、仕事内容の変化などをコントロールして分析を行う。

　分析の結果、成果主義的な賃金制度の導入そのものは、平均としては労働意欲に影響を与えていないことが示されている。しかし、ホワイトカラーにおいては、働き方を成果主義に見合ったかたちへ変更した場合には、労働意欲の向上がみられる。ホワイトカラーにおいて給与水準が同期と比べて高いと考えている労働者は、上司からその情報をもらうことで労働意欲が向上しており、給与水準が低い労働者は労働組合から情報をもらうことで労働意欲を向上させている。

　また、賃金水準が高い労働者や賃金引き上げが行われた労働者の労働意欲

3）標準的な契約理論のモデルについては、Milgrom and Roberts (1992) を参照。

は高まっている。さらに、「企業が成果主義的に賃金制度を変更したこと」と、「労働者が賃金制度が成果主義的なものになったと感じること」とはほとんど無関係である。多くの労働者は、自分の賃金が高くなっている場合に成果主義的な賃金制度になったと感じている。

成果主義が労働意欲に与えた影響を分析した先行研究には、玄田・神林・篠崎（1999、2001）がある。本研究においては、彼らが行った研究をいくつかの点で改善している。

玄田・神林・篠崎（1999、2001）は、社会経済生産性本部が1998年9月に各産業主要企業27社の従業員を対象に実施した「職場生活と仕事に関するアンケート調査」を用いている。このデータでは、従業員に対して「最近3年間に仕事の業績や成果のウエートを高めるような賃金制度の見直しが行われましたか」という質問を行っており、この質問に対してイエス、と答えた回答者だけが、成果主義の導入によって労働意欲がどのように変化したかを尋ねられている。

そこで、玄田・神林・篠崎（1999）は、成果主義が導入されたと答えた労働者だけのサンプルを用いて、「労働時間の長さ」や「仕事の分担の明確さ」などの労働条件の変化が労働意欲の変化にどのような影響を与えたかを計量的に分析している。その結果、「裁量範囲の増加」、「仕事の分担の明確化」、「成果の重視」、「能力開発機会の増加」などの働き方の変化を伴った場合に、成果主義のもとで労働意欲が増していることが明らかにされている[2]。

彼らの研究は、成果主義的な賃金制度の導入が労働意欲に与えた実証研究として先駆的な貢献である。しかしながら、彼らの分析にもいくつかの問題がある。

第一に、労働意欲の変化が成果主義を導入していない企業ではどうなって

2）成果主義的な賃金制度に変えた場合には、同時に権限委譲が行われているという指摘はPrendergast（2002）でもなされている。Prendergastは、成果主義的な賃金が採用されているのは、成果の不確実性が高い職場であることを様々な実証結果から指摘している。不確実性が高い職場で成果主義的な賃金制度が採用されるのは、リスクとインセンティブのトレードオフに反するようにみえる。Prendergastは、この点を不確実性が高い場合には、しばしば最適な仕事のやり方も上司もよくわからない場合が多く、この場合には権限を委譲して仕事の投入に応じた賃金ではなく、成果に応じた賃金が望ましくなることを示している。

いたか、という点が不明であるため、成果主義的な賃金制度をとった企業でのみ、労働条件の変更が労働意欲向上に必要であったのか否かについては明らかでない。サンプルセレクション・バイアスを考慮した分析がなされているが、労働意欲の決定要因の差についての分析を行うには情報量が不足している。

　第二に、成果主義的な賃金制度が導入されたか否かについて、労働者本人に聞いていることである。賃金制度の評価システムの変更が労働者に十分に伝えられていない場合も多い。

　第三に、27社という企業数の少なさは、成果主義の導入や労働条件の変化に対して十分なばらつきをもたらさない可能性がある。

　本研究では、これらの問題点を克服している。第一に、すべての労働者に対して、過去3年間の労働意欲の変化の状態が質問されている。第二に、賃金制度の変更の有無については、労働者のみならず、企業の人事部にも質問しており、正確な情報を得ている。第三に、回答企業数が83社であり、対象企業数が多くなっている。

　本章は次のように構成されている。第2節において推定モデルの背景となる理論モデルを提示し、第3節でデータについて解説する。第4節で労働意欲の決定要因と成果主義の導入に関する推定結果について議論する。第5節で、労働者と企業の間で成果主義的な賃金制度の導入に関して認識差があるか否かを検定する。第6節で結論と今後の課題を述べる。

2　モデル

成果主義的賃金制度のもとでの労働者の労働意欲決定

　本節では標準的な契約理論に基づいて、労働意欲の決定モデルを導く[3]。労働者は「努力水準」eを投下して生産活動に従事し「賃金（報酬）」wを獲得する。ただし、企業はこのeを直接は観察できない。そこでeと関係を持つ「成果」yに基づき、当該労働者の処遇である賃金wを決める契約

---

[3] 標準的な契約理論のモデルについては、Milgrom and Roberts (1992) を参照。

を結ぶ。賃金は、$w = \alpha + \beta y$ という線形の関数で支払われるとする。客観的指標である「成果」y によって w が決定される比重が高くなる賃金制度（β が大きい賃金制度）を成果主義的賃金制度と呼ぶことにする。

成果主義的賃金制度が導入されているか否かを示す「制度条件」$INST$ を所与としたとき、この関係は、$w = \alpha + \beta(INST)y$ と表すことができる。

労働者の努力水準が成果に与える影響は、仕事に関する権限の大きさや種類などによっても異なってくる。このような仕事の内容を「機能条件」$COND$ として表す。すると、「成果」y は、「努力水準」、「機能条件」および「成果に関する観測誤差」(x) の関数となり、これを関数 $y = f(COND)e + x$ で表す。x の期待値はゼロ、分散は $\mathrm{Var}(x)$ であるとする。

努力に関する費用は努力費用関数 $C(e)$ で表され、労働者の絶対的危険回避度を γ とする。このもとでの労働者の確実同価値は、「所得の期待値」－「努力に要する費用」－「労働者が負担する所得変動のリスクプレミアム」であり、次の式で表される。

$$労働者の確実同価値 = \alpha + \beta(INST)f(COND)e - C(e) - \frac{1}{2}\gamma\beta^2\mathrm{Var}(x)$$

上記の設定のもとでは、最適な努力水準 e^* は次の式を満たす。

$$C'(e^*) = \beta(INST)f(COND) \tag{1}$$

(1)式によれば、最適の努力水準は、次の三つの要因に依存することになる。

ⅰ．努力の限界不効用（$C'(e)$）
ⅱ．成果が賃金に与える限界的影響（$\beta(INST)$）
ⅲ．努力が成果に与える限界的効果（$f(COND)$）

である。

ⅰ．は効用関数の形状に依存し、ⅱ．は賃金制度に依存し、ⅲ．が働き方や職務の権限の大きさに依存する。したがって、努力の最適水準は働き方などを表す「機能的条件（$COND$）」と賃金制度を表す「制度的条件（$INST$）」によって決まってくる。

(1)式を e^* について解くと

$$e^* = h(COND, INST) \tag{2}$$

が得られる。効用関数が最適値のまわりで安定的であると仮定すると、

$$de^* = \frac{\partial h}{\partial COND} dCOND + \frac{\partial h}{\partial INST} dINST \tag{3}$$

であり、最適努力水準の変化は「機能条件」の変化 $dCOND$ と「制度条件」変化の $dINST$ によって影響を受ける。

以下では(3)式を実証分析することで、成果主義的賃金制度の導入が労働者の働く意欲に影響を与えたか、そしてどのような機能条件が労働意欲向上に必要であるかを検討する。

3 データと変数の作成

「職場に関するアンケート」データ

分析に用いるデータは、(財) 中部産業・労働政策研究会 (中部産政研) が2000年7月に行った『職場に関するアンケート』である。アンケートは東海地方の製造業を中心にして行われ、労働者1823人、企業83社からの回答が得られた。アンケートは「従業員対象」と「企業対象」の二種類が同時に行われ、前者は労働者個人に対して近年の「職場の雰囲気」、「仕事内容」、「評価ポイント」などの変化について33項目の質問が設計され、後者は人事担当者に対して「人事制度改定」、「企業の管理・監督者の役割」、「苦情処理制度」などを中心に17項目の質問が設計されている[4]。

労働意欲をどうやって測るか

労働意欲などの主観的価値判断は効用関数の形に依存し、これを直接分析するのは困難である。しかしながら、成果をより重視する賃金制度が導入さ

---

4) この職場に関するアンケートの詳細については、中部産政研 (2001) を参照。また、本データを用いて労働意欲と企業成長に焦点をあてた研究に太田・大竹 (2003) がある。

表9－1　労働意欲と仕事内容の変化の分布

労働意欲の変化：		低下した	どちらかといえば低下した	どちらともいえない	どちらかといえば向上した	向上した
あなた自身の働く意欲は、最近3年間でどのように変わってきましたか。(%)		6.3	20.1	34.5	32.4	6.3
仕事内容の変化：				減った	変わらない	増えた
あなた自身の仕事は、最近3年間でどのように変わってきましたか。	①担当している仕事の量			5.9	17.9	75.9
	②担当している仕事の範囲			3.3	19.5	76.9
	③自分の裁量に任されている範囲			3.4	32.3	63.7
	④労働時間			14.3	36.1	49.2
	⑤仕事の分担・役割の明確さ			20.0	50.5	29.1
	⑥仕事に対する責任			1.8	27.6	70.1
	⑦問われる仕事の成果			1.8	33.0	64.8
	⑧求められる能力や知識			1.5	19.6	78.4
	⑨能力開発の機会			12.7	50.0	36.6

注）　データ：『職場に関するアンケート』財団法人中部産業・労働政策研究会（2000）

れるとき、どの程度意欲が向上・低下したかについては変化の方向について定性的な関係が推測できる。

(3)式の計量分析を行うために、変数を次のように特定化する。「努力水準」の変化については、「過去3年間における労働意欲の変化」に関する質問項目の回答を用いる。「機能条件の変化」については、質問項目のうち「過去3年間における仕事内容の変化」について、権限の明確化、労働時間、仕事量などの具体的な項目に関する変化を用いた。「制度条件」の変化については、企業人事部側から「過去3年間に仕事の業績や成果のウエートを高めるような賃金制度の見直しを行ったか否か」についての回答を用いた。

表9－1にそれらの質問内容と回答数および回答の構成比について示している。労働意欲の変化のうち、労働意欲が向上した者が38.7％、変わらない者が34.5％、低下した者が26.4％であり、低下したと答えた者もかなりの比率を占めることがわかる。

仕事内容の変化については、「仕事の量」、「仕事の範囲」「裁量の範囲」「仕事に対する責任」「問われる仕事の成果」「求められる能力や知識」について、過半数の労働者が増えたと答えている。

一方、「労働時間」、「仕事の分担・役割の明確さ」、「能力開発の機会」については減ったと答えた者が10％を超えている。ただし、これらについては、労働者が勤続を積むことによって変化する部分と企業全体の変化の部分の両

方が含まれていることに注意すべきである。

　表9－2では、成果主義的賃金制度を導入した企業と導入していない企業で、労働者の働き方の変化に差があるかどうかを統計的に検定している。サンプルの中で、全企業の約60％が過去3年間に成果主義的な賃金制度の導入を行っている。成果主義的な賃金制度の導入を行った企業は、大企業で多いため、成果主義的賃金制度への変更を行った企業に勤務する従業員の比率は約82％である（表9－3）。

　表9－2においては、「比率の差＝導入しているグループの比率－導入していないグループの比率」と定義して、成果主義を導入するかしないかで働き方に差がないという帰無仮説を検定した結果を示した。***は1％有意水準で、**は5％有意水準で棄却されたことを示している。

　「仕事の量」、「自分の裁量に任されている範囲」、「労働時間」、「問われる仕事の範囲」の変化で成果主義導入の企業とそうでない企業の間に有意な差がある。すなわち、制度変更が「ない」サンプルに比べ、制度変更が「ある」サンプルは「仕事の量」「自分の裁量に任されている範囲」「労働時間」「問われる仕事の成果」の質問項目で、「増えた（広がった）」と回答する比率が有意に高くなっている。また、成果主義を導入した企業で「仕事の量」が減ったと回答する比率が有意に低い。

　表9－3には次節の推定に用いた変数の記述統計量を示した。ここで、労働意欲の変化を5段階から3段階にまとめ、次のように定義した。

$$deffort = \begin{cases} 1 = \text{「低下した」、「どちらかといえば低下した」} \\ 2 = \text{「どちらともいえない」} \\ 3 = \text{「どちらかといえば向上した」、「向上した」} \end{cases} \quad (4)$$

　労働意欲の変化の平均は2.12であり、労働意欲が向上した労働者が多い。成果主義的賃金制度を導入した企業とそうでない企業で比較すると、成果主義的賃金制度の企業での労働意欲の変化の変数の平均値は2.13、導入していない企業での平均値は2.07であり、導入企業のほうが平均的には、労働意欲が高い[5]。

　この調査では、従業員本人にも過去3年間で業績や成果を評価するポイン

表9-2 成果主義的な賃金制度の導入と働き方の変化

成果主義的な賃金制度の導入:		行った		行っていない		
最近3年間に仕事の業績や成果のウエイトを高めるような賃金制度の見直しを行いましたか(企業比率)		59.0%		39.8%		
質問項目	回答	導入 サンプル数	比率	非導入 サンプル数	比率	比率の差
①仕事の量	減った 増えた	1432	0.05 0.77	310	0.09 0.71	−0.03 ** 0.06 **
②仕事の範囲	狭まった 広がった	1432	0.03 0.78	310	0.04 0.75	−0.01 0.03
③自分の裁量に任されている範囲	狭まった 広がった	1426	0.03 0.65	309	0.04 0.58	0.00 0.08 ***
④労働時間	短くなった 長くなった	1429	0.14 0.51	310	0.13 0.43	0.01 0.08 ***
⑤仕事の分担・役割の明確さ	不明確になった 明確になった	1431	0.19 0.29	308	0.22 0.30	−0.03 −0.01
⑥仕事に対する責任	減った 増えた	1428	0.02 0.71	310	0.02 0.68	0.00 0.03
⑦問われる仕事の成果	あまり問われなくなった 厳しく問われるようになった	1428	0.02 0.66	310	0.01 0.59	0.01 0.07 **
⑧求められる能力や知識	減った 増えた	1429	0.01 0.79	310	0.02 0.78	−0.01 0.01
⑨能力開発の機会	減った 増えた	1426	0.13 0.36	309	0.12 0.40	0.02 −0.04

注1) ***、**、*はそれぞれ1%、5%、10%水準で係数が有意であることを示す。
注2) データ:『職場に関するアンケート』中部産政研 (2000)

トが高まったか否かを質問している。人事部が成果主義的賃金制度を導入したと答えている企業におけるその質問への回答の平均点は2.75であり、成果主義的賃金制度を導入していない企業における平均点は2.69である。

本サンプルの特徴として、女性従業員数の比率が5%と非常に低いこと、製造業の従業員の比率が83%と高く、職種では製造職(39.1%)、技術職(29.8%)が多いことが指摘できる。サンプルが、自動車組み立てを中心とした製造業に偏っていることを反映している。

---

5) 玄田・神林・篠崎 (1999、2001) のサンプルでは、成果主義的賃金の導入は労働意欲が低下している企業のほうが多かった。

表9－3　記述統計量

	変数	サンプル数	平均	標準偏差
	被説明変数			
	労働意欲の変化	1817	2.123	0.799
	個人を評価するポイントの変化「業績・成果」	1812	2.730	0.510
	説明変数			
	①仕事の量	1818	2.701	0.573
	②仕事の範囲	1819	2.737	0.511
	③自分の裁量に任されている範囲	1812	2.607	0.554
dCOND	④労働時間	1816	2.351	0.717
機能条件	⑤仕事の分担・役割の明確さ	1816	2.091	0.697
	⑥仕事に対する責任	1815	2.686	0.502
	⑦問われる仕事の成果	1815	2.634	0.517
	⑧求められる能力や知識	1815	2.773	0.453
	⑨能力開発の機会	1811	2.241	0.662
DINST 制度条件	成果主義的な賃金制度の導入＝1、非導入＝0	1762	0.821	0.384
	個人の賃金絶対的水準	1796	5.340	2.307
	過去1年の年収増加あり	1807	0.630	0.483
	年齢	1815	37.15	7.553
	性別：女性＝1、男性＝0	1823	0.051	0.219
	学歴：大卒・大学院卒＝1、それ以外＝0	1823	0.334	0.472
INDIV	組合役員：役員経験者＝1、それ以外＝0	1822	0.538	0.499
個人属性	技術職：技術職＝1、それ以外＝0	1823	0.298	0.458
	営業職：営業職＝1、それ以外＝0	1823	0.037	0.190
	製造職：製造職＝1、それ以外＝0	1823	0.391	0.488
	SE・プログラマー職：SE・プログラマー職＝1、それ以外＝0	1823	0.012	0.109
	保守・サービス職：保守・サービス職＝1、それ以外＝0	1823	0.040	0.195
	製造業：製造業＝1、それ以外＝0	1839	0.826	0.379
	賃金の相対的水準と所得の情報源			
	賃金相対的水準下位（下位＝1、それ以外＝0）	1816	0.028	0.165
	賃金相対的水準中の下（中の下＝1、それ以外＝0）	1816	0.115	0.319
DW	賃金相対的水準中（中位＝1、それ以外＝0）	1816	0.350	0.477
	賃金相対的水準中の上（中の上＝1、それ以外＝0）	1816	0.215	0.411
	賃金相対的水準上（上位＝1、それ以外＝0）	1816	0.093	0.291
	所得（相対的水準）に関する情報源 （労働組合＝1、それ以外＝0）	1804	0.310	0.461
INFO	所得（相対的水準）に関する情報源 （同僚の口コミ＝1、それ以外＝0）	1804	0.170	0.375
	所得（相対的水準）に関する情報源 （直属の上司＝1、それ以外＝0）	1802	0.070	0.250
	所得（相対的水準）に関する情報源 （人事担当部門＝1、それ以外＝0）	1802	0.090	0.292

成果主義賃金制度への変更の有無別記述統計

変数	制度変更あり			制度変更なし		
	標本数	平均	標準偏差	標本数	平均	標準偏差
労働意欲の変化	1431	2.133	0.802	310	2.074	0.787
個人を評価するポイント（業績・成果）の変化	1426	2.745	0.495	310	2.694	0.539

4　順序プロビット・モデルによる推定

推定モデル

(3)式は機能条件の変化（$dCOND$）と制度条件の変化（$dINST$）とが上記の労働意欲の変化（$deffort$）に及ぼす効果を説明している。労働意欲の変化は、労働者の個人属性 $INDIV$ によっても異なってくると考えられるので、これをコントロールするために表9－3に示した賃金水準、年齢、性別および職種などに関するデータを新たに説明変数として用いる。

なお、制度変更の効果が間接的な要因となって労働意欲が変化する可能性は十分にある。たとえば、同期入社の同僚などと比較して、自分の賃金水準（相対的な賃金水準）がどのくらいの位置にあるのかといった情報を、直属の上司や組合などから得ているか否か、そしてその水準が高いかどうかで、制度変更が自分の賃金水準にどのような影響を与えるかに関する労働者の予想は異なってくる。賃金水準が上位の労働者の場合は、制度変更によって評価がより上がると期待するかもしれない。中位・下位の労働者であれば、成果主義的な賃金制度の導入により賃金が低下すると危惧するかもしれない。このことから、賃金水準グループが異なれば各労働者が制度変更に対して異なった反応を示す可能性を分析において考慮することにする。

賃金の水準を知るためには、特定の情報源が必要である。アンケート調査では「労働組合」「同僚の口コミ」「直属の上司」「人事担当部門」のうちどこから所得に関する情報を得たかについて調査を行っている。情報の質にも差がある場合にはこれをコントロールする必要があるので、各情報源のダミー変数 $INFO$ を追加的な説明変数に用いることにする。「特に情報源はない」と答えた労働者もおり、推定においては、その労働者がベースとなっている。

これらのことを考慮すると最適な努力水準は $e^* = h(COND,\ INST,\ DW,\ INDIV,\ INFO)$ である。ただし、DW は同期入社の同僚などと比較した場合に労働者個人が予想している賃金の相対的水準を表すダミー変数である。労働意欲がどのように変化したかを検討するために成果主義の導入

の有無をダミー変数として推定に用いることもできるが、本章では導入があった場合となかった場合に分けて推定を行い、二つのケースにおける労働意欲変化の確率を計測・比較検討するという手法をとる。

以上より推定モデルは

$$deffort_i = \beta_0 + \beta' dCOND_i + \gamma' DW_i + \delta' INDIV_i + \eta' INFO_i + \varepsilon_i \quad (5)$$

となり、これを順序プロビット・モデルによって推定する。制度導入の効果を比較するために、全サンプルによる推定と、成果主義的な賃金制度導入の有無別推定を行う。

さらに、労働者の賃金水準ごとに制度導入によって受ける影響が異なることを考慮して、賃金水準の上位・中下位別の推定も行うことにする。推定式は

$$deffort_i = \beta_0 + \beta' dCOND_i + \delta' INDIV_i + \eta' INFO_i + \varepsilon_i \quad (6)$$

であり、同じく順序プロビット・モデルによって推定する。ただし、上位・下位のグループ分けは「上位」グループがアンケートで「上位、中の上」と回答した労働者、「中下位」グループが「中位、中の下、下位」と回答した労働者であるとした。

(5)式と同じく、全サンプルを賃金上位・中下位別推定、賃金制度導入の有無別に推定を行う。以下、次項において(5)式の、次々項において(6)式の推定結果をそれぞれ述べる。

全サンプルおよび賃金制度導入の有無別推定

(5)式の推定結果が表9－4a、9－4b、9－4cに示されている。推定はホワイトカラーとブルーカラーに場合分けをして行っている。

表9－4aは制度導入の有無による場合分けをしていないサンプルの結果である。ホワイトカラー、ブルーカラーに共通して「仕事の分担・役割」「仕事に対する責任」「能力開発の機会」が強くなった企業の労働者は意欲が向上しており、賃金の絶対的水準、年収の変化なども有意に影響している。所得の情報源が「労働組合」「直属の上司」であるホワイトカラーの労働者

表9-4a　労働意欲の上昇確率に関する推定

被説明変数：deffort	全体 係数		全体 標準誤差	ホワイトカラー 係数		ホワイトカラー 標準誤差	ブルーカラー 係数		ブルーカラー 標準誤差
①仕事の量	−0.050		0.063	−0.036		0.101	−0.028		0.090
②仕事の範囲	0.006		0.070	0.050		0.108	−0.106		0.099
③自分の裁量に任されている範囲	0.159	**	0.063	0.283	***	0.091	0.061		0.096
④労働時間	−0.061		0.046	−0.073		0.077	−0.042		0.062
⑤仕事の分担・役割	0.472	***	0.046	0.476	***	0.065	0.521	***	0.068
⑥仕事に対する責任	0.210	***	0.071	0.174	*	0.100	0.236	**	0.108
⑦仕事の成果	−0.098		0.066	−0.116		0.091	−0.089		0.103
⑧求められる能力や知識	0.268	***	0.077	0.370	***	0.112	0.150		0.115
⑨能力開発の機会	0.277	***	0.049	0.298	***	0.068	0.248	***	0.077
賃金相対的水準									
下位	−0.180		0.185	−0.389		0.276	−0.184		0.285
中の下	−0.186	*	0.111	−0.141		0.169	−0.218		0.163
中位	0.165	**	0.084	0.229	*	0.126	0.077		0.121
中の上	0.173	*	0.096	0.333	**	0.142	0.033		0.140
上位	0.091		0.122	−0.038		0.170	0.221		0.196
賃金の絶対的水準	0.088	***	0.021	0.097	***	0.027	0.057		0.040
過去1年間に年収増加	0.252	***	0.062	0.180	*	0.093	0.370	***	0.090
年齢	−0.007		0.006	0.001		0.009	−0.007		0.009
女性	0.035		0.147	0.136		0.177	0.154		0.299
職種　技術職	−0.199	**	0.083	−0.192	**	0.094	0.008		0.580
営業職	−0.145		0.172	−0.144		0.179			
製造職	−0.111		0.083	0.076		0.233	−0.234		0.567
SE・プログラマー職	−0.727	***	0.274	−0.657	**	0.278			
保守・サービス職	−0.156		0.164	1.037		0.722	−0.203		0.584
業種　製造業	−0.077		0.103	−0.097		0.128	0.157		0.214
所得（相対的水準）に関する情報源									
労働組合	0.114		0.073	0.242	**	0.107	0.052		0.108
同僚の口コミ	0.097		0.088	0.155		0.124	0.046		0.136
直属の上司	0.356	***	0.126	0.432	**	0.172	0.245		0.202
人事担当部門	0.061		0.108	0.008		0.149	0.162		0.169
成果主義賃金制度導入の有無	0.020		0.084	−0.064		0.117	0.150		0.130
_cut1	2.448			3.398			1.785		
_cut2	3.531			4.448			2.954		
サンプルサイズ	1651			854			728		
尤度比検定統計量（χ^2）	434.48			275.59			185.64		
擬似R^2	0.1209			0.1486			0.1176		
対数尤度	−1579			−789			−696		

注1）　***、**、*はそれぞれ1％、5％、10％水準で係数が有意であることを示す。
注2）　データ：『職場に関するアンケート』中部産政研（2000）

は意欲が向上しているが、ブルーカラーではこれらの影響はまったくないことがわかる。成果主義的賃金制度導入の有無を示すダミー変数は、統計的には有意な影響を与えていない。つまり、成果主義的賃金制度の導入そのものが、独立で労働意欲を高める効果はない。

表9－4b 労働意欲の上昇確率に関する推定
（成果主義的な賃金制度を導入した企業の従業員サンプル）

被説明変数：deffort	ホワイトカラー 係数	標準誤差	ブルーカラー 係数	標準誤差
①仕事の量	−0.033	0.114	−0.081	0.102
②仕事の範囲	0.006	0.125	−0.105	0.112
③自分の裁量に任されている範囲	0.280***	0.101	0.069	0.107
④労働時間	−0.012	0.085	−0.039	0.067
⑤仕事の分担・役割	0.441***	0.072	0.543***	0.076
⑥仕事に対する責任	0.216*	0.111	0.290**	0.117
⑦仕事の成果	−0.154	0.103	−0.138	0.114
⑧求められる能力や知識	0.425***	0.124	0.128	0.130
⑨能力開発の機会	0.312***	0.075	0.309***	0.084
賃金相対的水準				
下位	−0.234	0.313	−0.372	0.308
中の下	−0.068	0.188	−0.068	0.180
中位	0.273*	0.141	0.173	0.134
中の上	0.320**	0.156	0.171	0.153
上位	−0.069	0.191	0.434*	0.227
賃金の絶対的水準	0.108***	0.029	0.024	0.044
過去1年間に年収増加	0.187*	0.105	0.428***	0.101
年齢	0.001	0.010	−0.003	0.010
女性	0.302	0.205	0.366	0.359
職種　技術職	−0.234**	0.105	0.358	0.896
営業職	−0.059	0.200		
製造職	0.155	0.250	0.238	0.874
SE・プログラマー職	−0.740**	0.325		
保守・サービス職	1.053	0.739	0.446	0.892
業種　製造業	−0.063	0.164	0.735**	0.304
所得（相対的水準）に関する情報源				
労働組合	0.217*	0.119	−0.011	0.120
同僚の口コミ	0.151	0.138	0.081	0.150
直属の上司	0.508***	0.183	0.220	0.212
人事担当部門	0.086	0.161	0.109	0.179
_cut1	3.753		2.796	
_cut2	4.807		3.953	
サンプルサイズ	706		607	
尤度比検定統計量（χ^2）	237.970		174.410	
擬似R^2	0.156		0.133	
対数尤度	−646.031		−569.542	

注1）　***、**、*はそれぞれ1％、5％、10％水準で係数が有意であることを示す。
注2）　データ：『職場に関するアンケート』中部産政研（2000）

　表9－4bは成果主義的な賃金制度を導入した従業員サンプルによる結果を、表9－4cは制度を導入していない従業員サンプルによる結果を、それぞれ示している。成果主義的な賃金制度を導入した企業では、「能力開発の機会の増加」が労働意欲の上昇に有意な正の影響をもたらしている。

表 9－4 c　労働意欲の上昇確率に関する推定
（成果主義的な賃金制度を導入していない企業の従業員サンプル）

	ホワイトカラー		ブルーカラー	
被説明変数：deffort	係数	標準誤差	係数	標準誤差
①仕事の量	0.164	0.255	0.254	0.217
②仕事の範囲	0.241	0.244	−0.277	0.250
③自分の裁量に任されている範囲	0.187	0.228	0.133	0.272
④労働時間	−0.438**	0.213	−0.107	0.192
⑤仕事の分担・役割の明確化	0.703***	0.176	0.793***	0.203
⑥仕事に対する責任	0.199	0.256	0.087	0.341
⑦仕事の成果	0.113	0.230	0.046	0.282
⑧求められる能力や知識	0.118	0.303	0.293	0.290
⑨能力開発の機会	0.282	0.177	−0.261	0.250
賃金相対的水準				
下位	−1.678**	0.672	1.495	0.972
中の下	−0.770*	0.439	−0.833*	0.460
中位	−0.128	0.329	−0.123	0.355
中の上	0.397	0.395	−0.285	0.470
上位	−0.116	0.432	−0.545	0.464
賃金の絶対的水準	−0.019	0.096	0.210	0.150
過去1年間に年収増加	0.133	0.240	0.055	0.236
年齢	−0.004	0.026	−0.027	0.029
女性	−0.651	0.397	−0.357	0.676
職種　技術職	−0.145	0.236	−0.572	0.827
営業職	−0.486	0.504		
製造職	−1.251	0.855	−0.615	0.839
SE・プログラマー職	−0.426	0.594		
保守・サービス職			−1.070	0.921
業種　製造業	0.100	0.261	−0.324	0.545
所得（相対的水準）に関する情報源				
労働組合	0.392	0.273	0.293	0.319
同僚の口コミ	0.244	0.323	−0.165	0.367
直属の上司	0.023	0.592	0.549	0.886
人事担当部門	−0.714*	0.431	0.473	0.613
_cut1	2.720		0.405	
_cut2	3.895		1.874	
サンプルサイズ	148		121	
尤度比検定統計量（χ^2）	64.410		45.740	
擬似 R^2	0.199		0.176	
対数尤度	−129.647		−107.171	

注1）　***、**、* はそれぞれ1％、5％、10％水準で係数が有意であることを示す。
注2）　データ：『職場に関するアンケート』中部産政研（2000）

　これに対し、成果主義的な賃金制度の導入を行っていない企業においては、「能力開発の機会の増加」は労働意欲を高める効果をもたらしていない。成果と賃金のリンクが大きくなければ、能力を高める環境整備が労働意欲の向上に結びつかないのは自然である。

成果主義的な賃金制度を導入したサンプルにおいて、ホワイトカラーでは賃金の相対的水準が「中位」「中の上」の労働者の労働意欲が有意に向上しており、ブルーカラーでは「上位」の労働者のみの意欲が向上している。「下位」や「中の下」の労働者にとって成果主義の導入は労働意欲向上には結びついていないことを示唆する結果である。

　成果主義的な賃金制度を導入していないサンプルにおいて、「仕事の分担・役割」の明確化は重要な機能条件であり、表9－4a、9－4bと比べても、制度変更の有無にかかわらず、人事評価において整備されるべき性質のものであることがわかる。また、成果主義的賃金制度を導入していないサンプルにおけるホワイトカラーでは、「労働時間」の増加が意欲低下に有意な影響を与えているのが特徴的である。

　相対的賃金水準の効果をみると、制度の導入を行った場合とは対照的に「下位」「中の下」の労働者グループは労働意欲が有意に低下していることがわかる。「下位」のグループでは元来労働意欲が低かったために、このような結果になった可能性もある。これらの結果から、賃金水準が異なれば成果主義的な賃金制度導入が労働意欲にもたらす効果は労働者グループごとに異なっており、成果主義が職場全体の労働意欲を改善できないことが推測される。

　以上の結果を用いて労働意欲の変化確率を推定モデルからシミュレーションしたものが表9－5にまとめられている。労働意欲の変化をシミュレーションの対象にした労働者グループを第1列に示した。労働意欲の変化のシミュレーションに用いた推定モデルの対象となった労働者グループが表頭で示されている。

　たとえば、ホワイトカラー労働者では、実際に成果主義的な賃金制度を導入した労働者に対し、労働条件などの変化が実際どおりだったが、成果主義的な賃金制度にならなかったとした場合の労働意欲上昇確率の予測値の平均値は、38％である。一方、実際に成果主義的な賃金制度を導入したグループに対して、成果主義的な賃金制度を導入したサンプルの推定結果に基づいて予測した労働意欲上昇予測確率の平均値は41％である。

　実際には賃金制度を成果主義に変えなかった労働者に対し、労働条件の変

第9章　成果主義的賃金制度と労働意欲　249

表9－5　推定モデルと予測グループ別労働意欲の向上確率の
　　　　シミュレーション

対象グループ	成果主義的制度の導入	意欲向上確率予測に用いた推定モデル		意欲低下確率予測に用いた推定モデル	
		導入	非導入	導入	非導入
全サンプル	導入	0.39	0.34	0.27	0.28
	非導入	0.34	0.33	0.31	0.29
ホワイトカラー	導入	0.41	0.38	0.27	0.30
	非導入	0.35	0.37	0.32	0.29
ブルーカラー	導入	0.39	0.36	0.25	0.23
	非導入	0.33	0.29	0.31	0.28
ホワイトカラー上位	導入	0.41	0.35	0.30	0.57
	非導入	0.37	0.35	0.32	0.58
ホワイトカラー中・下位	導入	0.39	0.32	0.31	0.38
	非導入	0.38	0.33	0.33	0.36

注）　網掛けは、意欲向上確率においては、制度導入・非導入のそれぞれの推定モデルを用いた場合に意欲向上確率が高いほうを示し、意欲低下確率においては、それが低いほうを示している．
データ：『職場に関するアンケート』中部産政研（2000）

化はそのままで仮に成果主義的な賃金を導入したとすると、労働意欲上昇確率は35％である。しかし、成果主義的な賃金制度を導入しないサンプルに基づく予測の場合には、労働意欲の上昇確率は37％と、より高くなる。ホワイトカラーについては、労働意欲低下確率についても同様の結果が得られている。

　つまり、実際に成果主義的な賃金制度を導入した企業は、それに伴って働き方についても変更があり、その両者が同時に変化しないと労働意欲の向上に結びつかない。働き方はそのままにして成果主義的な賃金制度を導入すると、かえって労働意欲が低下してしまう。

　しかし、ブルーカラー労働者については、成果主義的な賃金制度と働き方の関係は補完関係にはない。成果主義的な賃金制度の導入によって、労働意欲が向上する比率が高くなると同時に、意欲が低下する労働者の比率も上昇する。すなわち、ブルーカラー労働者の場合は、労働意欲の二極分化を促進

することになる。

ホワイトカラーの上位・中下位別推定

前項の(5)式の推定結果では、労働者の相対的賃金水準によって制度変更の影響が異なって現れることが示された。この項では(5)式をこの賃金水準ごとに上位と下位（中位以下）のグループに分けて(6)式を推定する。推定結果が上位・下位別で表9－6a、9－6bに示されている。ただし、ここではホワイトカラー労働者のみの結果を示している[6]。

表9－6aは成果主義的賃金制度が導入された企業の労働者のみをサンプルにした推定結果である。上位・下位にかかわらず「仕事の分担・役割」「能力開発の機会」は意欲向上に有意な影響を与える機能条件である。ここでも下位の労働者グループでは「仕事の成果」が問われるようになると意欲低下に、また「過去1年の年収が増えること」、「求められる能力や知識が増加したこと」が労働意欲向上に有意に影響している。

一方、上位グループでは、仕事の裁量に任されている範囲が拡大することが労働意欲の上昇をもたらしている。賃金水準の相対的位置に関する情報源について、上位では「直属の上司」が、下位では「労働組合」が所得の情報源である労働者の意欲が向上しており、グループごとで結果が明瞭となった。

表9－6bは成果主義的賃金制度が導入されていない企業の労働者のみをサンプルにした推定結果である。上位のグループでは、仕事の量が増えたことが労働意欲の上昇につながっている。一方、下位のグループでは、「仕事の分担・役割の明確化」が労働意欲の上昇をもたらしている。また、下位グループでは所得の情報源が「人事担当部門」である労働者の労働意欲が低下していることが共通して観察できる。賃金上位の労働者グループにおいては、情報源が労働組合であるものと直属の上司であるもので労働意欲が向上している。

図9－1に、労働者の同期の中での賃金の相対的位置づけと、その情報源の関連を図示した。直属の上司から自分の相対的な位置づけを知らされてい

6）ブルーカラーについては、賃金の上位・下位別の推定は、変数のばらつきが小さいため、推定が不可能であった。

表9－6a　賃金上位・下位別労働意欲上昇確率の推定
（ホワイトカラー/成果主義導入グループ/相対的賃金上位・下位別）

被説明変数：*deffort*	賃金上位		賃金下位	
	係数	標準誤差	係数	標準偏差
①仕事の量	−0.144	0.221	−0.007	0.164
②仕事の範囲	−0.090	0.237	0.166	0.182
③自分の裁量に任されている範囲	0.474***	0.182	0.240	0.151
④労働時間	−0.120	0.164	0.071	0.119
⑤仕事の分担・役割	0.501***	0.130	0.472***	0.102
⑥仕事に対する責任	0.153	0.198	0.128	0.164
⑦仕事の成果	0.233	0.180	−0.403***	0.151
⑧求められる能力や知識	0.250	0.222	0.675***	0.184
⑨能力開発の機会	0.359***	0.133	0.342***	0.110
賃金の絶対的水準	0.183***	0.051	0.092**	0.043
過去1年間に年収増加	−0.433**	0.205	0.355**	0.147
年齢	−0.011	0.019	0.005	0.015
女性	0.540	0.479	0.187	0.292
職種　技術職	0.259	0.194	−0.363**	0.149
営業職	0.532	0.342	−0.224	0.300
製造職	0.253	0.475	−0.279	0.377
SE・プログラマー職	0.364	0.644	−0.546	0.418
保守・サービス職	1.364	1.008		
業種　製造業	0.667**	0.299	−0.385	0.237
所得（相対的水準）に関する情報源				
労働組合	0.163	0.222	0.303*	0.167
同僚の口コミ	0.367	0.265	0.100	0.177
直属の上司	0.519*	0.265	0.300	0.307
人事担当部門	0.138	0.278	0.252	0.241
_cut1	4.185	1.041	3.972	0.800
_cut2	5.558	1.064	4.945	0.811
サンプルサイズ	246		353	
尤度比検定統計量（χ^2）	111.790		123.08	
擬似 R^2	0.220		0.160	
対数尤度	−198.66		−323.159	

注1）　***、**、* はそれぞれ1％、5％、10％水準で係数が有意であることを示す。
注2）　データ：『職場に関するアンケート』中部産政研（2000）

る労働者は、上位の者に多い。成果主義的賃金制度が導入された場合、上司から正しく賃金情報が伝えられているのは成績の上位の者に限られていることが多いため、成果主義的賃金制度導入が労働意欲にマイナスの影響をもたらしている可能性がある。

以上の結果を用いて、再び前項と同じく意欲変化確率の予測値を計測しよう。前出の表9－5に上位と下位の労働者グループを用いた推定モデル別の

表9−6b 賃金上位・下位別労働意欲向上確率の推定
(ホワイトカラー/成果主義非導入グループ/相対的賃金上位・下位別)

被説明変数：*deffort*		賃金上位		賃金下位	
		係数	標準誤差	係数	標準誤差
①仕事の量		1.957**	0.791	−0.414	0.414
②仕事の範囲		−1.131	1.138	0.351	0.308
③自分の裁量に任されている範囲		0.850	0.769	−0.051	0.305
④労働時間		−0.387	0.581	−0.048	0.291
⑤仕事の分担・役割の明確化		0.113	0.599	0.570**	0.260
⑥仕事に対する責任		−1.127	0.924	0.570	0.374
⑦仕事の成果		−0.051	0.687	0.185	0.313
⑧求められる能力や知識		−0.218	0.958	0.515	0.379
⑨能力開発の機会		0.642	0.442	0.159	0.246
賃金の絶対的水準		−0.141	0.358	−0.072	0.134
過去1年間に年収増加		0.150	0.761	0.202	0.316
年齢		0.006	0.101	0.017	0.036
女性		−1.105	1.674	−0.854	0.612
職種	技術職	0.695	0.773	−0.155	0.317
	営業職	−1.895	1.079	−0.466	0.772
	製造職			0.257	1.224
	SE・プログラマー職	0.021	1.415	−1.092	0.877
	保守・サービス職				
業種	製造業	0.499	0.562	−0.226	0.366
所得（相対的水準）に関する情報源					
	労働組合	2.162**	0.861	−0.216	0.383
	同僚の口コミ	0.919	0.895	−0.396	0.420
	直属の上司	2.460*	1.334	−1.221	1.019
	人事担当部門	0.753	1.215	−1.705***	0.650
_cut1		0.645	3.959	3.746	1.755
_cut2		2.961	3.978	4.823	1.781
サンプルサイズ		40		82	
尤度比検定統計量（χ^2）		32.880		34.22	
擬似 R^2		0.406		0.190	
対数尤度		−24.037		−72.890	

注1） ***、**、* はそれぞれ1％、5％、10％水準で係数が有意であることを示す。
注2） データ：『職場に関するアンケート』中部産政研（2000）

予測値に基づく変化確率を示してある。

　上位グループでは、実際に成果主義的な賃金制度を導入している労働者に対して、成果主義を導入しなかった場合と成果主義を導入した場合を比較すると、意欲向上確率が35％から41％に上昇し、低下確率が57％から30％に低下する。実際には成果主義的な賃金制度を導入されていなかった労働者に対して、仮に成果主義的な賃金制度を導入すると、労働意欲の向上確率が35％

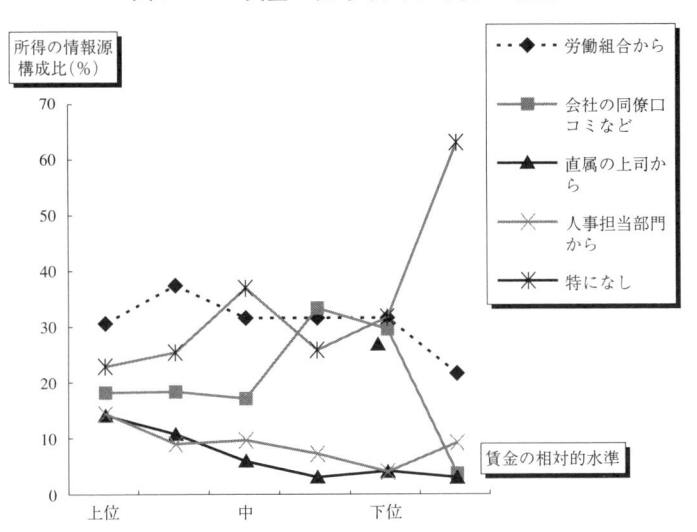

図9－1　賃金の相対的位置に関する情報

所得の情報源構成比(％)

凡例：
- ･････◆････　労働組合から
- ───■───　会社の同僚口コミなど
- ───▲───　直属の上司から
- ───×───　人事担当部門から
- ───＊───　特になし

横軸：賃金の相対的水準（上位　中　下位）

から37％に上昇し、労働意欲低下確率は58％から32％に低下する。

中・下位グループでは実際に成果主義的賃金制度を導入している労働者に対して、成果主義を導入していない場合と成果主義を導入した場合を比較すると、労働意欲向上確率が7％上昇し、低下確率が7％減少する。実際には成果主義を導入していない労働者に対して、仮に成果主義を導入すると、向上確率が5％上昇し、低下確率は3％減少する。

賃金水準別に推定した場合には、実際には成果主義的賃金制度が導入されていない企業で、仮に成果主義的な賃金制度の変更を行った場合でも、ホワイトカラーの労働意欲が全体的に上昇することが観察できる。

ここまでの結果をまとめると次のようになる。成果主義的賃金制度を導入する場合に必要となる機能条件は、ホワイトカラーでは労働者の裁量範囲を広くし、能力や知識を幅広く求めることであり、またホワイトカラー・ブルーカラーに共通して仕事の分担・役割を明確にすること、能力開発の機会の確保をすることが労働意欲向上に重要な影響を持つことなどが指摘できよう。

しかしながら、制度変更の影響は労働者の賃金水準によって大きく異なる。

表9－7　職種・職位別労働意欲向上確率のシミュレーション

職種・職位	対象グループ 成果主義的制度の導入	意欲向上確率予測に用いた推定モデル		意欲低下確率予測に用いた推定モデル	
		導入	非導入	導入	非導入
事務職	導入	0.44	0.52	0.23	0.23
	非導入	0.39	0.39	0.27	0.29
技術職	導入	0.36	0.34	0.29	0.25
	非導入	0.32	0.36	0.33	0.23
製造職	導入	0.40	0.50	0.25	0.22
	非導入	0.38	0.25	0.27	0.34
一般	導入	0.36	0.40	0.31	0.35
	非導入	0.34	0.38	0.35	0.31
一般：ホワイトカラー	導入	0.35	0.46	0.34	0.37
	非導入	0.32	0.41	0.40	0.33
一般を除く職位（*）	導入	0.41	0.35	0.24	0.23
	非導入	0.37	0.29	0.28	0.27
班長・組長・工長・係長クラス	導入	0.38	0.25	0.28	0.34
	非導入	0.30	0.25	0.35	0.34

注）　データ：『職場に関するアンケート』中部産政研（2000）

特にホワイトカラー下位のグループでは労働組合の賃金情報提供機能が労働意欲に重要な影響を持っていることがわかる。

職種別・職位別・年齢階層別・企業規模別分析

　成果主義的賃金制度の導入と労働意欲の変化の関係は、職種別・職位別・年齢別・企業規模別に異なっている可能性がある。そこで、本項では職種別・職位別・年齢別・企業規模別に、成果主義的賃金制度の導入の有無別の推定を行った。その推定結果の詳細は示さないが、定性的な傾向はホワイトカラー・ブルーカラー別の推定結果と変わらない。

　労働者グループ別の推定結果を用いて、労働者グループ別に働き方の変化やその他の属性が変化しないという条件のもとで、成果主義的賃金制度の導入ケースと非導入ケースのシミュレーションを行った。シミュレーションは、

表9－8　年齢階層別シミュレーション

年齢	対象グループ成果主義的制度の導入	意欲向上確率予測に用いた推定モデル		意欲低下確率予測に用いた推定モデル	
		導入	非導入	導入	非導入
36歳未満	導入	0.38	0.40	0.30	0.34
	非導入	0.34	0.36	0.34	0.35
36歳以上	導入	0.40	0.36	0.24	0.21
	非導入	0.34	0.31	0.29	0.24

注）データ：『職場に関するアンケート』中部産政研（2000）

グループ別に十分なサンプル数が得られるものに限って行っている。

　表9－7から、まず職種別のシミュレーション結果を検討しよう。事務職では、実際に成果主義を導入した職場では、その働き方のままで成果主義的に変更しなかった場合の仮想的な労働意欲の予測値のほうが高くなっている。事務職の労働者の多くは、成果主義的賃金制度のもとで意欲が高まるような働き方の変化がなかったと解釈できる。同様に、成果主義的な賃金制度が成功していないケースが多いと解釈できる労働者グループは、製造職の労働者である。

　成果主義を導入したところでは導入しないほうが、逆に成果主義を導入していないところでは導入したほうが、労働意欲が高まることが予測されている。比較的、成果主義の導入と働き方の変化がうまく対応している職種は、技術職である。

　職位別でのシミュレーション結果が、同じ表9－7に示してある。一般職の労働者グループでは、成果主義を導入しなかったほうが労働意欲は高まったと予測されている。一方、班長以上の職位にある労働者グループでは、成果主義の導入と同時に働き方もそれに応じて変化しているため、労働意欲が高まっていることがわかる。

　年齢階層別にみると、36歳未満の労働者グループでは、成果主義の導入は労働意欲の向上確率を低下させると同時に、労働意欲の低下確率も小さくしていることがわかる（表9－8）。一方、36歳以上の労働者グループにとっ

表9－9　企業規模別シミュレーション

企業規模	対象グループ成果主義的制度の導入	意欲向上確率予測に用いた推定モデル		意欲低下確率予測に用いた推定モデル	
		導入	非導入	導入	非導入
正社員1000人未満	導入	0.29	0.45	0.34	0.31
	非導入	0.30	0.37	0.33	0.30
1000人以上	導入	0.40	0.32	0.26	0.30
	非導入	0.34	0.33	0.32	0.29
正社員3000人未満	導入	0.28	0.35	0.31	0.36
	非導入	0.30	0.33	0.28	0.35
3000人以上	導入	0.41	0.36	0.26	0.23
	非導入	0.35	0.33	0.32	0.25
正社員1万人未満	導入	0.34	0.37	0.30	0.30
	非導入	0.34	0.32	0.30	0.33
正社員1万人以上	導入	0.42	0.22	0.25	0.37
	非導入	0.36	0.36	0.29	0.19

注）データ：『職場に関するアンケート』中部産政研（2000）

て、成果主義の導入は、労働意欲を引き上げたグループが増加した一方で、労働意欲の低下をもたらしたグループも増加させるという二極分化の影響をもたらしている。

　最後に、企業規模別のシミュレーションを表9－9で検討した。企業規模の小さいところでは、成果主義的な賃金制度の導入は、労働意欲の低下をもたらしていることがわかる。このような傾向は、企業規模の大きなところではみられない。つまり、中小企業の多くでは、賃金制度の変更は行われたが、それに見合った働き方の変化がないために、かえって労働者の労働意欲を低下させていることがわかる。

5　成果主義的賃金制度に対する労働者の認識

成果主義的賃金制度の認識の決定要因

　前節において、成果主義的賃金制度への変更が、労働者の労働意欲を必ずしも一律に高めるとは限らないことを示した。その理由は、特にブルーカラー労働者において成果主義的賃金制度の導入が労働意欲の向上と低下の二極分化をもたらすためであった。ここでは、そのメカニズムをより詳しく分析する。

　本章で用いたアンケート調査では、企業の人事部に成果主義的賃金制度の導入の有無について質問していることに加えて、各労働者に、過去3年間で個人を評価するポイントがどのように変化してきたかを質問している。そこで、「業績・成果」を重視するようになってきたか、という質問を利用して次の点を明らかにする。企業側が成果主義を導入したという事実と、労働者が「個人評価が「業績・成果」を重視するものになってきた」、と感じているか否かにどの程度の関連があるか、そして、どのような労働者が「業績・成果」を重視するようになってきたと感じているか、という点である。

　表9-10に、ホワイトカラー、ブルーカラー別、賃金制度の変更の有無別に、労働者が最近3年間で、個人を評価するポイントのうち「業績・成果」のウエートが高まったと感じている程度を被説明変数にした順序プロビット・モデルを推定した結果を示している。

　ホワイトカラー、ブルーカラーともに、「業績・成果主義」的な賃金制度の導入が進んでいると判断している労働者は、賃金の水準がもともと高い労働者か、過去1年間で賃上げを経験した労働者である、ということを表9-10から読み取ることができる。賃金制度が成果主義的に変更されたか否かは、統計的には有意な影響を持っていない。つまり、企業が行った賃金制度変更と労働者が受け止めている制度変更の中身の間に大きなギャップがあることがわかる。

表9-10　個人を評価するポイントの変化:「業績・成果」

被説明変数:		ホワイトカラー	ブルーカラー
賃金相対的水準	下位	−0.280	−0.128
		(0.279)	(0.304)
	中の下	0.115	−0.041
		(0.190)	(0.178)
	中位	0.190	0.257
		(0.141)	(0.134)*
	中の上	0.343	0.388
		(0.172)**	(0.163)**
	上位	0.558	0.364
		(0.234)**	(0.231)
成果主義的賃金制度への変更あり		0.155	−0.152
		(0.135)	(0.147)
賃金水準		0.137	0.137
		(0.037)***	(0.047)***
過去1年の年収増加		0.255	0.234
		(0.111)**	(0.103)**
年齢		0.004	−0.003
		(0.012)	(0.010)
女性		−0.177	−0.465
		(0.188)	(0.292)
大卒・大学院卒		0.205	
		(0.121)*	
組合役員		−0.121	0.061
		(0.111)	(0.111)
職種	技術職	0.001	0.908
		(0.115)	(0.573)
	営業職	−0.149	
		(0.209)	
	製造職	0.171	0.513
		(0.309)	(0.559)
	SE・プログラマー職	−0.118	
		(0.286)	
	保守・サービス職	−0.309	0.834
		(0.711)	(0.579)
業種	製造業	−0.278	0.210
		(0.159)*	(0.260)
所得（相対的水準）に関する情報源			
	労働組合	0.092	0.093
		(0.129)	(0.124)
	同僚の口コミ	−0.165	0.257
		(0.144)	(0.160)
	直属の上司	0.284	0.384
		(0.242)	(0.245)
	人事担当部門	0.168	−0.054
		(0.198)	(0.188)
_cut1		−0.828	−0.383
		(0.423)	(0.629)
_cut2		0.376	0.979
		0.419	0.629
サンプルサイズ		860	736
尤度比検定統計量		114.790	61.810
擬似 R^2		0.109	0.063
対数尤度		−467.543	−458.964

注1) ***、**、* はそれぞれ1%、5%、10%水準で係数が有意であることを示す。
注2) データ:『職場に関するアンケート』中部産政研 (2000)

賃金制度、人事制度についての労働者の認識の違いと労働意欲

　前項の議論から、成果主義的賃金制度の導入が個々の労働者に正しく認識されていない可能性があることがわかる。また、正しく認識されていたとしても、制度導入による意欲向上は、労働者がその人事評価の結果に納得した上での結果なのかどうかも検討する必要もある。

　まず、労働者の人事評価に関する納得の度合いについて、その水準の違いが労働意欲の変化に差異をもたらしているかどうかを、前節で行ったシミュレーション分析を用いて明らかにしよう。アンケートでは、労働者が自身の納得の度合いを100点満点で評価している。これを70点未満、70点以上80点未満、80点以上の三つのグループに分けて、表9－11にそれぞれの結果を求めた。

　70点未満のグループでは、実際に制度を導入している労働者に制度の導入を行うと、制度を導入していない労働者グループに比べ意欲向上確率の予測値は低下し、低下確率の予測値は上昇している。70点以上80点未満のサンプルでは、4節2項のホワイトカラーの分析結果と同じ傾向がみられ、働き方の変更を伴うように制度が導入されなければ、労働者の意欲は向上しないことがわかる。80点以上のサンプルでは、労働意欲向上確率が高まると同時に、意欲低下確率も高まるという労働者の二極分化の傾向がみられる。評価には比較的納得している場合でも、制度の導入は必ずしも労働者全体の意欲を高めることにつながっていない。

　上の結果をより詳しく検討するために、労働者の人事評価のあり方についての労働者個人の受け止め方の違いが労働意欲に差異をもたらしているかどうかを分析する。従業員対象アンケートの「現在の人事評価のあり方についてどう思うか」という質問項目を用いて、評価方法に肯定的なグループと否定的なグループに分割し、グループ間の労働意欲向上（低下）確率の違いを表9－12にまとめた。

　「①明確な基準がない」という点について、「そう思わない」と答えた労働者（評価方法に肯定的な）グループの結果をみると、制度の導入は意欲向上確率を上昇させ、意欲低下確率を低下させることがわかる。これに対して、「そう思う」と答えた労働者（評価方法に否定的な）グループは意欲向上確

表9-11 労働意欲向上確率のシミュレーション（人事評価の納得の度合い）

人事評価の納得の度合い	対象グループの成果主義の導入	意欲向上確率予測に用いた推定モデル		意欲低下確率予測に用いた推定モデル	
		導入	非導入	導入	非導入
70点未満	導入	0.31	0.35	0.40	0.37
	非導入	0.29	0.29	0.43	0.40
70点以上80点未満	導入	0.40	0.21	0.25	0.49
	非導入	0.35	0.37	0.31	0.29
80点以上	導入	0.44	0.43	0.19	0.16
	非導入	0.37	0.35	0.25	0.18

注） データ：『職場に関するアンケート』中部産政研（2000）

率を上昇させるが、同時に低下確率も高まるという二極分化の結果が得られる。「④職場ごとに評価基準がバラバラである」、「⑤評価結果が処遇に結びついていない」という点についても同様な傾向がみられる。

また、「②仕事の成果が評価に反映されていない」という点について、「そう思わない」と答えた労働者グループの結果をみると、実際に成果主義的な賃金制度を導入したグループの労働意欲向上確率の予測値（47％）は、仮に成果主義的な賃金制度にならなかったとした場合の予測値（41％）よりも高い。賃金制度を成果主義に変えなかった労働者に対し、労働条件の変化はそのままで成果主義的な賃金制度を導入した労働意欲向上確率（43％）は、成果主義を導入しない場合の向上確率（46％）より小さい。この結果は前節でのホワイトカラーに関する分析結果と同じ傾向であり、成果がきちんと評価されていると認識している労働者でも、働き方の変化が伴わなければ労働意欲の向上に結びつかないことを示唆している。

「②仕事の成果が評価に反映されていない」という点について「そう思う」と答えた労働者グループは、成果主義導入によって意欲向上確率を上昇させるが、同時に低下確率も高めるという結果が得られる。人事評価のあり方について労働者側の受け止め方が異なると、制度変更は必ずしも企業全体の労働意欲を向上させないという結果が示唆される。

同様の分析を「人事評価に関する情報をきちんと知らされているか」とい

第9章 成果主義的賃金制度と労働意欲　261

表9－12　労働意欲向上確率のシミュレーション（人事評価のあり方についての労働者の受け止め方）

人事評価のあり方	労働者の受け止め方	対象グループの成果主義の導入	意欲向上確率予測に用いた推定モデル		意欲低下確率予測に用いた推定モデル	
			導入	非導入	導入	非導入
①明確な基準がない	そう思わない	導入	0.47	0.44	0.16	0.23
		非導入	0.38	0.35	0.23	0.27
	そう思う	導入	0.37	0.31	0.31	0.31
		非導入	0.33	0.32	0.35	0.30
②仕事の成果が評価に反映されていない	そう思わない	導入	0.47	0.41	0.17	0.24
		非導入	0.43	0.46	0.20	0.19
	そう思う	導入	0.32	0.27	0.37	0.35
		非導入	0.28	0.22	0.42	0.38
③がんばった人もがんばらなかった人も評価結果が同じ	そう思わない	導入	0.45	0.33	0.20	0.26
		非導入	0.40	0.37	0.23	0.22
	そう思う	導入	0.31	0.38	0.36	0.30
		非導入	0.30	0.28	0.38	0.38
④職場ごとに評価基準がバラバラである	そう思わない	導入	0.48	0.42	0.16	0.26
		非導入	0.45	0.41	0.19	0.22
	そう思う	導入	0.37	0.36	0.30	0.27
		非導入	0.32	0.31	0.35	0.31
⑤評価結果が処遇に結びついていない	そう思わない	導入	0.47	0.45	0.18	0.20
		非導入	0.42	0.42	0.21	0.22
	そう思う	導入	0.32	0.27	0.36	0.34
		非導入	0.28	0.23	0.40	0.38

注）データ：『職場に関するアンケート』中部産政研（2000）

う質問項目に対して適用すると、表9－13の結果が得られた。人事評価の際に「評価基準・評価要素」がきちんと知らされている労働者とそうでない労働者とでは、成果主義の導入による労働意欲の変化に明らかに違いがみられる。知らされている労働者は、制度の導入によって意欲向上確率が上昇し、同時に低下確率が減少する。

　これと対照的に、知らされていない労働者は意欲向上確率が低下し、同時に低下確率が上昇する。表9－12の①の結果では、評価の明確な基準があると思っているか否かにかかわらず、成果主義の導入は向上確率を上昇させる

表9－13 労働意欲向上確率のシミュレーション（人事評価に関する情報）

人事評価に関する情報：評価基準・評価要素	対象グループの成果主義の導入	意欲向上確率予測に用いた推定モデル		意欲低下確率予測に用いた推定モデル	
		導入	非導入	導入	非導入
知らされている	導入	0.34	0.29	0.33	0.44
	非導入	0.31	0.31	0.36	0.41
知らされていない	導入	0.44	0.47	0.22	0.14
	非導入	0.35	0.35	0.29	0.19

注）データ：『職場に関するアンケート』中部産政研（2000）

結果を示していたが、労働者全体の意欲を高めるためには、明確な基準を設けることはもちろんのこと、その内容をきちんと労働者に知らせることが重要であると解釈ができる。

最後に、5節1項での「業績・成果が重視されるようになったか」という質問項目について、重視されるようになったと感じているグループと重視されなくなった（または、どちらともいえない）と感じているグループにサンプルを分割して、ホワイトカラーについて同様の分析を行った結果が表9－14である。

「重視されるようになった」と感じているグループでは、実際に制度が導入されている労働者に制度を導入すると、意欲向上確率は大幅に上昇し、低下確率も大幅に減少することがわかる。これに対して、「重視されなくなった」グループでは、実際に制度が導入されている労働者の意欲向上確率はほとんど変化しない。また、実際には制度が導入されていない労働者の意欲向上確率は、制度の導入によって低下する。明らかに、労働者が受け止めている制度変更についての認識の差異は、労働者の意欲変化に違いをもたらしている。

以上の議論から、制度に関して労働者の認識の違いは労働意欲の変化に差異をもたらすことがわかる。特に、現行の人事評価のあり方について、否定的な考えを持つ労働者は、制度の導入によって意欲低下の確率が高まるという結果が得られる。さらに、その評価基準や要素がきちんと労働者に知らさ

表9－14　労働意欲の向上確率シミュレーション（ホワイトカラーのみ、業績・成果の重視）

業績・成果の重視	対象グループの成果主義の導入	意欲向上確率予測に用いた推定モデル		意欲低下確率予測に用いた推定モデル	
		導入	非導入	導入	非導入
重視されるようになった	導入	0.46	0.18	0.29	0.57
	非導入	0.44	0.23	0.31	0.43
重視されなくなった、どちらともいえない	導入	0.39	0.39	0.27	0.29
	非導入	0.36	0.42	0.29	0.25

注）　データ：『職場に関するアンケート』中部産政研（2000）

れていない場合には、制度の導入は労働意欲に対して悪い影響しかもたらさない。労働者全体の労働意欲を高めるためには、評価基準を明確にし、かつ労働者にそれを知らせること、さらに制度がどのように変更されたのかをきちんと労働者に認識させることが重要であると結論できる。

6　成果主義的賃金制度を機能させるための条件

　本章では、成果主義的賃金制度への変更が労働者の労働意欲にどのような影響を与えるかについて、計量経済学的な分析を行った。分析の結果、成果主義的な賃金制度の導入そのものは、平均としては労働意欲に影響を与えていない。しかし、ホワイトカラーにおいては、働き方を成果主義に見合ったかたちへ変更した場合には労働意欲の向上がみられる。

　ホワイトカラーにおいて賃金水準が同期と比べて高いと考えている労働者は、上司から情報をもらうことで労働意欲が向上しており、賃金水準が低い労働者は労働組合から情報をもらうことで労働意欲を向上させている。また、賃金水準が高い労働者や賃金引き上げが行われた労働者の労働意欲は高まっている。さらに、企業が成果主義的に賃金制度を変更したことと、労働者が賃金制度は成果主義的なものになったと感じることとはほとんど無関係である。多くの労働者は、自分の賃金が高くなっている場合に成果主義的な賃金制度になったと感じている。

　本章の分析結果は、成果主義的な賃金制度を導入する際に有益な含意をも

たらしている。成果をより重視する賃金制度に変更する場合に、労働意欲を高めるために働き方を変化させることが必要である。具体的には、働き方の変化として「仕事の分担や役割を明確化すること」、「仕事に対する責任を重くすること」、「能力開発の機会を増やすこと」の三つがホワイトカラーとブルーカラー共通に必要である。

　ホワイトカラーについては、「仕事の裁量の程度が大きくなること」も労働意欲を高めることにつながる。労働時間の増加は、成果主義でない場合には、マイナスの要因であったが、成果主義的賃金制度のもとでは無関係になる。成果主義を導入した場合は、その情報公開も重要になる。上司からの情報提供は、上位の者に有効であり、下位の者には、労働組合からの情報提供機能が重要である。

　本分析によるシミュレーションによれば、成果主義の導入は一般従業員、製造職種、中小企業においては、成果主義的賃金制度に見合った働き方の変化がなかったために、従業員の労働意欲を低下させる要因となっていたことが判明した。しかし、職位の高い従業員、大企業従業員、技術職従業員については成果主義の導入と同時に働き方もそれに見合うものとなったケースが多く、労働意欲の向上につながっている。

第10章　年功賃金の選好とワークシェアリング

　日本の賃金が年功的であるのはなぜだろうか。経済学では、人的資本仮説、供託金仮説、生計費仮説といった仮説が有力である。しかし、そもそも人々は右上がりの賃金プロファイルを選好するという可能性もある。また、デフレ時には経営危機が生じても名目賃金をカットして雇用を守るということが行われないで、しばしば名目賃金の下方硬直性が観察される。本章では、人々の賃金プロファイルの傾きに対する選好と賃金カットと解雇との間の選好を、アンケート調査をもとに分析する。過半数の人々は、賃金総額の現在価値が小さくなるにもかかわらず、右上がりの賃金プロファイルを選好する。右上がりの賃金プロファイルを選好する理由は、「生活水準を年々上げていくことが楽しみである」という習慣形成あるいは損失回避と整合的な理由と、「賃金が下がると労働意欲が維持できない」という心理学的なものであることが示される。また、経営危機に陥った際に、全社員の賃金カットか一部従業員の解雇かという仮想的な質問に対して、危険回避度の高い人々は、賃金カットを選ぶ。同時に、「年々生活水準を上げていくことが楽しみ」と答えた人々は、賃金カットが30％になると、解雇を選ぶ可能性が高くなることも明らかにされる。

1　名目賃金の下方硬直性

　不況になって失業率が上昇しても名目賃金はなかなか下がらない。失業率が上昇したり、雇用不安が高まったからといって、賃金を下げて失業者を雇用して、雇用不安を解消するということはなかなか行われない。成果主義的賃金制度の導入で最も問題になるのは、成果主義的賃金制度の導入で名目賃金が低下した人々の労働意欲が低下することである。このような名目賃金の下方硬直性の存在は、デフレが経済に対して様々な悪影響をもたらす原因となっている。

　企業においても、デフレのもとで名目賃金の下方硬直性が存在すると、実質的人件費負担の増大が生じる。日本企業の賃金制度は、平均的な名目賃金の上昇を前提として、賃金上昇率に格差をつけることによって、長期的な成果に応じた賃金格差をつけることに成功してきた。しかし、デフレ経済では、平均的に名目賃金を引き下げることが難しくなると、成果に応じた賃金格差をつけることが困難になってきた。その結果、従業員数を削除する企業が出てくる。しかし、従業員数の減少は問題を引き起こす。

　太田・大竹（2003）は、従業員数の増加率が低下すると、様々なルートを通じて労働意欲が低下することを実証的に明らかにしている。従業員の減少が企業や職場の将来性の低下をもたらすというだけでなく、職場での訓練が低下することを通じても、従業員の労働意欲を低下させてしまうのである。

　業績悪化に対して、従業員数減少による対応ではなく、解雇を防ぐためにワークシェアリングを導入するという考え方もあるが、なかなか成功しない。その理由として、そもそも人々は賃金低下に直面すると労働意欲が損なわれたり、賃金が低下することそのものを嫌うという考え方がある。Kawaguchi and Ohtake（2004）は、賃金凍結が企業との信頼関係をなくすことを通じて労働意欲や満足度を低下させること、賃金カットは企業との信頼関係をなくす効果に加えて、賃金カットそのものが労働者の労働意欲や満足度を低下させる効果を持っていることを示している。

　賃金低下や賃金凍結が労働意欲を損なうということは、人々は賃金上昇そ

れ自身を好むという可能性が考えられる。仮に、賃金総額が同じであるという条件で様々な賃金プロファイルが自由に選べるとしよう。それでも人々は本当に年功賃金を好むのだろうか。もし年功賃金を好むとすればそれはどのような理由からだろう。勤務先の企業が経営危機に陥ったとき、人々はワークシェアリングによる賃金カットを受け入れるのだろうか、それとも一部従業員の解雇による人件費削減策を選好するのだろうか。本章はこのような疑問に対して、アンケート調査を用いて分析することで答えていく。

まず、人々の賃金プロファイルに対する選好とその理由を尋ねた。結論として次の二点が明らかにされた。第一に過半数の人々が右上がりの賃金プロファイルを選択する。第二に、その理由として消費水準を毎年上げていくことが楽しみであるということと、賃金が下がると労働意欲が維持できないということが大きい。

次に、従業員の一定比率の解雇か、それと同じ比率の一律賃金カットかという選択肢に関する選好について尋ねた。そしてその回答と、危険回避度と消費水準を引き上げることに対する選好、賃金下落が労働意欲を低下させるか否かに関する態度との関連を調べ、以下の結果を得た。

危険回避度が高い人々は、解雇よりも賃金カットを選択する。消費水準を上げたいという選好は、賃金カットが大幅になると解雇をより選好するかたちで影響を与える。特に、将来消費水準を上げたいという選好を持つ人は賃金低下に直面した時、危険回避度が小さくなるという傾向がある。このことは、賃金低下の際に危険回避度が低下するという損失回避行動と整合的な結果である。

これに対し、賃金が下がると労働意欲が維持できない、という選好を持つことは、賃金カットと解雇の選択と無関係である。この点は、賃金が下がると労働意欲が維持できない、という理由で右上がりの賃金プロファイルを選んでいるものであっても、従業員全体の一律引き下げであれば賃金カットに対して特に反対はしない、ということを意味する。これは Bewley (1999) の聞き取り結果と整合的である。

本章の構成は次のとおりである。第2節で、年功賃金に対する選好についての仮説を整理する。第3節においては賃金カットに関する考え方を整理す

る。第4節で、用いたデータを説明しアンケート結果を紹介する。第5節では、年功賃金の選好、ワークシェアリングに対する選好を決定する要因について実証分析を行う。第6節で賃金カットと解雇の選択について推計する。第7節で結論を述べる。

2 年功賃金の経済学的説明

　年功賃金制度は、日本特有のものであると考えられることが多い。しかし、最近では成果主義的な賃金制度の導入が進んだり、春闘においてベースアップや定期昇給が抑えられてきたりして、徐々に年功的な賃金制度が薄れてきている。一方で、日本独特のものであると考えられてきた年功的な賃金制度は、ホワイトカラーにおいては世界共通にみられることが様々な研究で明らかにされてきた。

人的資本仮説・供託金仮説・生計費仮説
　では、なぜ年功的な賃金制度は存在してきたのであろうか。経済学的な説明には次の三つの代表的な考え方がある。第一は**人的資本仮説**で、勤続年数とともに技能が上がっていくため、それに応じて賃金も上がっていくというものである。第二は、**供託金仮説**で、若いときは生産性以下、年をとると生産性以上の賃金制度のもとで、労働者がまじめに働かなかった場合に解雇するという仕組みにして、労働者の規律を高めるという理論である。年功賃金が一種の供託金として機能している。第三は**生計費仮説**で、生活費が年とともに上がっていくので、それに応じて賃金を支払うというものである。
　どの仮説もそれぞれ説得的であるが、どの仮説にも問題点がある。人的資本仮説は、技能が勤続とともに必ずしも上昇しない職場でも年功賃金が成り立っていることを説明できない。実際、技術革新が急激な職場では、ベテラン労働者の技能が陳腐化して若い人の生産性のほうが高いという場合も多い。それにもかかわらず、多くの職場では、実際に賃金が低下していくということはあまりない。供託金仮説は、懲戒解雇のような極端なケースには成り立つと考えられるものの、そのような極端な場合を除くと、そもそも解雇が困

難な日本の大企業でどこまでこの理論が妥当するのか難しい。

　生計費仮説の問題点は、賃金のプロファイルと生活費のパターンが必ずしも一対一に対応していないことである。また、なぜ、特定の生計費のパターンが選ばれるのかということを説明できていない。家族形態が多様化している中で特定の生計費に合わせた賃金構造をつくることは難しい。さらに、金融の自由化が進んだ現在では、早めに賃金をもらって貯蓄して必要な生活費に合わせて支出することが可能であるにもかかわらず、企業が生計費のパターンに合わせた賃金を支給することを説明できない。

年功賃金の行動経済学的説明

　以上のような伝統的な経済学的説明に対して、Loewenstein and Sicherman（1991）は行動経済学的な説明を提示している。彼らは労働者が右上がりの賃金プロファイルを選ぶ理由として、次の四つの仮説を示している。

①賃金上昇と技能の上昇を同一視

　第一の仮説は、労働者が賃金と生産性を関連づけて考えているため、賃金の上昇が技能の上昇として感じられて、技能が上昇したということから効用を得る、というものである。この考え方は、Bewley（1999）の仮説とも関連がある。Bewley（1999）は多くの聞き取り調査をもとに、不況期に賃金が下がらない理由は、賃金を下げると労働意欲そのものが低下することを理由に挙げている。賃金を下げると、人々は自分の技能が下がったと企業から評価されたと感じるため、労働意欲が低下してしまうのである。効率賃金仮説と異なり、Bewleyの説明は賃金水準が低いことが労働意欲に影響を与えるのではなく、賃金の低下が影響を与えるという点で心理学的な議論である。

②生活費保障と無駄遣いの自己規制

　第二の仮説は、労働者は将来自分の生活費が上昇していくことを知っているが、早めに賃金をもらってしまうと無駄遣いしてしまうことも知っている。無駄遣いを自己規制するために、右上がりの賃金プロファイルを選好するというものである。日本で従来いわれてきた生活費保障仮説と同じ仮説である

が、自分の無駄遣いを規制するために、あえて右上がりの賃金プロファイルを選ぶという点を強調している点が異なる。この理由であれば、金融市場が発達したにもかかわらず、生活費保障型の年功賃金が存在することを説明することができる。

③消費が増えていくことがうれしい

第三の仮説は、人々は消費の水準だけでなく、増分からも効用を得るというものである。ただし、「消費が次第に増えていくことがうれしい」という仮説だけでは、年功賃金を説明できない。最初に賃金を多くもらっても、自分で貯蓄をすれば、消費を徐々に増やしていくことは達成できるからである。人々が年功賃金を選択するためには、「消費の増分から効用を得る」という仮説に加えて無駄遣い抑制のために年功賃金をもらって自己規制をするという仮説が必要である。

消費の増加から効用を得るという仮説は、合理的習慣形成仮説および損失回避モデルから導かれる。習慣形成とは、過去において豊かな消費をしていたとすると消費から得られる限界効用が低下するという特徴を指す。このような「贅沢を一度すると質素な生活には戻れない」という習慣形成の効果を知っている人々は、消費の水準だけでなく、消費の増加額からも効用を得ることになる（Carroll, Overland and Weil（2000））。

一方、Kahneman and Tversky（1979）および Tversky and Kahneman（1991）は、人々は準拠する消費水準からの上昇よりも、損失をより気にかけることを指摘している。そのため、確実に消費水準が減るよりは、大きく損失を被る可能性があっても、少しでも元の消費水準を維持することができる可能性があるほうを選好するという。このような選好は、損失回避行動と呼ばれている（図10－1）。つまり、利得を受けられる局面では危険回避的な行動を取り、損失が発生する局面では危険愛好的な行動を取るのである。このモデルでも、消費水準の上昇から効用を得るという含意が得られる。

習慣形成と損失回避は、多くの点で似た理論的なインプリケーションを持つが、違いもある。損失回避の場合は、所得上昇と下落の情報に対する消費の反応が非対称的になることに特徴がある。すなわち、消費の下落可能性と

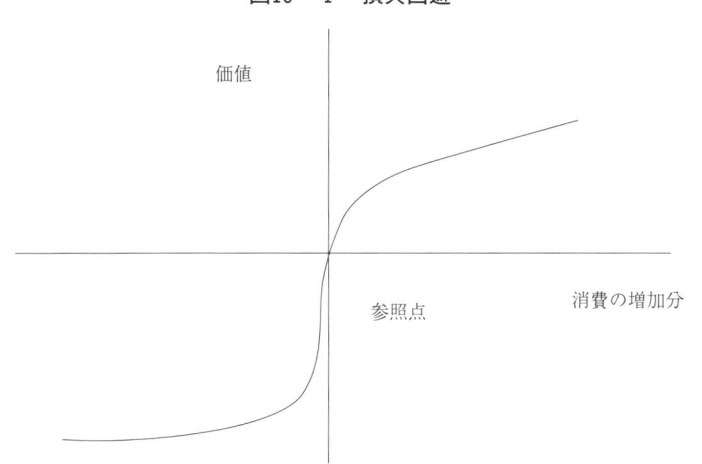

図10－1　損失回避

価値／参照点／消費の増加分

いう事態に対して人々が危険愛好的に行動し、消費の上昇の事態には危険回避的な行動をするのが損失回避行動であり、習慣形成の場合にはそのような非対称性が発生しない[1]。

④将来の消費を楽しみにする

第四の仮説は、将来の消費に対する期待そのものから効用を得るという仮説である（Loewenstein（1987））。たとえば、将来における旅行の計画を立てたことで、その旅行のことを楽しみに毎日を送るというのがその例である。将来の消費水準が高ければ、現在の消費水準そのものが低くても、将来高い消費が味わえることを毎日楽しめるので、将来の消費水準を高くすることを人々は望む。この場合も、「自分が先に賃金を手にすると、無駄遣いして後で後悔する」ということを理解しているならば、自己規制する手段として人々は年功賃金を選ぶのである。

シカゴ科学産業博物館見学者へのアンケート

Loewenstein and Sicherman（1991）は、シカゴ科学産業博物館を見学に

1）Bowman, Minehart and Rabin（1999）を参照。

来た250人に右上がりの賃金プロファイルか右下がりの賃金プロファイルのどちらを選ぶかを質問した。彼らの調査結果は、過半数の人々が右上がりの賃金プロファイルを選択し、所得や消費水準が上がっていくことがうれしい、という理由を挙げた者が多いことを明らかにしている。

　彼らの調査では、右上がり賃金プロファイルにおいても右下がり賃金プロファイルにおいても、賃金の単純合計額は同じに設定してある。この場合、利子率がプラスである限り、右下がり賃金プロファイルのほうが右上がり賃金プロファイル（年功賃金）よりも、賃金の現在価値は大きくなる。また、この設定では供託金も必要ないし人的資本も関係ない。それにもかかわらず、多くの人々が年功賃金を選んでいることは、本節で述べた行動経済学的説明と整合的である。

3　賃金カットか人員整理か

　賃金総額の現在価値が低下しても賃金が上昇していくことを人々が選好するという特徴は、賃金カットを伴うワークシェアリングの議論とも関連する。失業対策として不況期にはワークシェアリングが注目されることが多い。政策的な支援もある。たとえば、緊急対応型のワークシェアリングには政府から助成金が支出されている。具体的には、雇用の維持、確保のための「緊急対応型」ワークシェアリングの実施企業には、「緊急雇用創出特別基金」から、従業員300人以下規模で30万円、301人以上で100万円の助成金を支給される。

　ワークシェアリングの導入企業も多い。日野自動車では、1998年6月から10カ月間、間接部門の55歳以上の労働者を対象に1日の労働時間を1時間減らし、賃金を1割カットする代わりに人員整理をしないというワークシェアリングを導入した。2002年に、三洋電機は労働時間の最大60日短縮と最大20％の賃金カットというワークシェアリングを余剰人員のある部門で導入した。神戸製鋼所では賃金5％カット、住友金属工業では年収5～10％カットという緊急対応型のワークシェアリングが行われてきた。

　企業の経営状況が悪化した際に、緊急対応的に賃金を引き下げることで、

解雇者を出さないというタイプのワークシェアリングについて、企業、労働者の双方からメリット・デメリットを考えてみよう。

一律賃金カットのメリット

　緊急避難的な一律賃金カットは、企業にとっては、解雇による従業員の技能の喪失を防ぐというメリットを持っている。解雇してしまうと将来ふたたび製品需要が回復した際に高い技能を持った従業員の人手不足に直面し、製品需要の回復を十分に業績回復につなげることができなくなってしまう。

　また、従業員にとっても、解雇は将来に関する大きな不確実性を意味し、不安材料になる。つまり、従業員は、賃金がゼロになるか現状の賃金を維持できるかという一種のギャンブルである解雇に直面するよりは、確実に雇用は保障されるけれども賃金が低下するという安全策である一律賃金カットのほうが安心である。

　さらに、解雇ではなく賃金カットによって従業員数を維持することのメリットがある。従業員の労働意欲は、従業員数の増加によって上昇する（太田・大竹（2003））。従業員数が増加するとホワイトカラーは昇進確率が高まるため労働意欲が高まり、ブルーカラーは現在の仕事が続けられる可能性が高くなるため労働意欲が高まる。また、従業員数が少なくなると、1人当たりの労働強度も高まり、残業も多くなる。そうすると、職場に余裕がなくなることから、能力開発の機会も低下する。能力開発の機会の低下は、本書の第9章で明らかにしたように、労働意欲を低下させてしまう。賃金カットによる従業員数の維持は、このような悪循環をもたらさない。

一律賃金カットのデメリット
①優秀な労働者から離職する

　一律賃金カットにも欠点がある。第一に、一律賃金カットを受けた労働者の中には、他の企業において現在の賃金水準とほぼ同じ代替的な雇用機会に恵まれている者も存在する。そうした労働者にとって、一律賃金カットは離職を促すもとになり、優秀な労働者だけが転出してしまうということになりかねない。

②損失回避型行動は賃金カットを嫌う

　第二に、賃金カットによって生活水準を確実に下げなければならないという事態よりは、現状維持を保てる可能性に賭けてみるという労働者もいるかもしれない。先ほど紹介した損失回避という考え方である。

　損失回避とは、一定額の得をすることによる満足度の増え方よりも同額の損をすることによる満足度の低下のほうが非常に大きいこと、確実に少額の損をする場合と大幅な損をする可能性があるが現状維持の可能性がある場合では、後者のように現状維持の可能性が少しでもあるほうを選んでしまうという考え方である。この考え方により、人々はなかなか損切りができなくて、株や住宅が購入価格以上に低下した場合でも売りたがらないという現象を説明できるとされている。賃金についても同じことがいえる。

③解雇の順位が明確であれば解雇が政治的に支持される

　第三に、解雇が生産性の低い労働者から行われるということを多くの労働者が前提にしていると、自分の生産性が高いと考えている労働者は、確実に賃金が下がる賃金カットよりも少数の労働者だけが犠牲になる解雇政策を支持する。解雇の順位が明確になっていて、解雇者の数が過半数を超えない状況だと、政治的には多数決によって、労働組合は解雇政策を選ぶことになる。

④人件費の中で賃金以外の固定費が大きい

　第四に、同率の賃金カットと解雇を比較すると、両者は企業にとって同じだけの人件費削減政策にならない可能性がある。労働者を雇うことによって発生する賃金以外の固定費用が大きいと、人員整理に比べて賃金カットそのものはあまり大きな人件費の削減につながらないことになる。

⑤賃金の変動と自分に対する評価を同一視

　第五に、人々は賃金が下げられることそのものを嫌う可能性がある。人々は賃金を自分の能力に対する評価だと考えていれば、賃金が引き下げられると、あたかも自分の能力が低く評価されたと受け止め、労働意欲をなくしてしまう可能性がある。もっとも、個別の賃金引き下げではなく、全従業員一

表10－1　記述統計量

	平均	標準誤差
賃金プロファイル（1＝右下がり、2＝水平、3＝右上がり、4＝右上がり急）	2.777	0.787
危険回避度（1－雨傘を携行する降水確率/100）	0.495	0.197
時間選好度（楽しみは早く味わいたい＝5）	2.718	1.115
習慣形成の強さ（生活水準を上げていくのが楽しみ＝5）	3.708	1.088
投資選好の強さ（早めに賃金をもらって投資する＝5）	2.561	0.999
賃金が低下すると労働意欲が失われる（＝5）	3.983	1.014
生産性に合わせて賃金をもらうべき（＝5）	3.389	0.989
生活費に合わせるべき（＝5）	3.911	0.869
今後5年間のインフレ予想	−0.074	4.693
性別（男＝1、女＝2）	1.486	0.500
年齢	44.826	12.424
サンプル数	1549	

律の賃金カットであれば、この問題は比較的小さくなると考えられる。

4　アンケートの結果

　本章で用いたデータは、本書の第2章で紹介した筆者が2002年2月に行った「くらしと社会に関するアンケート」調査の個票データである。「くらしと社会に関するアンケート」調査は、選挙人名簿から層化二段階無作為抽出法によって抽出された全国の20歳以上65歳以下の男女6000人に対し、郵送法によって行ったものである。有効回収数は、1935であり、有効回収率は32.3％である。個人に対する郵送法によるアンケート調査としては、比較的回収率が高いものと判断できる。データの記述統計量を表10－1に示した。

賃金プロファイルの選択

　このアンケートでは、様々な個人属性に加えて、次頁のアンケート問17、問18に示す賃金プロファイルに対する選好とその理由について答えてもらった。具体的には、今後5年間にわたって総額1500万円の賃金をもらうと仮定した場合に、(1)右下がり、(2)水平、(3)右上がり（緩やか）、(4)右上がり（急）、という4つの賃金プロファイルのグラフから、賃金の受け取り方を選んでもらった（問17）。

問17 賃金収入の変化の仕方について、あなたの好みをうかがいます。（現在働いていない方は、働いていると想定してお答えください。）**今後5年間にあなたが受け取る年間賃金収入の変化の仕方が、以下のグラフのように4種類あるとき、あなたにとって最も好ましいのはどれですか。以下から1つ選び、その番号に○をつけてください。総額はすべての場合で同じ1500万円です。**

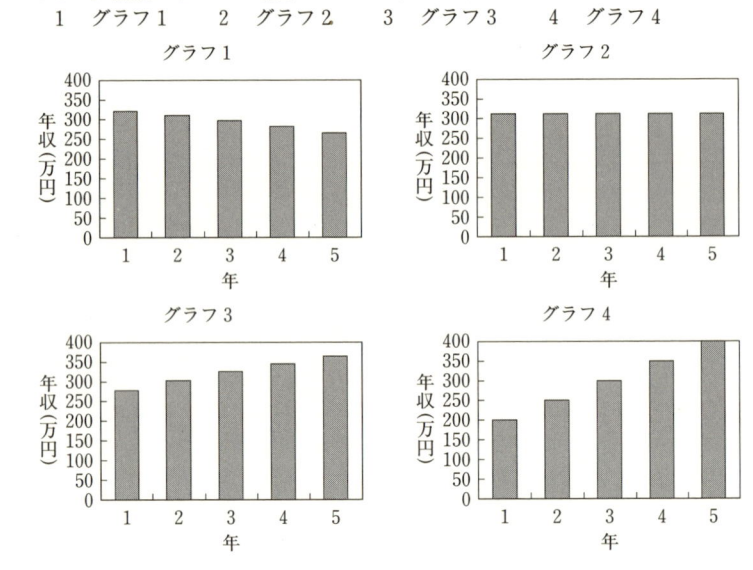

  1 グラフ1 2 グラフ2 3 グラフ3 4 グラフ4

グラフ1

グラフ2

グラフ3

グラフ4

問18 問17で回答を選んだ理由をお尋ねします。①〜⑧の各項目について、それぞれあてはまるものを1〜5から1つ選び、その番号に○をつけてください。

		そう思う	ある程度そう思う	どちらともいえない	そうでもない	そんなことはない
①	楽しみは早く味わいたい	1	2	3	4	5
②	生活（消費）水準を年々上げていくことは楽しみである	1	2	3	4	5
③	収入は先に多めに得たほうが、その分を貯蓄・投資にまわして利息を得られるのでよい	1	2	3	4	5
④	必要な生活費の変化に合わせたい	1	2	3	4	5
⑤	将来が不安なので早く多く収入を得ておきたい	1	2	3	4	5
⑥	賃金の変化は自分の能力の成長と衰えに見合うものがよい	1	2	3	4	5
⑦	年々収入が減少すると仕事への意欲が維持できない	1	2	3	4	5
⑧	物価の変動と歩調を合わせたい	1	2	3	4	5

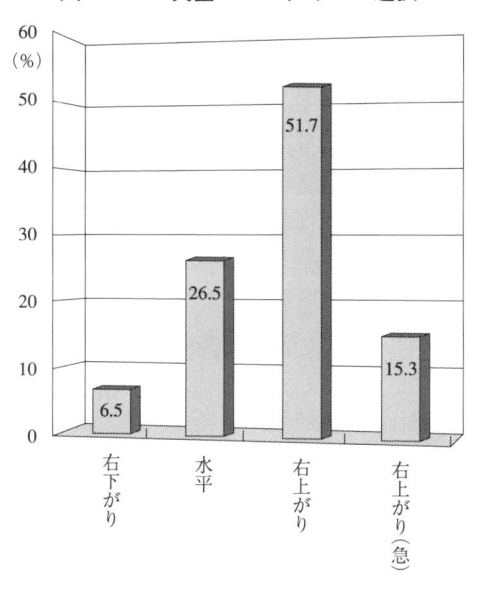

図10－2　賃金プロファイルの選択

プロファイル	割合(%)
右下がり	6.5
水平	26.5
右上がり	51.7
右上がり（急）	15.3

　さらに、その次の問18で、それらの賃金プロファイルを選んだ理由について、8つの意見を提示し、それらについて同意できるか否かについて、5段階の評価をしてもらった。

　賃金プロファイルの選択に関する分布は、図10－2に示されている。この図から明らかなように過半数の人が総額は一定であるにもかかわらず年功賃金を選んでいる。図10－3に、その理由に関する考え方に対して同意するか否かの分布を示した。

　最も多くの人が同意しているのは「**必要な生活費の変化に合わせたい**」というものである。これは、生計費仮説と整合的である。しかし、同時に過半数の人は「**生活水準を年々上げていくことは楽しみ**」、「**年々収入が減少すると仕事への意欲が維持できない**」という理由を挙げている。そうすると、生活水準を上げていくことが楽しみで、そういう生活費の変化のパターンを選びたいから年功賃金を選んでいるという解釈も可能である。この考え方は、習慣形成や損失回避の考え方と整合的である。

　また、賃金総額が変わらないということがわかっていても、賃金が毎年上

図10-3 賃金プロファイルの選択理由

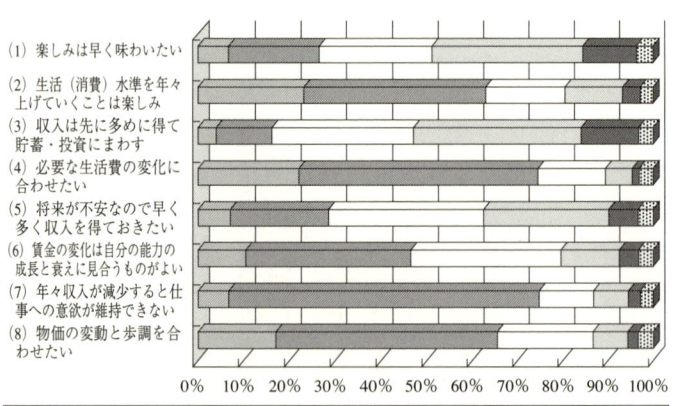

(1) 楽しみは早く味わいたい
(2) 生活（消費）水準を年々上げていくことは楽しみ
(3) 収入は先に多めに得て貯蓄・投資にまわす
(4) 必要な生活費の変化に合わせたい
(5) 将来が不安なので早く多く収入を得ておきたい
(6) 賃金の変化は自分の能力の成長と衰えに見合うものがよい
(7) 年々収入が減少すると仕事への意欲が維持できない
(8) 物価の変動と歩調を合わせたい

□そう思う ■ある程度そう思う ロどちらともいえない □そうでもない ■そんなことはない ■無回答

がっていくほうが仕事への意欲をもたらすということも興味深い。この議論は、多くの人が賃金を能力評価と関連してとらえており、賃金の下落を評価の低下としてとらえてしまう傾向にあることを反映しているかもしれない。この考え方は、Bewley (1999) が唱えた議論と対応している。

図10-4には、賃金プロファイルの選択理由に関する考え方のうち、質問に対する答えが「1．そう思う」および「2．ある程度そう思う」と答えたものを1、それ以外を0とする変数を作成し、それぞれの考え方に同意する比率を年齢階層別に示した。「賃金が下がると労働意欲が維持できない」および「生活（消費）水準を毎年上げていくのが楽しみ」という考え方を持つ人の比率は、年齢が高まるとともに低下する。しかし、60歳以上であっても過半数の人々がこのような考え方を持っている。つまり、習慣形成仮説・損失回避仮説と整合的な考え方を持つ人や、賃金下落が労働意欲を低下させるというBewley (1999) の仮説と整合的な考え方を持つ人は、過半数を超える。それ以外の選好を持つ人々の比率は少ない上、その比率は年齢とは無関係である。

危険回避度

賃金プロファイルや賃金カットの選好に対して、危険回避度が大きな役割

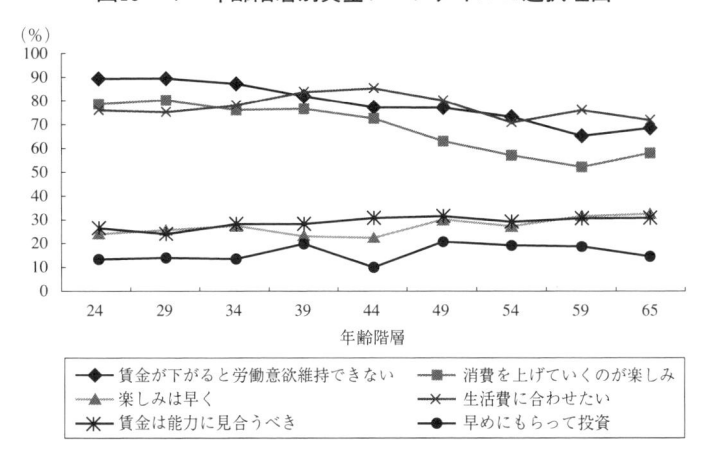

図10－4　年齢階層別賃金プロファイルの選択理由

凡例：
- 賃金が下がると労働意欲維持できない
- 消費を上げていくのが楽しみ
- 楽しみは早く
- 生活費に合わせたい
- 賃金は能力に見合うべき
- 早めにもらって投資

を果たす可能性がある。しかし、危険回避度の適切な指標を得ることは困難である。たとえば、ある仮想的な宝くじを提示してそれを購入する場合の金額を答えさせる、という質問は、しばしば危険回避度の指標に用いられる[2]。しかし、宝くじを用いた危険回避度の測定の場合には、所得水準や資産水準によって宝くじに対する評価が異なってきたり、人によっては宝くじの価値を正しく評価できないケースがあったりするという問題点がある。

そこで、多くの人にとって同じ程度の非金銭的なリスクであって日常的価値判断を行っているものを用いて危険回避度を測る尺度を用いることにした（第2章で用いた危険回避度の尺度と同じである）。

具体的には、アンケートにおいて、「あなたは普段お出かけになるときに、天気予報の**降水確率が何％以上のときに傘を持って出かけますか**」という質問を行い、その降水確率を0から100％の範囲で答えてもらった。この傘を携行する降水確率の値をもとに、次の式で危険回避度を定義した。

$$危険回避度 = 1 - (傘を携行する降水確率)/100$$

2）Cramer ほか（2002）を参照。

問11 仮に、今あなたがある企業で従業員として働いているとします。そしてその企業の経営状態が悪化したため、経営者が以下のような2種類の対応策を考えているものとします。このときあなたは、経営者が2つのうちどちらの対応策を選ぶことを望みますか。以下のA)、B)、C) 3つのケースの**それぞれについて**、2つの選択肢から1つ選び、その番号に〇をつけてください。 [57]

> ケースA) 1　2年間にわたって全社員の賃金の5％カット
> 　　　　　 2　解雇による5％の人員削減
>
> ケースB) 1　2年間にわたる全社員の賃金の10％カット
> 　　　　　 2　解雇による10％の人員削減
>
> ケースC) 1　2年間にわたる全社員の賃金の30％カット
> 　　　　　 2　解雇による30％の人員削減

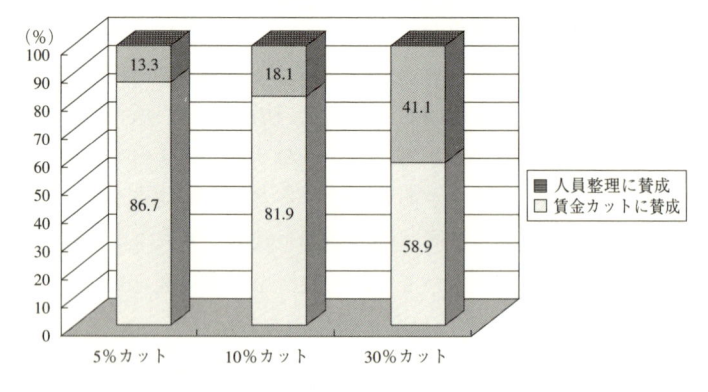

図10-5 賃金カットか雇用削減か

	5％カット	10％カット	30％カット
人員整理に賛成	13.3	18.1	41.1
賃金カットに賛成	86.7	81.9	58.9

賃金カット

　勤務先の企業の経営状態が悪化した際に、2年間にわたる全社員の賃金カットか同率の社員の解雇か、どちらを選択するか、という質問(アンケート問11)を行った。賃金カット(解雇)の比率について、5％、10％、30％の3つのケースについて答えてもらった。図10-5に、その結果をまとめている。賃金カットあるいは解雇率が10％までの場合は、80％以上の人が、2年にわたる賃金カットに賛成している。しかし、賃金カット30％と解雇率30％

という選択になると、賃金カットを選ぶ人の比率は60％に低下する。

　大幅な賃金カットならば、人員整理を選ぶ人たちも多くなってくる。この解釈は、様々なものがある。第一に、大幅な賃金カットであれば、生活水準が維持できないので、人員整理に賛成する人たちが増えてくるという考え方である。つまり、確実に生活水準が低下する賃金カットよりも、現在の生活水準を維持できる可能性がある人員整理を選択するのである。第二に、賃金カットされるくらいなら他の企業でより高い賃金を得られると思っている人たちが、賃金カット率が高くなるに従って増えてくるというものである。

5　年功賃金を選好するのは誰か

　本節では、どのような人が年功賃金を選好するのかを計量分析によって明らかにする。まず年功賃金を選好する程度を示す変数を作成する。選択された賃金プロファイルの形状で右上がりの程度が小さいほうから大きくなるに従って、1から4という数字を当てはめる。この数字を被説明変数にする。
　説明変数には、危険回避度、賃金プロファイルに対する考え方への同意の程度を弱いほうから強いほうへ1から5の値を当てはめたもの、および年齢を用い、順序プロビットモデルを推定する。賃金プロファイルの選択理由については、「それぞれの考え方の同意の程度」を五段階で示した変数と、「それぞれの考え方に同意するか否か」、という二段階の変数の双方を用いた。変数名のうち、「時間選好」は「楽しみは早く味わいたい」、「習慣形成」は「生活水準を年々上げていくことは楽しみ」、「投資選好」は「収入は先に多めに得たほうがその分を貯蓄投資にまわして利息を得られるのでよい」、「労働意欲」は「年々収入が減少すると仕事への意欲が維持できない」、「能力」は「賃金の変化は自分の能力と成長に見合うものがよい」、「生活費」は「必要な生活費の変化に合わせたい」を表している。
　五段階の指標を用いた推定結果が表10－2であり、二段階の指標を用いたものが表10－3である。いずれの推定結果も似た傾向を示している。「消費水準を上げていきたいという習慣形成・損失回避型の選好を持っている者」と「賃金が下がると労働意欲が維持できないという選好を持っている者」は、

表10-2　賃金プロファイルの選択に関する推定結果
　　　　（五段階変数のケース）

	全サンプル	39歳以下	40歳以上
危険回避度	−0.236	−0.544**	−0.142
	(0.146)	(0.266)	(0.176)
時間選好（五段階）	−0.145***	−0.160***	−0.146***
	(0.028)	(0.051)	(0.034)
習慣形成（五段階）	0.485***	0.392***	0.533***
	(0.031)	(0.057)	(0.038)
投資選好（五段階）	−0.178***	−0.139**	−0.205***
	(0.031)	(0.057)	(0.039)
労働意欲（五段階）	0.163***	0.097*	0.193***
	(0.031)	(0.059)	(0.036)
能力（五段階）	0.025	0.104**	−0.013
	(0.029)	(0.050)	(0.037)
生活費（五段階）	−0.033	−0.057	−0.017
	(0.034)	(0.061)	(0.043)
インフレ予想	−0.001	0.014	−0.010
	(0.006)	(0.011)	(0.008)
年齢	−0.045***		
	(0.017)		
年齢二乗	0.0003*		
	(0.0002)		
対数尤度	−1516.52	−487.03	−1019.64
尤度比	531.85***	89.49***	355.15***
擬似 R^2	0.1492	0.0841	0.1483
サンプルサイズ	1550	522	1028

注1）　***、**、* はそれぞれ1％、5％、10％水準で係数が有意であることを示す。

右上がりの賃金プロファイルを選好している。しかし、「楽しみは早く味わいたい」という時間選好率が高い者、「早めに賃金をもらって投資する」という選好を持った者は、右下がりの賃金プロファイルを選択している。「賃金は能力に応じてもらうべきだ」という考え方については、五段階のものと二段階のもので賃金プロファイルに対する影響が反対に出ていて不安定である。

　年齢が40歳未満のものについては、危険回避度が高いほど右上がりの賃金を選ばない、という傾向がある。企業の先行きに将来不安があると、危険回避度の高いものは、年功賃金に反対するということを示している。

　危険回避的な人々は、賃金が後払いされるほど、賃金の支払いに関する不

表10-3　賃金プロファイルの選好決定要因（二段階変数のケース）

	全年齢	39歳以下	40歳以上	50歳以上	60歳以上
危険回避度	−0.2188	−0.4806*	−0.1232	−0.1508	0.1013
	(0.1459)	(0.2643)	(0.1756)	(0.2151)	(0.3662)
習慣形成	1.0180***	0.7895***	1.1273***	1.1601***	1.4702***
	(0.0679)	(0.1280)	(0.0806)	(0.1016)	(0.1898)
時間選好	−0.2309***	−0.2851**	−0.2215***	−0.1720	−0.1651
	(0.0713)	(0.1293)	(0.0855)	(0.1071)	(0.2005)
労働意欲	0.4166***	0.3256**	0.4529***	0.5338***	0.3810**
	(0.0714)	(0.1505)	(0.0814)	(0.1016)	(0.1753)
能力	−0.2524***	−0.2138*	−0.2611***	−0.3114***	0.0421
	(0.0723)	(0.1301)	(0.0872)	(0.1105)	(0.2036)
生活費	0.0517	−0.0308	0.1034	0.0207	−0.1143
	(0.0695)	(0.1234)	(0.0844)	(0.1016)	(0.1845)
投資	−0.3096***	−0.1426	−0.4173***	−0.4365***	−0.5029**
	(0.0867)	(0.1555)	(0.1052)	(0.1305)	(0.2445)
予想インフレ率	−0.0012	0.0129	−0.0087	−0.0067	−0.0142
	(0.0061)	(0.0105)	(0.0075)	(0.0092)	(0.0179)
年齢	−0.0518***				
	(0.0168)				
年齢二乗	0.0004**				
	(0.0002)				
対数尤度	−1531.0583	−496.3114	−1026.5770	−648.6997	−202.3220
擬似 R^2	0.1410	0.0667	0.1426	0.1551	0.1741
サンプルサイズ	1550	522	1028	650	215

注1）　***、**、*はそれぞれ1％、5％、10％水準で係数が有意であることを示す。
注2）　習慣形成、時間選好、労働意欲、能力、生活費、投資は、選好に関する変数をその選好を持っているか否かのダミー変数にしたもの。

確実性や自分の健康の不確実性が高くなると考えている可能性がある。

　賃金は必要な生活費に合わせてもらいたい、という生計費仮説と整合的な意見を持つ人々の比率は高いが、賃金プロファイルの選好理由としては、説明力を持たない。おそらく、「生活水準を毎年上げていくことが楽しみである」という考え方を持つ場合、その人にとっての最適な生活費のパターンは生活費が毎年上がっていくことを意味しているために、このような結果が得られたと考えられる。

6　賃金カットに賛成するのは誰か

　企業が経営危機に陥ったときに、大幅な賃金カットがなされれば失業は回避できる。しかし現実には数パーセントの賃金低下はあっても、大幅な賃金

表10-4　賃金カットと解雇の選択に関するプロビット推定

パネルA：賃金カット5％のケース

	モデル1	モデル2	モデル3	モデル4
危険回避度	0.2096***	0.1660***	0.1628***	0.1666***
	(0.0449)	(0.0473)	(0.0471)	(0.0474)
習慣形成*	−0.0645*	−0.0193	−0.0145	−0.0191
危険回避度	(0.0334)	(0.0354)	(0.0354)	(0.0363)
年齢		0.0041**	0.0039***	0.0039***
		(0.0007)	(0.0007)	(0.0007)
大卒			−0.0396**	−0.0396**
			(0.0193)	(0.0193)
意欲				0.0137
				(0.0219)
対数尤度	−671.5170	−5990.0659	−5960.7918	−5960.2613
サンプルサイズ	1762	1592	1592	1589
擬似R^2	0.0162	0.0466	0.0503	0.0504

注）　***は1％水準で、**は5％水準で、*は10％水準で有意であることを示す。また、括弧内は標準誤差である。

パネルB：賃金カット10％のケース

	モデル1	モデル2	モデル3	モデル4
危険回避度	0.2739***	0.2236***	0.2217***	0.2328***
	(0.0524)	(0.0555)	(0.0554)	(0.0558)
習慣形成*	−0.0962**	−0.0462	−0.0435	−0.0568
危険回避度	(0.0387)	(0.0413)	(0.0414)	(0.0426)
年齢		0.0056***	0.0055***	0.0057***
		(0.0008)	(0.0008)	(0.0008)
大卒			−0.0221	−0.0226
			(0.0216)	(0.0215)
意欲				0.0137
				(0.0219)
対数尤度	−7870.5627	−7000.4117	−6990.8698	−6960.3790
サンプルサイズ	1716	1555	1555	1552
擬似R^2	0.0173	0.0544	0.0551	0.0572

注）　***は1％水準で、**は5％水準で、*は10％水準で有意であることを示す。また、括弧内は標準誤差である。

カットによる解雇の回避はなかなか生じない。危険回避的な労働者であれば、失業のリスクがある一部従業員の解雇という人事政策には反対するはずである。この点を確認するために、プロビット・モデルを推定した結果が、表10-4（パネルA、B、C）である。

第10章 年功賃金の選好とワークシェアリング 285

表10－4 つづき
パネルC：賃金カット30％のケース

	モデル1	モデル2	モデル3	モデル4
危険回避度	0.3103***	0.2587***	0.2569***	0.2651***
	(0.0675)	(0.0721)	(0.0722)	(0.0727)
習慣形成* 危険回避度	－0.1396***	－0.0925*	－0.0900*	－0.1086**
	(0.0480)	(0.0516)	(0.0517)	(0.0532)
年齢		0.0065***	0.0063***	0.0066***
		(0.0010)	(0.0011)	(0.0011)
大卒			－0.0322	－0.0335
			(0.0283)	(0.0284)
意欲				0.0427
				(0.0323)
対数尤度	－1138.3778	－1017.7419	－1017.0940	－1013.6266
サンプルサイズ	1696	1540	1540	1537
擬似R^2	0.0098	0.0295	0.0301	0.0313

注）　***は1％水準で、**は5％水準で、*は10％水準で有意であることを示す。また、括弧内は標準誤差である。

　賃金カット、解雇率が5％、10％、30％のケースごとに、賃金カットに賛成する確率に回答者の属性が与える影響を示している。推定結果は、仮説どおり危険回避度が低い人々ほど、解雇政策ではなく賃金カット政策を選んでいることを示している。しかし、「消費水準を毎年上げていくことが楽しみである」ということを示すダミー変数（習慣形成）と危険回避度の交差項の係数は、賃金カットが30％の時にのみ、マイナスで有意になる。すなわち30％という大幅な賃金カットのケースについては、習慣形成の選好を持っている人は、危険回避度の程度が小さくなるような効果を持つ。これは生活水準を大幅に下げるということよりも、生活水準を保つことができるというリスクを選好する人が増えるという意味で、損失回避的な行動と整合的である。
　さらに、表10－4（パネルA、B、C）にモデル4として、賃金が引き下げられると労働意欲を失うという人々に関するダミー変数を説明変数に加えた場合の推定結果を示した。しかし、すべてのケースで「労働意欲を失う」という変数は統計的に有意ではない。つまり、個人が賃金プロファイルを選択する際には、賃金が低下すると労働意欲を失う場合であっても、全社員の賃金が引き下げられる場合には、賃金が引き下げられるのを嫌って解雇のリ

スクを選択するという方向には動かないということである。この点は、全社員の賃金カットであれば、個人の評価が下げられたと認識することが少ないことを示している可能性がある。

7 心理学的要因が名目賃金の下方硬直性をもたらす

　本章では、人々の賃金プロファイルの傾きに対する選好と賃金カットと解雇との間の選好を、アンケート調査をもとに分析した。その結果、過半数の人々は、賃金総額の現在価値が小さくなるにもかかわらず、右上がりの賃金プロファイルを選好することが示された。

　右上がりの賃金プロファイルを選好する理由は、「生活水準を年々上げていくことが楽しみである」という習慣形成あるいは損失回避と整合的な理由と、「賃金が下がると労働意欲が維持できない」という心理学的なものであることが示された。

　さらに、経営危機に陥った際に、全社員の賃金カットか一部従業員の解雇かという仮想的な質問に対して、危険回避度の高い人々は、賃金カットを選ぶことが示された。同時に、「年々生活水準を上げていくことが楽しみ」と答えた人々は、賃金カットが30％になると、解雇を選ぶ可能性が高くなることが示された。この点は、損失回避行動と整合的である。

　一方、賃金が下がると労働意欲が維持できない、という考え方の人々は、全社員の一律賃金カットであれば、解雇をより選好するという傾向はみられなかった。危険回避度の高い人々は、解雇によるリストラより小幅な賃金カットを選好する。しかし、生活水準を年々上げていきたいという選好を持った人々は、30％という賃金カットよりは解雇政策を支持する。現在の生活水準を大幅に落とすことが確実な賃金カット政策よりは、生活水準を維持できる可能性がある解雇政策を支持するのである。本来危険回避的な労働者が、現行の生活水準維持の可能性があれば、あえてリスクをとるような行動をとることは、損失回避行動として理解することができる。このような特性が、賃金の下方硬直性をもたらしている可能性がある。それに加えて、人々は生活水準を上げていくことそのものが楽しみであったり、賃金が引き下げられ

ると労働意欲を損なわれると考えている労働者が多いことも賃金の下方硬直性の原因となっている。

　日本の賃金が年功的であるという論拠には、人的資本仮説、供託金仮説、生計費仮説といったものが有力であった。しかし、本章で明らかにされたように、「生活水準を上げることが楽しみ」という習慣形成や損失回避による説明や、「賃金が下がると労働意欲が維持できない」という心理学的な説明も無視できない。

参 考 文 献

Acemoglu, D. (1998) "Why Do New Technologies Complement Skills? Directed Technical Change and Wage Inequality," *The quarterly Journal of Economics* **113** (455), pp.1055-1090.

Alesina, A. and G. M. Angeletos (2003) "Fairness and Redistribution: U.S. versus Europe," *NBER Working Paper* 9502.

―――― and E. La Ferrara (2001) "Preferences for Redistribution in the Land of Opportunities," *NBER Working Paper* 8267.

――――, E. Glaeser and B. Sacerdote (2001) "Why Doesn't the US Have a European-Style Welfare System?" *Brookings Papers on Economic Activity*, pp.187-254.

――――, R. Di Tella and R. MacCulloch (2001) "Inequality and Happiness: Are Europeans and Americans Different?" *NBER Working Paper* 8198.

Altug, S. and R. Miller (1990) "Household Choices in Equilibrium," *Econometrica* **58** (3), pp.543-570.

Angrist, J. D. and A. B. Krueger (1999) "Empirical Strategies in Labor Economics," Ashenfelter, Orley and D. Card eds., *Handbook of labor economics* Volume 3A. Amsterdam; Elsevier Science, pp.1277-1366.

Ariga, K., G. Brunello, Y. Ohkusa and Y. Nishiyama (1992) "Corporate Hierarchy, Promotion, and Firm Growth: Japanese Internal Labor Market in Transition," *Journal of the Japanese and International Economies* 4, pp.440-471.

Attanasio, O. P. , G. Berloffa, R. Blundell and I. Preston (2002) "From Earnings Inequality to Consumption Inequality," *Economic Journal* **112**(478), C52-59.

―――― and T. Jappelli (2001) "Intertemporal Choice and the Cross-Sectional Variance of Marginal Utility," *Review of Economics and Statistics* **83**(1), pp.13-27.

Autor, D. (2000) "Wiring the Labor Market," *NBER Working Paper* 7959.

Barthold, T. A. and T. Ito (1992) "Bequest Taxes and Accumulation of Household Wealth: U.S.-Japan Comparison," in Ito, T. and A. O. Krueger eds., *The Political Economy of Tax Reform,* The University of Chicago Press, pp.235-290.

Becker, G. S. and G. Stigler (1974) "Law Enforcement, Malfeasance, and Compensation of Enforcers," *Journal of Legal Studies* **3**, pp.1-18.

Benabou, A. and E. Ok (2001) "Social Mobility and the Demand for Redistribution" *The Quarterly Journal of Economics* **116**(2), pp.447-487.

Berger, M. C. (1985) "The Effect of Cohorts Size on Earnings Growth: A Reexamination of the Evidence," *Journal of Political Economy* **93**(3), pp.561-573.

Bewley, T. F. (1999) *Why wages don't fall during a recession,* Cambridge and London: Harvard University Press, pages viii, 527.

Blundell, R. and I. Preston (1998) "Consumption Inequality and Income Uncertainty," *The Quarterly Journal of Economics* **113**(2), pp.603-640.

Bowlus, A. J. (1995) "Matching Workers and Jobs: Cyclical Fluctuations in Match Quality," *Journal of Labor Economics* **13**(2), pp.335-350.

Bowman, D., D. Minehart and M. Rabin (1999) "Loss Aversion in a Consumption Savings Model," *Journal of Economic Behavior and Organization* **38**(2), pp.155-178.

Bresnahan, T., E. Brynjolfsson and L. Hitt (1999) "Information Technology, Workplace Organization, and the Demand for Skilled Labor: Firm-Level Evidence," *NBER Working Paper* 7136.

Brunello, G. (1991) "Bonus, Wages and Performance in Japan: Evidence from Micro Data," *Ricerche Economiche* XLV(2-3), pp.377-396.

―――, K. Ariga, Y. Nishiyama and Y. Ohkusa (1995) "Recent Changes in the Internal Structure of Wages and Employment in Japan," *Journal of the Japanese and International Economies* **9**(2), pp.105-129.

Burtress, G. (1999) "Effects of Growing Wage Disparities and Changing Family Composition on the U.S. Income Distribution," *European Economic Review* **43**(4-6), pp.853-865.

Campbell, D. W. (1997) "Transfer and Life Cycle Wealth in Japan, 1974-1984," *Japanese Economic Review* **48**(4), pp.410-423.

Cappelli, P. and W. Carter (2000) "Computers, Work Organization, and Wage Outcomes," *NBER Working Paper* 7987.

Carroll, C. D., J. Overland and D. N. Weil (2000) "Saving and Growth with Habit Formation," *American Economic Review* **90**(3), pp.341-355.

Clark, R. L. and N. Ogawa (1992a) "The Effect of Mandatory Retirement on Earnings Profiles in Japan," *Industrial and Labor Relations Review* **45**(2), pp.258-266.

―――, ――― (1992b) "Employment Tenure and Earnings Profiles in Japan and the United States: Comment," *American Economic Review* **82**(1), pp.336-345.

Cook, R.and S. Weisberg (1983) "Minimax Aspects of Bounded-Influence Regression: Comment" *Journal of the American Statistical Association* **78**(381), pp.74-75.

Cowell, F. A. (2000) "Measurement of Inequality," in Atkinson, A. B. and F. Bourguignon eds., *Handbook of Income Distribution,* North Holland, pp.87-166.

――― and E. Schokkaert (2001) "Risk Perceptions and Distributional Judgments," *European Economic Review* **45**, pp.941-952.

Cramer, J. S., J. Hartog, N. Jonker and C. M. Van Praag (2002) "Low Risk Aversion Encourages the Choice for Entrepreneurship: An Empirical Test of a Truism," *Journal of Economic Behavior and Organization* **48**(1), p.29-36.

Cutler, D. M. and L. F. Katz (1991) "Macroeconomic Performance and the Disadvantaged," *Brookings Papers on Economic Activities* **2**, pp.1-74.

―――, ――― (1992) "Rising Inequality? Changes in the Distribution of Income and Consumption in the 1980s," *American Economic Review* **82**(2), pp.546-551.

Deaton, A. and C. Paxson (1993) "Saving, Growth, and Aging in Taiwan," *NBER*

Working Paper, 4330.

―――, ――― (1994a) "Intertemporal Choice and Inequality," *Journal of Political Economy* **102**, pp.437-467.

―――, ――― (1994b) "The Effects of Economic and Population Growth on National Saving and Inequality," Princeton University, manuscript.

―――, ――― (1995) "Saving, Inequality and Aging: an East Asian Perspective," *Asia Pacific Economic Review* **1**(1), pp.7-19.

Dekle, R. (1989) "The Unimportance of Intergenerational Transfers in Japan," *Japan and the World Economy* **1**(4), pp.403-413.

DiNardo, J. and J. Pischke (1997) "The Returns to Computer Use Revised: Have Pencils Changed the Wage Structure Too?" *The Quarterly Journal of Economics* **112**(1), pp.291-303.

Edlund, L. and R. Pande (2002) "Why Have Women become Left-Wing? The Political Gender Gap and the Decline in Marriage," *The Quarterly Journal of Economics* **117**(3), pp.917-961.

Fehr, E. and K. M. Schmidt (2000) "Theories of Fairness and Reciprocity-Evidence and Economic Applications," *CESifo Working Paper Series* 403; University of Zurich.

Flinn, C. J. (2002) "Labour Market Structure and Inequality: A Comparison of Italy and the U.S.," *Review of Economic Studies* **69**, pp.611-645.

Freeman, R. B. and M. L. Weitzman (1987) "Bonuses and Employment in Japan," *Journal of the Japanese and International Economies* **1**, pp.168-194.

Frey, B. S. and A. Stutzer (2002a) *Happiness and Economics: How the Economy and Institutions Affect Human Well-Being,* Princeton; Princeton University Press.

―――, ――― (2002b) "What Can Economists Learn from Happiness Research?" *Journal of Economic Literature* **40**(2), pp.402-435.

Fukushige, M. (1989) "A New Approach to the Economic Inequality Based upon the Permanent Income Hypothesis," *Economic Letters* **29**, pp.183-187.

――― (1993) "A Tax Progressivity Index Based upon the Expected Life-Cycle Utility," *The Economic Studies Quarterly* **44**(2), pp.131-141.

――― (1996a) "Annual Redistribution and Lifetime Redistribution," *Economic Letters* **52**(3), pp.269-273.

――― (1996b) "On the Determinants of Household's Consumption Inequality: An Empirical Analysis for Japanese Workers' Households," *Applied Economic Letters* **3**(8), pp.541-544.

Gasper, J. and E. L. Glaeser (1998) "Information Technology and the Future of Cities," *Journal of Urban Economics* **43**, pp.136-156.

Genda, Y. (1994) "Cohort Effects on Wage Profiles," Gakushuin University, manuscript.

――― (1996a) "Japan: Wage Differentials and Changes since the 1980s," in T. Tachibanaki ed. *Wage Differentials: An International Comparison,* New York; St.

Martin's Press, pp.35-71.

―――― (1996b) "The Over-Skilled Japanese: Changes in Earnings Inequality in Japan," Gakushuin University, manuscript.

Gittleman, M. and E. N. Wolff (1993) "International Comparisons of Inter-Industry Wage Differentials," *Review of Income and Wealth* **39**(3), pp.295-312.

Glesjer, H. (1969) "A New Test for Heteroscedasticity," *Journal of the American Statistical Association* **64**, pp.316-323.

Hall, R. E. (1978) "Stochastic Implications of the Life Cycle-Permanent Income Hypothesis: Theory and Evidence," *Journal of Political Economy* **86**, pp.971-987.

Hansen, L. P. (1982) "Large Sample Properties of Generalized Method of Moments Estimators," *Econometrica,* **50**(4), pp.1029-1054.

Hashimoto, M. and J. Raisian (1985) "Employment Tenure and Earning Profiles in Japan and the United States," *American Economic Review* **75**, pp.721-735.

――――, ―――― (1992) "Employment Tenure and Earnings Profiles in Japan and the United States: Reply," *American Economic Review* **82**(1), pp.346-354.

Hausman, J. A. (1978) "Specification Tests in Econometrics," *Econometrica* **46**(6), pp. 1251-1271.

Hayashi, F. (1986) "Why is Japan's Saving Rate So Apparently High?" in S. Fischer ed. *NBER Macroeconomics Annual 1986,* Vol.1, Cambridge: MIT Press, pp.147-210.

―――― (1995) "Is the Japanese Extended Family Altruistically Linked? A Test based on Engel Curves," *Journal of Political Economy* **103**(3), pp.661-674.

――――, J. G. Altonji and L. J. Kotlikoff (1996) "Risk-Sharing between and within Families," *Econometrica* **64**, pp.261-294.

――――, A. Ando and R. Ferris (1988) "Life Cycle and Bequest Savings: A Study of Japanese and U.S. Households Based on Data from the 1984 NSFIE and the 1983 Survey of Consumer Finances," *Journal of the Japanese and International Economies* **2**(4), pp.450-491.

Higuchi, Y. (1989) "Japan's Changing Wage Structure: the Impact of Internal Factors and International Competition," *Journal of the Japanese and International Economies* **3**(4), pp.480-499（樋口(1991，第4章) として再録）.

Jenkins, S. P. (1995) "Accounting for Inequality Trends: Decomposition Analysis for the UK 1971-86," *Economica* **62**, pp.29-63.

Jovanovic, B. (1979) "Job Matching and the Theory of Turnover," *Journal of Political Economy* **87**, pp.972-989.

Juhn, C., K. M. Murphy and B. Pierce (1991) "Accounting for the Slowdown in Black-White Wage Convergence," in M. Kosters ed. *Workers and Their Wages: Changing Patterns in the United States,* Washington D. C.; AEI Press, pp.107-143.

――――, ――――, ―――― (1993) "Wage Inequality and the Rise in Returns to Skill," *Journal of Political Economy* **101**(3), pp.410-442.

Kahneman, D. and A. Tversky (1979) "Prospect Theory: An Analysis of Decision under Risk," *Econometrica* **47**(2), pp.263-291.

Katz, L. F. and D. H. Autor (1999) "Changes in the Wage Structure and Earning Inequality," in Ashenfelter, O. and D. Card eds., *Handbook of Labor Economics*, Amsterdam: North Holland Press, pp.1463-1555.

Kawaguchi, D. (2004) "Are Computers at Home a Form of Consumption or an Investment? A Longitudinal Analysis for Japan," forthcoming in *The Japanese Economic Review*.

────── and F. Ohtake (2004) "Testing the Morale Theory of Nominal Wage Rigidity," *ISER Discussion Paper* 602, April 2004.

Kishi, T. (1994) "Do Profit Differentials Explain Interscale Wage Differentials?" *Economic Studies Quarterly* 45(1), pp.41-54.

Krueger, A. B. (1993) "How Computers Have Changed the Wage Structure: Evidence from Microdata, 1984-1989," *The Quarterly Journal of Economics* 108(1), pp.33-60.

Krueger, D. and F. Perri (2002) "Does Income Inequality Lead to Consumption Inequality?: Evidence and Theory," *NBER Working Paper* 9202.

Lazear, E. P. (1979) "Why Is There Mandatory Retirement," *Journal of Political Economy* 87(6), pp.1267-1284.

Levy, F. and R. Murnane (1992) "U.S. Earnings Levels and Earnings Inequality: A Review of Recent Trends and Proposed Explanations," *Journal of Economic Literature* 30, pp.1333-1381.

Loewenstein, G. (1987) "Anticipation and the Valuation of Delayed Consumption," *The Economic Journal* 97(387), pp.666-684.

────── and N. Sicherman (1991) "Do Workers Prefer Increasing Wage Profiles?," *Journal of Labor Economics* 9(1), pp.67-84.

Meltzer, A. and S. Richards (1981) "A Rational Theory of the Size of Government," *Journal of Political Economy* 89, pp.914-927.

Milgrom, P. and J. Roberts (1992) *Economics, Organization & Management*, Prentice Hall College.

Mincer, J. and Y. Higuchi (1988) "Wage Structure and Labor Turnover in the United States and Japan," *Journal of the Japanese and International Economies* 2, pp.97-133.

Mizoguchi, T. and N. Takayama (1984) "Equity and Poverty under Rapid Economic Growth," *The Japanese Experience*, Tokyo; Kinokuniya.

Ohkusa, Y. and S. Ohta (1994) "An Empirical Study of the Wage-Tenure Profile in Japanese Manufacturing," *Journal of the Japanese and International Economies* 8, pp.173-203.

────── and F. Ohtake (1997) "The Productivity Effects of Information Sharing, Profit Sharing, and ESOPs," *Journal of the Japanese and International Economies* 11(3), pp.385-402.

Ohtake, F. (1991) "Bequest Motives of Aged Households in Japan," *Ricerche Economiche* 45(2-3), pp.283-306.

────── and M. Saito (1998) "Population Aging and Consumption Inequality in Japan,"

Review of Income and Wealth **44**, pp.361-381.

—— and J. Tomioka (2004) "Who Supports Redistribution?" *The Japanese Economic Review* **55**(4), pp.333-478.

—— and J. Tracy (1994) "The Determinants of Labor Disputes in Japan: A Comparison with the US," in Tachibanaki, T. ed., *Economic Performance and Labour Market in Europe, Japan and US,* London: Macmillan.

Piketty, T. (1995) "Social Mobility and Redistributive Policies", *The Quarterly Journal of Economics* **110**, pp.551-584.

Prendergast, C. (2002) "The Tenuous Trade-off between Risk and Incentives," *Journal of Political Economy* **110**(5), pp.1071-1102.

Ravallion, M. and M. Lokshin (2000) "Who Wants to Redistribute? The Tunnel Effect in 1990 Russia," *Journal of Public Economics* **76**, pp.87-104.

Rebick, M. (1993) "The Persistence of Firm-Size Earnings Differentials and Labor Market Segmentation in Japan," *Journal of the Japanese and International Economies* **7**(2), pp.132-156.

Reder, M. (1955) "The Theory of Occupational Wage Differentials," *American Economic Review* **45**, pp.833-852.

Ruggles, P. (1990) *Drawing the Line: Alternative Poverty Measures and Their Implications for Public Policy,* Washington, D.C.: The Urban Institute Press.

Saito, M. (2001) "An Empirical Investigation of Intergenerational Consumption Distribution: A Comparison among Japan, the US, and the UK," in Ogura, S., T. Tachibanaki and D. Wise eds., *Aging Issues in the United States and Japan*, Chicago: The University of Chicago Press, pp.135-167.

Sakurai, K. (2001) "Biased Technological Change and Japanese Manufacturing Employment," *Journal of the Japanese and International Economies* **15**, pp.298-322.

Sen, A. and J. E. Foster (1997) *On Economic Inequality,* Oxford: Clarendon Press.

Slesnick, D. (1993) "Gaining Ground: Poverty in the Postwar United States," *Journal of Political Economy* **101**, pp.1-38.

—— (2001) *Consumption and Social Welfare: Living Standards and Their Distribution in the United States,* Cambridge University Press.

Tachibanaki, T. (1996a) "Inequalization Trend in Japan," *Public Policies and Japanese Economy,* Macmillam Press, pp.261-279.

—— (1996b) *Wage Determination and Distribution in Japan,* Chap. 4, Clarendon Press Oxford.

—— and S. Takata (1994) "Bequest and Asset Distribution: Human Capital Investment and International Wealth Transfers," in Tachibanaki, T. ed., *Savings and Bequest,* The University of Michigan Press.

—— and T. Yagi (1997) "Distribution of Economic Well-Being in Japan: Towards a More Unequal Society," in P. Gottschalk, B. Gustafsson and E. Palmer eds., *Changing patterns in the distribution of economic welfare: An international perspective,* Cambridge University Press, pp.108-131.

Tversky, A. and D. Kahneman (1991) "Loss Aversion in Riskless Choice: A Reference Dependent Model," *The Quarterly Journal of Economics* **106**(4), pp.1039-1061.

von Weizsäcker, R. K. (1996) "Distributive Implications of an Aging Society," *European Economic Review* **40**, pp.729-746.

Welch, F. (1979) "Effects of Cohort Size on Earnings: The Baby Boom Babies' Financial Bust," *Journal of Political Economy* **87**(5), s65-s97.

White, H. (1980) "A Heteroskedasticity Consistent Covariance Matrix Estimator and a Direct Test for Heteroskedasticity," *Econometrica* **48**(4), pp.817-838.

Wooldridge, J. (2002). *Econometric Analysis of Cross Section and Panel Data,* MIT Press.

Yagi, T. and H. Maki (1994) "Cost of Care and Bequests," in Tachibanaki, T. ed., *Savings and Bequest,* The University of Michigan Press, pp.39-62.

麻生良文（1998）「相続を通じた世代間移転」、『経済研究』Vol.49、No.4、pp.289-296。

安藤・アルバート、山下道子・村山淳喜（1986）「ライフ・サイクル仮説に基づく消費・貯蓄の行動分析」、『経済分析』第101号、pp.25-139。

石川経夫（1991）『所得と富』岩波書店。

―――・出島敬久（1994）「労働市場の二重構造」、石川経夫編『日本の所得と富の分配』東京大学出版会、pp.169-209。

―――（1999）『分配の経済学』東京大学出版会。

石崎唯雄（1983）『日本の所得と富の分配』東洋経済新報社。

石田光男（1992）「査定と労使関係」、橘木俊詔編『査定・昇進・賃金決定』有斐閣、pp.19-47。

石原真三子（2000）「米国の技術革新と労働需要・賃金格差―最近の実証研究の整理」、『日本労働研究雑誌』No.475、pp.60-70。

岩本康志（2000）「ライフサイクルから見た不平等度」、国立社会保障・人口問題研究所編『家族・世帯の変容と生活保障機能』東京大学出版会、pp.75-94。

上島康弘・舟場拓司（1993）「産業間賃金格差の決定因について」、『日本経済研究』No.24、pp.42-72。

大阪府（2000）『平成12年版大阪労働白書』大阪府。

大沢真知子（1993）『経済変化と女子労働』日本経済評論社。

太田聰一（1999）「景気循環と転職行動1965～94」、中村二郎・中村恵編『日本経済の構造調整と労働市場』日本評論社、pp.13-42。

―――・大竹文雄（2003）「企業成長と労働意欲」、『フィナンシャル・レビュー』第67号、財務省総合政策研究所編、pp.4-34。

大竹文雄（1994）「1980年代の所得・資産分配」、『季刊理論経済学』Vol.45、No.5、pp.385-402。

―――（1995）「査定と勤続年数が昇格に与える影響―エレベーター保守サービス会社のケース―」『経済研究』Vol.46、No.3、pp.241-248。

―――（2000a）「90年代の所得格差」、『日本労働研究雑誌』No.480、日本労働研究機構、

pp.2-11。
─── (2000b)「所得格差を考える」、『日本経済新聞／やさしい経済学』2月29日より6回掲載。
─── (2003)「所得・消費・金融資産の不平等度と人口高齢化」、連合総合生活開発研究所編『生計費構造の変化と21世紀国民生活の展望に関する研究委員会報告書』(近刊)。
─── (2004)「失業と幸福度」、『日本労働研究雑誌』No.528、pp.56-68。
───・猪木武徳 (1997)「労働市場における世代効果」、浅子和美・吉野直行・福田慎一編『現代マクロ経済分析－転換期の日本経済』東京大学出版会、pp.297-320。
───・大日康史 (1993)「外国人労働者と日本人労働者との代替・補完関係」、『日本労働研究雑誌』Vol.35, No.12、pp.2-9。
───・唐渡広志 (2003)「成果主義的賃金制度と労働意欲」、『経済研究』Vol.54, No.3、pp.1-20。
───・齊藤誠 (1996)「人口高齢化と消費の不平等度」、『日本経済研究』No.3、pp.11-35。
───・齊藤誠 (1999)「所得不平等化の背景とその政策的含意：年齢階層内効果、年齢階層間効果、人口高齢化効果」、『季刊　社会保障研究』第35巻第1号、pp.65-76。
───・富岡淳 (2002)「幸福度と所得格差」、日本経済学会2002年春季大会報告論文。
───・チャールズ・ユージ・ホリオカ (1994)「貯蓄動機」、石川経夫編『日本の所得と富の分配』東京大学出版会、pp.211-244。
大橋勇雄 (1990)『労働市場の理論』東洋経済新報社。
岡村和明 (2000)「日本におけるコーホート・サイズ効果-キャリア段階モデルによる検証」、『日本労働研究雑誌』No.481、pp.36-50。
─── (2002)「「企業規模間賃金格差」分析の現状と課題」、『日本労働研究雑誌』501号、pp.78-80。
翁邦雄・竹内恵行・吉川洋 (1989)「わが国における実質賃金の決定について」、東京大学経済学部『経済学論集』第55巻第2号、pp.77-85。
奥井めぐみ (2000)「パネルデータによる男女間賃金格差に関する実証分析」、『日本労働研究雑誌』No.485、pp.66-79。
川口章 (2002)「ダグラス＝有澤法則は有効なのか」、『日本労働研究雑誌』No.501、pp.18-21。
─── (2004)「1990年代における男女間賃金格差縮小の要因」、未公刊論文、同志社大学。
黒澤昌子・玄田有史 (2001)「学校から職場へー「七・五・三」転職の背景」、『日本労働研究雑誌』No.490、pp.4-18。
経済企画庁 (1975)『所得・資産分配の実態と問題点』大蔵省印刷局。
─── (1992)『経済白書』大蔵省印刷局。
───経済研究所編 (1998)『日本の所得格差－国際比較の視点から』大蔵省印刷局。
───国民生活局編 (1999)『新国民生活指標：PLI』大蔵省印刷局。
───調査局 (2000)「IT化が生産性に与える効果について」(政策効果分析レポートNo.4) (平成12年10月31日) (http://www5.cao.go.jp/2000/f/1031f-seisakukoka4.pdf)。
玄田有史 (1993)「労働時間と賃金の産業間格差について」、『日本経済研究』No.24、pp.23-41。

―――(1994)「高学歴化、中高年齢化と賃金構造」、石川経夫編『日本の所得と富の分配』東京大学出版会、pp.141-168。
―――(1996)「「資質」か「訓練」か？－規模間格差の能力差説」、『日本労働研究雑誌』No.430、pp.17-29。
―――(1997)「チャンスは一度」、『日本労働研究雑誌』No.449、pp.2-12。
―――・神林龍・篠崎武久(1999)「成果主義の職場へのインパクト」、社会経済生産性本部・労使関係常任委員会編『職場と企業の労使関係の再構築：個と集団の新たなコラボレーション』所収、社会経済生産性本部生産性労働情報センター、pp.43-67。
―――・―――・―――(2001)「成果主義と能力開発」、『組織科学』Vol.34、No.3、pp.18-31。
小池和男（1991）『仕事の経済学』東洋経済新報社。
小原美紀（2001）「専業主婦は裕福な家庭の象徴か？：妻の就業と所得不平等に税制が与える影響」、『日本労働研究雑誌』No.493、pp.15-29。
―――・大竹文雄（2001）「コンピューター使用が賃金に与える影響」、『日本労働研究雑誌』No.494、pp.16-30。
駒村康平（1994）「高齢者家計における遺産行動の経済分析」、『季刊社会保障研究』第30巻第1号、pp.62-74。
櫻井宏二郎（1999）「偏向的技術進歩と日本製造業の雇用・賃金」、『経済経営研究』（日本開発銀行）Vol.20-2。
―――(2000)「偏向的技術進歩と雇用」、吉川洋・大瀧雅之『循環と成長のマクロ経済学』東京大学出版会、pp.165-189。
―――(2004)「技術進歩と人的資本－スキル偏向的技術進歩の実証分析－」、『経済経営研究』Vol.25、No.1、日本政策投資銀行設備投資研究所。
佐藤俊樹（2000）『不平等社会日本』中央公論新社。
篠崎武久（2001）「1980～90年代の賃金格差の推移とその要因」、『日本労働研究雑誌』No.494、pp.2-15。
清水方子・松浦克己（2000）「努力は報われるか：パソコンと賃金、教育の関係」、『社会科学研究』第51巻第2号、pp.115-136。
下野恵子（1991）『資産格差の経済分析－ライフ・サイクル貯蓄と遺産・贈与』名古屋大学出版会。
白波瀬佐和子（2002）「日本の所得格差と高齢者世帯：国際比較の観点から」、『日本労働研究雑誌』No.500、pp.72-85。
駿河輝和（1987）「ボーナス制度と伸縮的賃金」、『日本労働経済雑誌』3月号、pp.13-21。
―――(1991a)「生産労働者、非生産労働者、資本間の代替関係について」、『日本経済研究』21号、pp.48-57。
―――(1991b)「銀行業のコンピューター化の雇用への影響」、『日本労働研究雑誌』No.380、pp.28-38。
セン・アマルティア（1999）『不平等の再検討』岩波書店。
総務庁統計局（1992）『平成元年　全国消費実態調査報告　第8巻　資料編』日本統計協会。
高橋伸夫（2004）『虚妄の成果主義－日本型年功制復活のススメ』日経BP社。

高原正之（2003）「女性労働者の職種構成の変化が賃金格差に与えた影響」、『労働統計調査月報』No.652、Vol.55、No.5、pp.11-25。
高山憲之編著（1992）『ストック・エコノミー』東洋経済新報社。
──・有田富美子（1992a）「高齢者夫婦世帯の所得・消費・資産」、『経済研究』第43巻第2号、pp.158-178。
──・────（1992b）「共稼ぎ世帯の家計実態と妻の就業選択」、『日本経済研究』No.22、pp.158-178。
──・────（1994）「家計資産の分配とその変遷」、石川経夫編『日本の所得と資産の分配』所収、東京大学出版会、pp.59-78。
──・────（1996）『貯蓄と資産形成－家計資産のマイクロデータ分析』一橋大学経済研究叢書No.46、岩波書店。
──・舟岡史雄・大竹文雄・関口昌彦・渋谷時幸（1989）「日本の家計資産と貯蓄率」、『経済分析』No.116、pp.1-93。
橘木俊詔（1998）『日本の経済格差－所得と資産から考える』岩波書店。
──（2000）「「結果の不平等」をどこまで認めるか」、『中央公論』5月号、pp.76-82。
──・太田聰一（1992）「日本の産業間賃金格差」、橘木俊詔編『査定・昇進・賃金決定』有斐閣、pp.181-205。
──・八木匡（1994）「所得分配の現状と最近の推移：帰属家賃と株式のキャピタルゲインの推計と併せて」、石川経夫編『日本の所得と資産の分配』東京大学出版会、pp.23-58。
玉田桂子・大竹文雄（2004）「生活保護は就労意欲を阻害するか？－アメリカの公的扶助制度との比較」、『日本経済研究』No.50、pp.38-62。
中部産政研（2001）『職場の活性化にむけた第一線管理・監督者の役割』（財）中部産業・労働政策研究会。
都留康・阿部正浩・久保克行（2003）「日本企業の報酬構造－企業内人事データによる資格、査定、賃金の実証分析－」、『経済研究』54巻3号、pp.264-285。
照山博司・伊藤隆敏（1994）「みせかけの不平等と真の不平等－重複世代モデルによるシミュレーション分析－」、石川経夫編『日本の所得と富の分配』東京大学出版会、pp.279-320。
富岡淳・大竹文雄（2005）「誰が不平等化を認識しているのか」『大阪大学経済学』Vol.54、No.4、pp.421-436。
冨田安信（1992）「昇進のしくみ」、橘木俊詔編『査定・昇進・賃金決定』有斐閣、pp.49-65。
中嶋哲夫・松繁寿和・梅崎修（2004）「賃金と査定に見られる成果主義導入の効果」、『日本経済研究』48号、日本経済研究センター、pp.18-33。
永瀬伸子（1997）「女性の就業選択：家庭内精算と労働供給」、中馬宏之・駿河輝和編『雇用慣行の変化と女性労働』東京大学出版会、pp.279-312。
中田喜文（1997）「日本における男女賃金格差の要因分析」、中馬宏之・駿河輝和編『雇用慣行の変化と女性労働』東京大学出版会、pp.173-205。
──（2002）「男女間賃金格差は縮小したのか」、『日本労働研究雑誌』No.501、pp.81-84。

中村恵（1989）「ホワイトカラーの賃金構造」、橘木俊詔編『構造政策と雇用問題』雇用職業総合研究所・関西経済研究センター、pp.115-140。
西崎文平・山田泰・安藤栄祐（1998）『日本の所得格差』経済企画庁経済研究所。
野口悠紀雄（1990）「家計の資産保有における相続の重要性－高度成長期の実態と今後の展望」、現代経済研究グループ編『日本の政治経済システム』日本経済新聞社、pp.207-230。
―――・上村協子・鬼頭由美子（1989）「世代間移転における家族の役割」、『一橋論叢』第102巻第6号、pp.749-771。
野呂沙織（2004）「学歴間賃金格差に関するコーホート分析」大阪大学大学院修士論文。
橋本恭之（1991）「コーホート・データによるライフサイクル資産の推計」、『桃山学院大学経済経営論集』第32巻第4号、pp.1-13。
八田達夫（2001）「ITと大都市」、『エコノミックス』第4号、東洋経済新報社、pp.53-54。
樋口美雄（1991）『日本経済と就業行動』東洋経済新報社。
―――（1992）「教育を通じた世代間所得移転」、『日本経済研究』No.22、pp.137-165。
―――（1994）「大学教育と所得分配」、石川経夫編『日本の所得と富の分配』東京大学出版会、pp.245-278。
藤村博之（1992）「賃金体系の改訂と労働組合の対応：成績査定に対する組合の考え方と賃金格差」、橘木俊詔編『査定・昇進・賃金決定』有斐閣、pp.67-89。
ブルネッロ・G、大竹文雄（1987）「ボーナス・賃金メカニズムと雇用：企業別データによる再考」、『大阪大学経済学』37(1)、pp.28-41。
堀春彦（1998）「男女間賃金格差の縮小傾向とその要因」、『日本労働研究雑誌』No.456、pp.41-51。
堀江康熙（1985）『現代日本経済の研究：家計調査・消費行動の実証研究』東洋経済新報社。
ホリオカ・C・Y、山下耕治・西川雅史・岩本志保（2002）「日本人の遺産動機の重要度・性質・影響について」、『郵政研究所月報』No.163、pp.4-31。
松浦克己（1993a）「日本の職業別、年齢階層別にみた所得、資産の分布－80年代後半の不平等度の動き」、『日本経済研究』No.24、pp.97-115。
―――（1993b）「世帯主の定期外収入・同居世帯員収入の所得分配に与える影響－勤労者世帯所得の不平等要因分解」、『日本労働研究雑誌』No.407、pp.10-17。
―――・滋野由紀子（1996）『女性の就業と富の分配』日本評論社。
三谷直紀（1993）「外国人労働者と女子パートタイム労働者」、『国際協力論集』第1号、pp.101-127。
―――（1995）「女性雇用と男女雇用機会均等法」、猪木武徳・樋口美雄編『日本の雇用システムと労働市場』日本経済新聞社、pp.201-227。
宮川努・玄田有史・出島敬久（1994）「就職動向の時系列分析」、『経済研究』第45巻第3号、pp.248-260。
守島基博（2004）「成果主義は企業を活性化するか」、『日本労働研究雑誌』No.525、pp.34-37。
盛山和夫ほか（1999）『日本の階層システム』全6巻、東京大学出版会。
八代尚宏（1993）「高齢者世帯の経済的地位」、『日本経済研究』No.25、pp.34-57。

吉川洋 (1992)『日本経済とマクロ経済学』東洋経済新報社。
吉田建夫 (1993)「所得格差」、小泉進・本間正明編『日本型市場システムの解明』有斐閣、pp.218-240。
労働省編 (1994)『労働白書平成6年版』日本労働研究機構。

初 出 一 覧

本書の各章は、筆者がさまざまなところで、発表した研究論文をもとに大幅に加筆修正している。

第1章「所得格差は拡大したのか」及び第6章「賃金格差は拡大したのか」:
　「1980年代の所得・資産分配」『季刊理論経済学』Vol.45、No.5、1994年12月、pp.385-402.
　「90年代の所得格差」『日本労働研究雑誌』No.480、日本労働研究機構、2000年7月、pp.2-11.
　「所得・消費・金融資産の不平等度と人口高齢化」連合総合生活開発研究所編『生計費構造の変化と21世紀国民生活の展望に関する研究委員会報告書』(近刊)

第2章「誰が所得格差拡大を感じているのか」:
　「誰が不平等化を認識しているのか」『大阪大学経済学』Vol.54、No.4、2005年3月、pp.421-436.(富岡・大竹)

第3章「人口高齢化と消費の不平等」:
　「人口高齢化と消費の不平等度」『日本経済研究』No.3、1996年11月、pp.11-35.(大竹・齊藤)
　"Population Aging and Consumption Inequality in Japan," *Review of Income and Wealth* 44, 1998, pp.361-381. (Ohtake and Saito)

第4章「所得不平等化と再分配効果」:
　「所得不平等化の背景とその政策的含意:年齢階層内効果,年齢階層間効果,人口高齢化効果」『季刊　社会保障研究』Vol.35、No.1、1999年、pp.65-76.(大竹・齊藤)

第5章「誰が所得再分配政策を支持するのか?」:
　"Who Supports Redistribution?" *The Japanese Economic Review* 55(4), 2004, pp.333-478. (Ohtake and Tomioka)

第7章「ITは賃金格差を拡大するか」:
　「コンピューター使用が賃金に与える影響『日本労働研究雑誌』No.494、2001年、pp.16-30.(小原・大竹)

第8章「労働市場における世代効果」:
　「労働市場における世代効果」浅子和美・吉野直行・福田慎一編『現代マクロ経済分析――転換期の日本経済』東京大学出版会、1997年、pp.297-320.(大竹・猪木)

第9章「成果主義的賃金制度と労働意欲」:
　「成果主義的賃金制度と労働意欲」『経済研究』Vol.54、No.3、2003年、pp.1-20.(大竹・唐渡)

第10章「年功賃金の選好とワークシェアリング」:書き下ろし

事項索引

ア 行

アメリカ　74
暗黙的な保険契約　78
イギリス　74
育児介護休業法　147
育児休業法　147
生まれつきの才能　42
永続的ショック　65
エントリーシート　183
応募費用　183

カ 行

解雇政策　285
解雇の順位　274
階層下降性　128
階層上昇性　127
格差拡大感　174
格差の規範的評価　45
学卒就職時点　213
学歴間賃金格差　145,180
　　──拡大　177
可処分所得　5
課税前所得　5
観察されない能力格差　154
観察不可能な能力　185
管理職ポスト　213
機会の平等　112
機会の不平等　133
企業規模間賃金格差　152,214
企業規模の世代効果　221
企業内の賃金格差　158
危険回避的　282
危険回避度　48,53,285
技術革新　149
規制産業　151

技能偏向的技術進歩　150
　　──仮説　142
規模間賃金格差　155
求人費用　180
供託金仮説　268
勤続年数間賃金格差　146
勤続年数の世代効果　220
金融資産の不平等度　31
グループ内賃金格差　168
グローバル化仮説　141,143
経済活動の国際化　150
契約理論　236
結果の平等　133
限界効果　120
高額所得層　35
高学歴化　149
恒常所得仮説　63
恒常的な所得ショック　18
行動経済学　269
高度成長期　22
効率賃金仮説　154
合理的習慣形成仮説　270
互恵的な利他主義　114
固定費　274
コンピューター使用率　177
コンピューター・プレミアム　191,198,204

サ 行

最低賃金低下仮説　142
再分配効果　102
再分配支持　109
再分配所得　93
産業間賃金格差　151,155
参入料　214
仕事の分担・役割　250
資産格差　29
失業経験　123,125

失業と再分配支持　125
失業不安　123
失業リスク　49
実質賃金の世代効果　220
時点効果　210
ジニ係数　3
若年層の失業率　24
就職機会　211
修正再分配所得　94
修正当初所得　94
出身家庭の階層　42
生涯所得　16
生涯賃金　211
消費の増分から効用　270
消費の不平等度　16, 19, 63, 64, 68
情報解析能力　179
将来所得格差　51
将来所得の不確実性　112
将来の所得変動　127
職業紹介　176, 182
女性の働き方　13
所得
　――格差　3, 41, 49, 52
　――獲得のタイミング　20
　――再分配調査　91
　――再分配政策　108
　――の一時的変動　18
　――の決まり方　41
　――の情報源　244
　――の不平等度　19, 68
　――リスク　112
人口構成の変化　21
人口高齢化　21, 78, 84, 90
人事評価に関する納得　259
人的資本仮説　268
心理学的な説明　287
成果主義　234
　――的賃金制度　140, 158, 174, 237
　――の認識　257
生活費保障仮説　269
正規従業員と非正規従業員の賃金格差の拡大　157
生計費仮説　268
政治制度の差　114

世帯規模　11
世代
　――間所得移転　33, 70
　――効果　66, 70, 83, 84, 101, 149, 210, 219
　――のサイズ　216
　――の質　216
　――の就職状況　216
ゼロ・インフレ　160
専業主婦　15
操作変数　186
相対的な賃金水準　243
損失回避　270, 274
　――行動　267

タ　行

対数賃金分散の世代効果　224
対数分散　25
　――の分解　79
大卒男性の年齢内格差　159
台湾　74
ダグラス＝有沢法則　14
団塊の世代　210
男女間賃金格差　147
長寿化　84
賃金
　――格差　140, 176
　――カット　280
　―――政策　285
　――の下方硬直性　286
　――の世代効果　230
　――プロファイル　275, 277
　――に対する選好　267
低学歴者増大仮説　142
デジタル・デバイド　176
天気予報の降水確率　47
等価尺度　13
等価所得　5
同居比率　12
当初所得　6, 8, 92, 99
努力　41
トレーニング　202

ナ 行

二大政党制　114
年間賃金　163
年齢階層間効果　26, 96, 102
年齢階層内効果　26, 96, 102
年齢階層別消費不平等度　23
年齢階層別所得不平等度　23
年齢効果　66, 72, 74, 101, 210
年齢内賃金格差　155
年齢別人口効果　26, 96
能力開発の機会　250
　　——の増加　246

ハ・マ 行

パート・フルタイムの間の賃金格差　161
パラサイト・シングル　13
判断能力　179
非自発的失業　131
比例選挙制　114
貧困率　11
福祉依存　131
不平等化　2
不平等感　38
不本意パートタイム労働者　162
ベビーブーム世代　211, 213, 230
保険市場　62
保証金　214
補償賃金格差　154

マッチング　215
名目賃金の下方硬直性　266
モニタリング費用　154

ラ・ワ 行

ライフサイクル仮説　63
利潤分配制度　157
リスク回避度　112, 122
リスク態度　47
レントシェアリング　154
労働意欲　236, 238
労働組合組織率低下仮説　142, 143
労働組合組織率の差　154
労働時間の格差　166
労働者構成の高年齢化　155
ローレンツ曲線　3

ワークシェアリング　266, 272

ABC

Headcount Ratio　11
IT 化　179
IT 革命　176
Prospect of Upward Mobility（POUM）
　仮説　111, 120

人名索引

英字表記

Acemoglu, D.　180, 205
Alesina, A.　43, 110, 111, 112, 114
Altonji, J.G.　72
Altug, S.　72
Ando, A.　92
Angeletos, G.M.　43
Ariga, K.　213
Attanasio, O.P.　18
Autor, D.　176, 180, 182, 205
Barthhold, T.A.　34
Becker, G.S.　214
Benabou, A.　111
Bewley, T.F.　267, 269, 278
Blundell, R.　18
Bowlus, A.J.　215
Bresnahan, T.　179, 205
Brunello, G.　213
Burtress, G.　14
Campbell, D.W.　33
Cappelli, P.　180
Carroll, C.D.　270
Carter, W.　180
Clark, R.L.　146
Cook, R.　189
Cowell, F.A.　110, 113
Cutler, D.M.　18
Deaton, A.　18, 62, 64, 70, 86, 88, 90, 95, 217
Dekle, R.　12, 33
DiNaldo, J.　142, 177, 178
Di Tella, R.　110
Fehr, E.　43
Ferris, R.　92
Flinn, C.J.　17
Foster, J.E.　110
Freeman, R.B.　157

Frey, B.S.　110
Fukushige, M.　16, 18, 64
Gasper, J.　183
Genda, Y.　213, 229
Gittleman, M.　151
Glaeser, E.　114, 183
Glesjer, H.　189
Hall, R.E.　86
Hansen, L.P.　194
Hashimoto, M.　146, 153
Hausman, J.A.　194
Hayashi, F.　12, 33, 35, 72, 92
Higuchi, Y.　146, 151
Ito, T.　34
Jappelli, T.　18
Jenkins, S.P.　90
Jovanovic, B.　215
Juhn, C.　171, 211
Kahneman, D.　270
Katz, L.F.　18
Kawaguchi, D.　181, 266
Kishi, T.　154
Kotlikoff, L.J.　72
Krueger, A.B.　18, 142, 177
La Ferrara, E.　111, 112
Lazear, E.P.　214
Levy, F.　90
Loewenstein, G.　269, 271
Lokshin, M.　111, 112
MacCulloch, R.　110
Miller, R.　72
Milgrom, P.　236
Mizoguchi, T.　4
Murnane, R.　90
Murphy, K.M.　171, 211
Ogawa, N.　146
Ohkusa, Y.　146, 157
Ohta, S.　146
Ohtake, F.　12, 26, 35, 90, 94, 100
Ok, E.　111

人名索引

Overland, J. 270
Paxson, C. 18, 62, 64, 70, 86, 88, 90, 95, 217
Perri, F. 18
Pierce, B. 171, 211
Piketty, T. 112
Pischke, J. 142, 177, 178
Prendergast, C. 235
Preston, I. 18
Raisian, J. 153
Ravallion, M. 111, 112
Rebick, M. 152, 154
Reder, M. 215
Roberts, J. 236
Sacerdote, B. 114
Saito, M. 26, 94, 100
Sakurai, K. 149
Schmidt, K.M. 43
Schokkaert, E. 113
Sen, A. 110
Sicherman, N. 269
Slesnick, D. 13, 18
Stigler, G. 214
Stutzer, A. 110
Tachibanaki, T. 4, 34, 153, 158
Takata, S. 34
Takayama, N. 4
Tracy, J. 151
Tversky, A. 270
Weil, D.N. 270
Weisberg, S. 189
Weitzman, M.L. 157
Welch, F. 212, 227
White, H. 192
Wollf, E.N. 151
Wooldridge, J. 44
Yagi, T. 4, 35

和文表記・あ行

麻生良文 34
阿部正浩 158
有田富美子 15, 16, 29, 30, 34, 62, 90

安藤アルバート 12
安藤栄祐 90
石川経夫 38, 108, 146, 214, 215
石崎唯雄 4
石田光男 158
石原真三子 181
猪木武徳 18, 149
岩本康志 23
上島康弘 151
梅崎修 158
大沢真知子 150
太田聰一 18, 151, 216
大竹文雄 9, 18, 143, 149, 157
大橋勇雄 157
岡村和明 18, 149, 213
翁邦雄 157
奥井めぐみ 155

か行

川口章 148
神林龍 235
久保克行 158
黒澤昌子 216
経済企画庁 4, 179
　——経済研究所 9
　——国民生活局 9
玄田有史 18, 149, 153, 155, 214, 216, 235
小原美紀 15, 143
駒村康平 35

さ行

櫻井宏二郎 149, 150
佐藤俊樹 2, 38, 108
滋野由紀子 98
篠崎武久 144, 156, 164, 235
清水方子 181, 201
下野恵子 29, 30, 34
白波瀬佐和子 12
駿河輝和 149, 150, 157
セン・アマルティア 38, 108

た　行

高橋伸夫　234
高原正之　162
高山憲之　15,16,29,30,31,34,62,67,90
竹内恵行　157
橘木俊詔　2,4,8,38,93,108,151
玉田桂子　9
都留康　158
出島敬久　214
富岡淳　110
冨田安信　158

な・は　行

中嶋哲夫　158
永瀬伸子　162
中村恵　151
西崎文平　90
野口悠紀雄　35
野呂沙織　149

橋本恭之　34
八田達夫　183
樋口美雄　34,145,154,228
藤村博之　158
舟場拓司　151
ブルネッロ・G　157
堀春彦　147
堀江康煕　82
ホリオカ・チャールズ・ユウジ　34,35

ま・や　行

松浦克己　29,30,98,181,201
松繁寿和　158
三谷直紀　147,149
宮川努　214
守島基博　234
盛山和夫　38,108

八木匡　93
八代尚宏　12
山田泰　90
吉川洋　157
吉田建夫　4

【著者略歴】

大竹　文雄（おおたけ・ふみお）

1961年生まれ
　83年　京都大学経済学部卒業
　85年　大阪大学大学院経済学研究科博士前期課程修了
　　　　大阪大学経済学部助手、大阪府立大学講師を経て
現　在　大阪大学社会経済研究所教授、大阪大学博士（経済学）
主な著書
　　　　『雇用問題を考える』（大阪大学出版会）
　　　　『労働経済学入門』（日経文庫）
　　　　『スタディガイド・入門マクロ経済学』（日本評論社）
　　　　『経済政策とマクロ経済学』（共著、日本経済新聞社）
　　　　『解雇法制を考える』（共編、勁草書房）
　　　　『雇用政策の経済分析』（共編、東京大学出版会）
　　　　など

日本の不平等

2005年5月23日　　　1版1刷

著　者　　大　竹　文　雄
　　　　　© Fumio Otake, 2005
発行者　　小　林　俊　太
発行所　　日本経済新聞社
　　　　　http://www.nikkei.co.jp/
　　　　　〒100-8066　東京都千代田区大手町1-9-5
　　　　　電話(03)3270-0251　振替00130-7-555

印刷　三松堂印刷　製本　大口製本
ISBN4-532-13295-9　　Printed in Japan

本書の無断複写複製(コピー)は、特定の場合を除き、
著作者・出版社の権利侵害になります。

読後の感想をホームページにお寄せください。
http://www.nikkei-bookdirect.com/kansou.html

個人貯蓄とライフサイクル
橘木俊詔・下野恵子著
◎第37回日経経済図書文化賞受賞

A5判・304頁・定価3975円
(本体3786円＋税)

中国のミクロ経済改革
大塚啓二郎・劉德強・村上直樹著
◎第38回日経経済図書文化賞受賞

A5判・226頁・定価3262円
(本体3107円＋税)

資産市場と景気変動
小川一夫・北坂真一著
◎第41回日経経済図書文化賞受賞

A5判・300頁・定価5460円
(本体5200円＋税)

年金改革論
八田達夫・小口登良著
◎第42回日経経済図書文化賞受賞

A5判・404頁・定価4620円
(本体4400円＋税)

医療サービス需要の経済分析
井伊雅子・大日康史著

A5判・240頁・定価3990円
(本体3800円＋税)

ジョブ・クリエイション
玄田有史著
◎第45回エコノミスト賞、第27回労働関係図書優秀賞受賞

A5判・384頁・定価3780円
(本体3600円＋税)

長期経済発展の実証分析
石井菜穂子著
◎第8回国際開発研究 大来賞受賞

A5判・266頁・定価4410円
(本体4200円＋税)

日本経済の生産性分析
中島隆信著

A5判・256頁・定価3990円
(本体3800円＋税)